人工智能 + 教育蓝皮书

RENGONGZHINENG
JIAOYULANPISHU

余胜泉　主编

互联网 + 教育体系研究丛书

北京师范大学出版集团
BEIJING NORMAL UNIVERSITY PUBLISHING GROUP
北京师范大学出版社

图书在版编目(CIP)数据

人工智能＋教育蓝皮书/余胜泉主编. —北京：北京师范大学
出版社，2020.9(2024.2 重印)
 ("互联网＋"教育体系研究丛书)
 ISBN 978-7-303-26085-0

Ⅰ. ①人… Ⅱ. ①余… Ⅲ. ①人工智能－应用－教育－
研究 Ⅳ. ①G43

中国版本图书馆 CIP 数据核字(2020)第 120378 号

教材意见反馈：**gaozhifk@bnupg.com** 010-58805079
营销中心电话：010-58802755 58800035
编 辑 部 电 话：010-58806368

出版发行：北京师范大学出版社 www.bnupg.com
　　　　　北京市西城区新街口外大街 12-3 号
　　　　　邮政编码：100088
印　　　刷：北京虎彩文化传播有限公司
经　　　销：全国新华书店
开　　　本：889 mm×1194 mm 1/16
印　　　张：16.25
字　　　数：350 千字
版　　　次：2020 年 9 月第 1 版
印　　　次：2024 年 2 月第 2 次印刷
定　　　价：68.00 元

策划编辑：邓丽平 林　子　　　　责任编辑：林　子
美术编辑：高　霞　　　　　　　　装帧设计：高　霞
责任校对：陈　民　　　　　　　　责任印制：陈　涛

《人工智能＋教育蓝皮书》编委会

主　编

余胜泉

副主编

卢　宇　陈　晨

编委会

陈　晨　王　琦　骈　扬　陈鹏鹤　朱　玲　张立山　陈　文

汤筱玙　彭　燕　崔　伟　万海鹏　张秋杰　殷　乐　高　思

段庆龙　芦曼丽　丁一冰　尹广文　李晓庆　徐　琪

咨询专家（按照姓名拼音排序）

胡祥恩（孟菲斯大学）

季向阳（清华大学）

贾积有（北京大学）

李小文（中国移动教育创新中心）

李艳燕（北京师范大学）

李　奕（北京市教育委员会）

刘　淇（中国科技大学）

卢　宇（北京师范大学）

秦　龙（先声教育科技有限公司）

杨现民（江苏师范大学）

姚　力（北京师范大学）

余胜泉（北京师范大学）

张东祥（电子科技大学）

张　跃（中国批改网 CEO）

赵海涛（中国人民大学附属中学信息中心）

郑永和（北京师范大学）

Mohamed Ally（Athabasca University, Canada）

Wayne Holmes（The Open University, UK）

特邀机构

国家新闻出版署出版融合发展（北师大出版社）重点实验室

前　言

　　人工智能(Artifical Intelligence，AI)在教育领域的应用一直是北京师范大学未来教育高精尖创新中心的重要研究方向和重点工作之一。《人工智能＋教育蓝皮书》是我们在此领域的工作之一。旨在梳理人工智能在教育领域的问题解决方案，搭建学校、产业、研究机构的沟通桥梁，共同探索人工智能对教育变革的可能性。

　　"人工智能＋教育"的变革，不应只从技术的角度去思考，还应该从教育问题解决的角度去研究。人工智能落地有三个核心要素，即计算能力、智能算法以及应用场景。其中，应用场景的知识对于人工智能技术解决具体问题至关重要。本书的核心思路就是希望从教育的视角来梳理人工智能落地教育的场景。

　　"人工智能＋教育"的变革，也不应局限于学生的智能化学习，更不应局限于测评和考试，要同时关注智能技术为学生健康成长与全面发展提供的支持，对教师工作效率提升的支持，以及对于教育环境、教育者和教育管理者带来的影响，只有人工智能技术无缝地嵌入教育主要业务的环节，大幅度提高教育核心业务流程的智能化程度，教育的变革才会真正发生。

　　本书由北京师范大学未来教育高精尖创新中心组织编写，汇集来自计算机学、教育学、心理学、认知神经科学等专业背景的研究者组成编委会和专家委员会，历时近一年，经历了初期编写、修订、专家委员会审阅和再修订的过程。全书分为十章。第一章介绍了人工智能对于教育带来的影响及相关背景；第二章旨在普及与教育相关的人工智能技术常识，并提供通用的技术解决方案思路；第三章至第七章是本书的重点，从智能教育环境、智能学习过程支持、智能教育评价、智能教师助理、智能教育管理与服务五个方面展现人工智能的教育应用；第八章对当前"人工智能＋教育"研究领域的研究现状进行梳理，并展望了可能的发展趋势；第九章介绍了人工智能人才培养；第十章对当前人工智能应用教育存在的问题进行了反思，并对未来发展的趋势进行展望。

　　为更具体和情境化地介绍人工智能教育应用的丰富场景和方式，本书汇集了大量真实案例。我们面向学校、研究机构和企业等发布了相关案例征集邀请，了解社会各界正在进行的相关实践，经筛选后收录，这些案例全景展现了人工智能解决教育问题的具体场景与方向。在此，我代表项目团队向提供案例的学校、研究机构、企业等表示衷心的感谢！

人工智能技术发展迅速，教育事业则需要稳步前行。本书难以涵盖人工智能和教育领域的各个方面，我们深知还有很多疏漏之处，敬请同行批评指正。如有任何建议，请发邮件到 yusq@bnu. edu. cn，不胜感谢！

余胜泉

北京师范大学未来教育高精尖创新中心

目　录

第一章
背 景

  人工智能概念诞生于 1956 年，在半个多世纪的发展历程中，其技术和应用的发展经历了多次高潮和低谷。2006 年以来，以深度学习为代表的机器学习算法在机器视觉和语音识别等领域取得了极大成功，识别准确性大幅提升，使人工智能再次受到学术界和产业界的广泛关注①。

  2017 年 7 月，国务院正式印发《新一代人工智能发展规划》，确立新一代人工智能发展三步走战略目标。该规划指出，在移动互联网、大数据、超级计算、传感网、脑科学等新理论新技术以及经济社会发展强烈需求的共同驱动下，人工智能加速发展，成为国际竞争的新焦点、经济发展的新引擎。要围绕教育、医疗、养老等迫切的民生需求，加快人工智能创新应用，为公众提供个性化、多元化、高品质的服务。"智能教育"的概念被明确提出，强调利用智能技术加快推动人才培养模式改革和教学方法改革，构建包含智能学习、交互式学习在内的新型教育体系②。

  世界范围内，各国先后出台关于深化发展与应用人工智能技术的政策与报告，如美国在 2016 年连续发布了《为未来人工智能准备》（Preparing for the Future of Artificial Intelligence）③、《美国人工智能研发战略计划》（The National Artificial Intelligence Research and Development Strategic Plan）④，斯坦福大学《2030 年的人工智能与生活》（Artificial Intelligence and Life in 2030）⑤、培生联合伦敦大学学院的知识实验室（UCL Knowledge Lab）共同发布的"Intelligence unleashed：An argument for AI in education"⑥等重要报告，这些报告在全球产生了重要影响。"人工智能"在 2016 年、2017 年的基础教育版《地平线报告》（Horizon Report）⑦和 2017 年的高等教育版《地平线报告》（Horizon

---

  ① 中国电子技术标准化研究院：《人工智能标准化白皮书（2018 版）》，2018。

  ② 国务院：《新一代人工智能发展规划》，http：//www. gov. cn/zhengce/content/2017-07/20/content_5211996. htm，2018-02-01。

  ③ White House，"Preparing for the Future of Artificial Intelligence"，https：//obamawhitehouse. archives. gov/blog/2016/12/03/preparing-future-artificial-intelligence，2018-05-01.

  ④ National Science and Technology Council，"The National Artificial Intelligence Research and Development Strategic Plan"，https：//www. nitrd. gov/pubs/national_ ai_ rd_ strategic_ plan. pdf，2018-05-01.

  ⑤ Stanford University，"Artificial Intelligence and Life in 2030"，http：//www. donews. com/news/detail/1/2959778. html，2018-05-01.

  ⑥ Luckin R.，Holmes W.，Griffiths M.，et al.，"Intelligence unleashed：An argument for AI in education"，2016.

  ⑦ Becker S. A.，Freeman A.，Hall C. G.，et al.，"NMC/CoSN Horizon Report：2016 K-12 Edition"，The New Media Consortium，2016；Freeman A.，Becker S. A.，Cummins M.，"NMC/CoSN Horizon Report：2017 K-12 Edition"，The New Media Consortium，2017.

Report）中皆被列为未来五年内会对教学、学习产生影响的关键技术①。

第一节　人工智能时代的认知与学习

人类的自然智能（Intelligence），即人具有的智力和行为能力，包括感知能力、记忆能力、思维能力、行为能力和语言能力②。人工智能则指的是用人工方法在机器（包括计算机）上实现的智能；或者说是人们用机器模拟人类和其他生物的智能③。人类在体力、精力、智力方面有着不可逾越的极限。人工智能在一定程度上赋能人类，使人类智能增强，突破自身极限。人工智能是延展、扩展和提升人的能力，而不是简单取代或替代人的基本工作④。

在信息时代，分布式认知成为人类适应社会复杂性的基本思维方式⑤。分布式认知认为，认知的本性是分布式的，认知不仅发生在我们的头脑之中，还发生在人和工具之间的交互过程之中。我们每个人的学习时间、学习能力与现代社会的知识爆炸之间的鸿沟越来越大，为了很好地适应越来越复杂的社会，人类的认知方式会越来越多地依赖人与智能设备的分布认知、协同思维，技术正在改变（重组）着我们的头脑⑥。

人机结合是现代人认知世界的基本思维方式，人诸多工作的完成需要人机智能合作。人脑和计算机都是信息处理的工具，人脑通过经验积累与形象思维，擅长不精确的、定性的把握，而计算机则以极快的速度，擅长准确的、定量的计算，两者充分发挥各自的优势，又互相结合。随着技术的发展，机器能丰富地感知人在认知和学习过程中的情感、行为，进而提供更个性化的学习支持和服务。人工智能既能达到集智慧之大成，又能通过反馈作用提高人的思维效率，从而提升人的智慧⑦。

第二节　"人工智能＋教育"的内涵与发展

人工智能在教育中应用已久。智能教学系统（Intelligent Tutoring System，ITS）最早起源于20世纪50年代行为主义心理学家斯金纳的"教学机器"⑧。20世纪70年代以来，各个学科的智能教学系统不断涌现，典型的如采用苏格拉底式对话的地理教学系统SCHOLAR、用于程序教学的SOPHIE和BUGGY等。除智能教学系统外，基于知识表示技术的大型知识库项目也是在教育中应

---

① Becker S. A., Cummins M., Davis A., et al., "NMC Horizon Report：2017 Higher Education Edition", The New Media Consortium, 2017.

② 张仰森：《人工智能原理与应用》，北京，高等教育出版社，2004。

③ 贾积有：《教育技术与人工智能》，长春，吉林大学出版社，2009。

④ 周忆：《人工智能赋能于人，我们要与AI共舞》，http：//news.163.com/shuangchuang/17/1226/15/D6JG703E00019AI4.html，2018-05-01。

⑤ 余胜泉、王阿习：《"互联网＋教育"的变革路径》，载《中国电化教育》，2016（10）。

⑥ 余胜泉：《技术何以革新教育——在第三届佛山教育博览会"智能教育与学习的革命"论坛上的演讲》，载《中国电化教育》，2011（7）。

⑦ 戴汝为：《社会智能科学》，上海，上海交通大学出版社，2007。

⑧ Skinner B. F., "Teaching Machines", Science, 1958, 128（3330），pp.969-977.

用人工智能的一个方面，早期的知识库一般由官方或军方自主建设（如美国 CYC、德国 YAGO），随着互联网的发展，网民开始自发贡献知识库，最具典型性的代表如维基百科（Wikipedia）①。近年来，随着自然语言处理技术的进步，人工智能技术一方面促进了智能教学系统的人机交互，如美国佐治亚理工大学借助 IBM 的 Watson 人工智能系统创建的在线机器人助教，回答正确率已达到 97%②；另一方面在智能评测，特别是外语学习领域（自动评测发音、批阅写作等方面），也得到了普及应用。随着机器学习等技术的发展，学习过程中对学习者大数据的采集和分析能够达到精准预测和推送，实现自适应学习，还可以通过采集学习者在学习过程中的肢体动作、面部表情等数据，分析学习者的状态，从而为教师改进教学提供依据。

潘云鹤院士指出，目前人工智能 2.0 技术已经初露锋芒，对教育将产生多方面的影响：大数据智能将使个性化教育获得极大支持；跨媒体智能会有效地提高学习效率与兴趣；终身学习将得到智能化的支持；数字图书馆建设将转变为智能图书馆建设等③。余胜泉认为，一方面，人工智能在教育中应用，可以让教育知识、心理知识和社会知识等以精确的方式呈现。在基于人工智能精确了解学生数据的前提下，未来教育将由教师和人工智能共同为学生提供权威的学习支撑、精准的学习内容和学习活动，实现多元的教育服务供给和个性化教育。另一方面，人工智能可以连接正式学习与非正式学习环境，教育将更开放，泛在学习会逐渐成为基本形态。人们通过无处不在的终端连接智能化的知识网络和人际网络，实现人人、时时、处处可学的终身学习④。沃尔夫（Woolf）教授等人于 2013 年提出了人工智能在教育领域的五大关键领域：①为每个学习者提供虚拟导师；②培养 21 世纪技能，协助学习者实现自我定位、自我评估；③学习交互数据分析，包括对个人学习兴趣、学习环境等大数据的汇集分析；④普及全球课堂，增加全球的互联性；⑤促进终身学习和全方位学习，让学习进入日常生活及社会⑤。

张坤颖、张家年指出"人工智能＋教育"指的是人工智能辅助于教育（学）应用、建构教育场景、重组教育中的要素或者重构教育过程⑥。闫志明、唐夏夏等认为教育人工智能（Educational Artificial Intelligence，EAI）是人工智能与学习科学相结合而形成的一个新领域。教育人工智能重在通过人工智能技术，更深入、更微观地窥视、理解学习是如何发生的，是如何受到外界各种因素（如社会经济、物质环境、科学技术等）影响的，进而为学习者高效地进行学习创造条件⑦。

① 贾积有：《人工智能赋能教育与学习》，载《远程教育杂志》，2018（1）。
② Katherine Noyes，"These graduate students had no idea their teaching assistant was a robot"，https：//www. pcworld. com/article/3067749/these-graduate-students-had-no-idea-their-teaching-assistant-was-a-robot. html，2018-05-01.
③ 潘云鹤：《人工智能 2.0 与教育的发展》，载《中国远程教育》，2018（5）。
④ 余胜泉：《人工智能教师的未来角色》，载《开放教育研究》，2018（1）。
⑤ Woolf B. P.，Lane H. C.，Chaudhri V. K.，et al.，"AI Grand Challenges for Education"，*Ai Magazine*，2013，34（4），pp. 66-84.
⑥ 张坤颖、张家年：《人工智能教育应用与研究中的新区、误区、盲区与禁区》，载《远程教育杂志》，2017（5）。
⑦ 闫志明、唐夏夏、秦旋等：《教育人工智能（EAI）的内涵、关键技术与应用趋势——美国〈为人工智能的未来做好准备〉和〈国家人工智能研发战略规划〉报告解析》，载《远程教育杂志》，2017（1）。

由上述内容可以看出，目前"人工智能＋教育"主要包括两个方面：一是人工智能技术在教育领域（包括促进认知、学习、教学、学生发展等方面）中的应用；二是面向人工智能时代的人才教育与培养。本书中"人工智能＋教育"主要指的是人工智能技术跨界融入教育核心场景、核心业务，促进关键业务流程自动化、关键业务场景智能化，从而大幅提高教育工作者和学习者的效率，孕育新的业务流程，创新教育生态，培养适应智能时代人机结合思维方式的创新人才。

第三节　"人工智能＋教育"的典型领域

"人工智能＋教育"既是实现未来教育的基本途径，又是教育应当追求的基本目标[①]，而在向"人工智能＋教育"迈进的过程中，研究者和教育工作者应避免简单地将传统教育领域的业务用智能技术进行实现和叠加，而应从分析人工智能技术能够发挥作用的典型教育问题出发，探寻"人工智能＋教育"的变革路径。

传统教育领域中的主要业务是教学和管理，其中教学的完成依赖于对教学过程核心要素的分析、设计和实施，而管理主要是在经验和有限数据基础上对教育教学实施过程中出现的问题进行分析、诊断和决策。关于教学过程要素构成，不同的研究者从不同的视角出发给出了不同的定义，如李秉德先生的七要素说[②]、王策三先生的六要素说[③]等。但总结起来，教学的过程性要素主要包括教师、学习者、内容、策略、工具、环境[④]，良好的教学过程即根据教育理论和实践经验对上述要素进行结构化的设计，而传统的教育管理则主要完成对区域教学现状的分析，问题的诊断，针对性政策的制定、实施和反馈，其管理过程中政策的设计、实施以及数据的采集分析至关重要。

总结起来，教学环境的设计、学习者的分析、教学内容确定、教学策略和工具的选取、教学的评价反馈、基于评价结果的管理和决策是传统教育领域的核心问题。传统教育中由于内容固化和学习者需求固化，教学过程和管理的实施相对简单、评价相对方便，但随着互联网时代数据的爆炸式增长、新的学习需求的不断产生，上述问题变得日益复杂。以学习内容的选择为例，传统教学中教师只需要在教学活动开展之前，根据自己对班级学生上节课内容掌握程度和作业完成情况，设计和组织本次课程的教学内容。其中关于内容的选择主要依据教师对学生、内容的主观了解和判断，而随着互联网、移动技术的发展，教与学的场景日益多元化，学习和教学不再局限于教室内的学习、教材的学习，在任何时间、任何地点，通过任何设备接入任何个性化内容的学习都将成为满足未来教与学的重要形式[⑤]。在这种背景下，即使是同一时间、同一地点、同一主题，

①　吴永和、刘博文、马晓玲：《构筑"人工智能＋教育"的生态系统》，载《远程教育杂志》，2017(5)。
②　李秉德：《教学论》，北京，人民教育出版社，1991。
③　王策三：《教学论稿》，北京，人民教育出版社，2005。
④　郭祖仪、南纪稳：《试论教学过程的基本要素及其相互关系》，载《陕西师范大学成人教育学院学报》，1999(2)。
⑤　陈敏、余胜泉：《泛在学习环境下感知学习过程情境的推荐系统设计》，载《电化教育研究》，2015(4)。

不同学习者的知识水平和内容需求也存在巨大差异，这就使得教师和管理者对提供的服务和决策也应当进行调整和适应。为实现这种调整和适应，从教师角度出发，教师一方面需要具备对所有学习者特征和能力进行个性化分析和处理的能力，同时基于这种分析进行学习环境的构建、学习过程的支持、基于数据的评价和诊断的能力；另一方面应当相应地改变传统的教学教研业务，实现辅导、作业、教学设计、教研等方面的个性化和精准化，从管理者角度出发，管理者的决策应当结合对特定群体、区域的分析，更具针对性。

因此，实现人工智能时代对教与学过程和管理流程的感知、适应、评价、调节将成为当前教育领域面临的核心问题和挑战，虽然这些问题与传统教育领域中面临的核心问题类似，但由于移动互联时代学习者的更替和内容的更新速度不断加快，让教师和管理者像过去一样通过人类智能完成对上述问题的处理已然成为不可能完成的任务。

而考虑到对情境感知和采集、数据的分析和建模、大数据驱动的决策等复杂问题的处理，恰好是人工智能相对于人类智能的优势所在，且人工智能技术在很多领域已经开展了成功的实践，如智能家居、情感识别等，基于这些研究基础，教育领域可以寻求通过"人工智能＋教育"的形式解决当前所面临的问题和挑战。

基于对教育领域需求的分析，本书从智能化的基础设施（智能教育环境）、智能化的学习过程支持、智能化的评价手段（智能教育评价）、智能化的辅助手段（智能教师助理）和智能化的管理手段（教育智能管理与服务）五个方面，构建了当前人工智能技术在教育领域的基本框架（图1-1）。

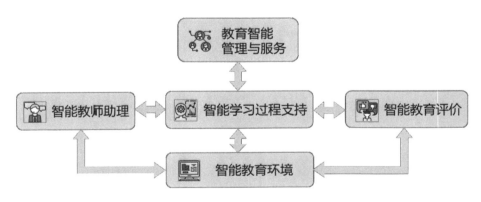

图1-1 "人工智能＋教育"基本框架

智能教育环境是智能教育的基础，它可以在普适计算技术和感知技术的支持下实现对具备智能感知能力的学习环境的构建，从而建立对泛在学习环境下多样化学习需求的感知和服务能力，该部分主要包含了智慧校园、校园安全探测与预警、智能教室、智能图书馆、智能书写系统等方面的建设。

教学过程中还包含了与学习者学习过程和反馈密切相关的内容、工具和策略的应用，本框架将其归结为两部分，即智能学习过程支持和智能教育评价。

智能学习过程支持作为智能化的方向，主要从学习者特征的诊断、内容和工具的辅助角度为学习者构建了智能化的学习支持。该部分包含了如下内容：知识与能力结构的智能化表征、智能诊断与推荐、学习负担监测与预警、虚拟探究学习环境、智能学科工具、基于脑科学的智能辅助学习、智能机器人学伴与玩具以及特殊教育职能助手等。

智能教育评价主要以智能化的评价手段完成对学习者学习过程中知识、身体、心理状态的诊断和反馈，主要包含学习者实际问题解决能力的诊断和评价、心理健康监测、预警与干预、体质健康监测与提升、智能课堂评价、学生成长发展规划以及口语自动测评等。

从教师角度出发，该框架为缓解教师在人工智能时代各项工作的压力，建立了智能化的辅助手段——智能教师助理，其主要业务包括智能辅导、智能答题助理、智能出题与批阅助手、个性化作业助手、个性化评价报告生成服务、精准教研报告生成服务、教学设计生成服务、学期与年度总结生成服务、AI 育人好老师助理等。

最后，为了实现智能化的管理手段从而辅助管理者，该框架建立了教育智能管理与服务模块，主要通过数据的收集和分析，实现了人工智能促进教育公平智能指导、基于大数据的教育智能决策、智能技术提升区域教育质量指导、教育质量动态监测、定制化教育服务、智能校医助手等。对于上述内容与其具体实施将在第三章至第七章进行详细阐述。

第二章

人工智能概述

第一节　人工智能常识

20 世纪四五十年代，来自不同领域的一批科学家开始探讨制造人工大脑的可能性。1956 年的达特矛斯会议①上，人工智能被正式确立为一门学科。在迄今为止 60 多年的发展过程中，科学家们进行了各种不同方向的探索尝试，人工智能领域也因此诞生了许多学派。目前，人工智能的主要学派有：连接主义学派、行为主义学派和符号主义学派②。

一、 连接主义学派

连接主义学派认为人工智能源于仿生学，其主要原理是通过构建神经网络以及研究神经网络间的连接机制与学习算法，以实现对大脑功能的模拟，因此又被称为仿生学派或生理学派。连接主义从神经元出发，研究神经网络模型和脑模型，开辟了人工智能的又一发展道路。

将智能活动的基元看作神经细胞，是连接主义的核心思想。在这一前提下，智能活动过程可看作神经细胞的活动过程，即神经网络的动态演化过程。连接主义者认为，神经网络的结构与智能行为密切相关，不同的结构表现出不同的功能和行为，人工智能应着重于模拟人的生理神经网络结构。

近年来，深度神经网络的发展与应用成了人工智能领域的研究热潮。其中最典型的是卷积神经网络（Convolutional Neural Network，CNN）和循环神经网络（Recurrent Neural Network，RNN）。具有多个卷积层的 CNN 的最大优势在于特征提取方面，它通常用于图像识别、手写识别等形式，具有扭曲不变性的二维图像识别，而 RNN 的隐藏层间存在彼此互为输入输出的前后关系，因此常被用于序列数据的处理，如语言识别、机器翻译等。

深度神经网络的诸多应用中，最著名的案例之一当属轰动一时的 AlphaGo，它是由英国伦敦 DeepMind 开发的人工智能围棋软件，使用蒙特卡洛树搜索以及"估值"和"走棋"两个深度神经网络相结合的方法，通过匹配并学习职业棋手的过往棋局数据从而击败对手。AlphaGo 分别在 2016 年 3 月和 2017 年 5 月战胜了世界冠军韩国职业棋手李世石（九段）以及中国职业棋手柯洁（九段）。

---

① Nilsson N. , *The Quest for Artificial Intelligence*，Cambridge，Cambridge University Press，2010，p. 53.
② 蔡自兴、徐光祐：《人工智能及其应用》（第二版），北京，清华大学出版社，1996。

此后，AlphaGo 的团队在《自然》杂志上介绍了一个没有用到人类数据的版本 AlphaZero①。AlphaZero 能通过和自己对弈来学习围棋规则，而不需要任何人类的围棋对弈数据，它仅用了短短 40 天就超过了 AlphaGo 团队之前的所有版本。值得一提的是，在与柯洁对弈后，由于人类棋手已无法构成对人工智能棋手的挑战，DeepMind 宣布了 AlphaGo 的退役，并称将在未来把 AlphaGo 的技术运用到医疗等更广泛的领域。

此外，计算机视觉也是深度学习和神经网络的重要应用。例如，Google AI 中国中心原负责人、著名的计算机视觉科学家李飞飞教授等人建立了海量图数据库 ImageNet②，为计算机视觉研究构建了一个全面强大的数据集，为计算机视觉研究奠定了海量结构化数据基础，为此领域发展做出了杰出贡献。斯坦福大学人工智能实验室主任、Google 原科学家吴恩达研发的人工神经网络能够通过观看一周 YouTube 视频，自主学会识别哪些是关于猫的视频③。这些重要的研究成果都是连接主义人工智能的典型案例。

二、 行为主义学派

认为人工智能源于行为动作的感知与控制，是行为主义学派的核心思想。其主要原理是应用控制论，采用进化的方式模拟人类行为活动中表现的智能，代表性成果包括"感知—动作"模型、强化学习、类脑计算、生物智能算法等。

行为主义最早来源于 20 世纪初的一个心理学流派，它的主要观点是，行为是有机体用以适应环境变化的各种身体反应的组合，强调"行为"才是心理学研究的主体④。在人工智能领域，人工智能行为主义者认为智能是对外界复杂环境的适应，而这种适应取决于感知和行动，通过外界环境，人工智能不断调节自身行为，以达到适应环境的目的。因此，人工智能可以通过模拟具有进化能力的行为，从而像人类智能那样逐步进化。

机器人 Willow Garage PR2⑤ 就是一个典型的行为主义人工智能案例（图2-1）。研究者设计强化学习算法使该机器人通过练习和试错，自己学会完成拼乐高玩具、开瓶盖、组装玩具飞机、插入鞋楦等各种不同的简单任务。在这一过程中，PR2 不断经历失败，像人类一样适应环境变化，掌握新的技能。类似的还有 Google 的机器狗 Spot⑥，它可以行走、快跑、完成翻越各种地形的动

① DEEPMIND, "AlphaGo Zero：Learning from scratch", https：//deepmind.com/ blog/alphago-zero-learning-scratch, 2018-03-26；Silver D., Schrittwieser J., Simonyan K., et al., "Mastering the game of Go without human knowledge", *Nature*, 2017, 550, pp.354-359.

② Russakovsky O., Deng J., Su H., et al., "Imagenet large scale visual recognition challenge", *International Journal of Computer Vision*, 2015, 115(3), pp.211-252.

③ Wired, "The Man behind the Google Brain：Andrew NG and the Quest for the New AI", https：//www.wired.com/2013/05/neuro-artificial-intelligence, 2018-03-26.

④ 徐心和、么健石：《有关行为主义人工智能研究综述》，载《控制与决策》，2004(3)。

⑤ WILLOW GARAGE, "PR2：Robot for Research and Innovation", http：//www.willowgarage.com/pages/pr2/overview, 2018-03-26.

⑥ Jay Bennett, "Boston Dynamics' New One-Armed Robot Is Adorable and Terrifying", https：//www.popularmechanics.com/technology/robots/a21487/boston-dynamics-one-armed- robot, 2018-03-26.

作，甚至还能在遇到突发性冲击时迅速调整自身姿态，恢复原始状态。这些例子都体现了行为主义人工智能的特点，通过感知和行动控制模式来适应空间，并通过与环境的交互实现"进化"。

图 2-1　Willow Garage PR2 在执行洗衣任务

三、 符号主义学派

符号主义学派，又称作逻辑主义、心理学派或计算机学派，是一种基于逻辑推理的智能模拟方法，代表性成果包括机器证明、专家系统、知识工程等。符号主义学派认为人工智能源于数理逻辑，其主要思想是应用逻辑推理法则模拟人类的智能活动，从而实现对大脑功能的模拟。

符号主义学派的代表人物有纽厄尔（Newell）、西蒙（Simon）和尼尔逊（Nilsson）等。从符号主义者的观点来看，人类认知和思维的基元是符号，知识作为构成智能的基础，显然可以用符号表示。消化理解知识的认知过程即为符号的处理过程，运用已有知识进行推理的过程则是一种启发式的符号运算过程。因而，基于知识的人类智能和机器智能有可能以符号作为纽带而建立起同一理论体系。

符号主义人工智能的巨大成就之一是"深蓝"（Deep Blue）。这台来自 IBM 公司的超级电脑于1997 年战胜了国际象棋冠军加里·卡斯帕罗夫（Garry Kasparov），造就了人工智能史上的里程碑事件[1]。随后，IBM 公司推出了知识面广、语言理解能力强且置信度高的认知系统 Watson，其于2011 年在美国真人答题电视节目《危险边缘》中击败了人类最强大的选手（图 2-2）。Watson 系统以知识工程为原理，在应用层面实现了符号主义人工智能。如今它正致力于为各行各业提供人工智能解决方案（例如，医疗行业中运用海量数据为患者提供最佳治疗方案）。

人工智能研究进程中，三种学派都推动了人工智能的发展。它们在实践中各自形成了特有的问题解决方法体系，并在不同时期都有成功的应用实践范例。随着研究与应用的不断深入，研究者们意识到，三个学派的理论均有自身的优点和不足，应当取其精华，互相借鉴，将三者综合集

---

① 人民网，"'人机大战'中战胜国际象棋世界冠军卡斯帕罗夫的超级并行计算机'深蓝'告别棋坛"，http：//www. people. com. cn/GB/historic/0923/4817. html，2018-03-26。

图 2-2　Watson 参加电视节目《危险边缘》

成。同时，大量人工智能产品和应用的出现也使人们明白，人工智能不只有理论的躯壳，它是能够为人们的实际生活提供切实便利的科学。

第二节　人工智能关键技术

人工智能不是单一的技术，而是一组技术相互协同的整体。本节首先给出了人工智能技术在教育领域应用的通用技术框架，接着重点介绍人工智能领域的关键技术方法，包括机器学习、云计算与大数据、知识图谱、自然语言处理、计算机视觉、人机交互、虚拟现实和增强现实以及智能控制与机器人。

一、"人工智能＋教育"通用系统架构

随着人工智能与教育相结合的研究探索不断发展，越来越多的企业和研究机构设计研发了不同的"人工智能＋教育"系统。基于这些系统，我们总结归纳了"人工智能＋教育"系统的抽象架构，如图 2-3 所示。总体而言，"人工智能＋教育"的智能系统通常包括四个层次：数据及平台层，人工智能引擎层，智能教育应用层，应用场景要素层——应用的接入端、智能教育的服务人群以及智能的学习环境。下面将对这些主要部分做进一步的解释描述。

数据是实现人工智能的基础。教育数据源模块负责多元数据的采集与整理。在"人工智能＋教育"的应用场景下，这些教育数据可以分为不同的类别，例如，基于传统教育材料的数据，如课本学习、辅导练习、教案等；基于在线教育平台收集的学习数据，如学习过程数据、在线评测数据等；基于互联网的数据，包括百科、论坛等；一些其他的教育相关数据，如学校等教育运营管理过程中形成的数据，以及穿戴设备采集的数据等。

计算平台提供的计算力为人工智能的实现提供了保障。计算平台通常包括以下几部分：一是云平台，主要负责整体平台的硬件支持，包括服务器的配置、网络的设置、存储设备的配置等；二是大数据分析平台，主要负责对教育大数据的分析处理，常用的框架就是 Hadoop、Spark、

图 2-3 "人工智能 + 教育"通用技术框架

Flink 框架；三是机器学习框架，尤其是深度学习框架的支持，当前主要的框架是 TensorFlow、Caffe、Theano、Apache MXNet、CNTK 等；四是其他支持大数据平台运行的功能部件（如 GPU），如系统安全监测等。

　　基于教育数据源模块提供的数据基础、计算平台模块提供的计算力保障，针对不同的智能教育应用需求，可以依托各类算法构建出满足不同功能的各类人工智能计算引擎。算法是实现人工智能的途径。针对不同的教育场景及需求，可以选取不同的人工智能算法。当前，机器学习领域提供了人工智能领域的主流算法，包括主要应用于分类与回归问题的监督式学习、应用于各种聚类任务的无监督学习、半监督学习以及强化学习算法。随着深度学习技术的不断发展，不同的深度神经网络算法也被开发设计应用于不同的场景。同时，概率论及统计学领域也为人工智能提供了多样的概率图模型去解决各类问题，如常见的序列标注问题。针对教育数据，数据挖掘算法，如常用的关联规则挖掘算法，可以辅助我们从数据角度更好地发现智能。类似地，对于普遍存在的图数据，图分析算法可以辅助我们对数据进行更好地处理解析。

　　各类人工智能引擎即是在上述多种人工智能算法的基础上构建的。其中，情感计算引擎主要是利用不同的人工智能算法，基于多元的学生数据，识别分析出学生当前的情感状态，从而为学生提供更适合的辅导教育。知识计算引擎主要负责如何整理构建结构化的领域知识，并基于此进行深度的挖掘分析。基于多元异构的教育数据，利用知识图谱技术构建教育领域的知识图谱，以及基于知识图谱的挖掘分析。感知计算引擎是让人工智能实现类人的感知能力，通过利用自然语言处理、语音识别、图像处理、视频分析等技术，实现对文字、声音、图像、视频等数据的感知识别。与感知计算引擎相比，认知计算引擎侧重于实现人工智能的类人理解与思考能力，利用自然语言理解、图形图像理解、运动行为理解、语义推理、智能问答对话等技术，使人工智能实现人一样的推理、思考、判断及决策。智能推荐引擎主要是利用推荐系统领域的算法模型，基于学生的不同特征，为学生推荐最佳的学习路径及资源，从而实现个性化学习。

作为人工智能和教育相结合的主要目标和落脚点，智能教育应用的目标是针对教育的不同问题，利用人工智能技术提供的途径和方法，实现与以往不同的教育方式，从而提高教育的效率与质量。如针对学习规划的个性化学习路径设计，根据学生的实际情况，利用智能推荐引擎针对性地设计学习的内容。在学习的障碍点分析中，利用基于学生的评测数据，结合知识计算引擎中对知识点关系的分析整理，对学生的问题进行更精准的分析。类似地，学习资源的自动生成需要结合知识计算引擎中对领域知识的整理，利用深度学习领域的对抗生成网络算法，自动生成适合学生的资源。心理健康的监测预测则需要情感计算引擎对学生的情感进行识别分析，从而对学习的心理状态进行有效的监测分析。

除了以上各个主要部分之外，"人工智能＋教育"系统通常还包括另外三个主要部分：一是应用接入端，即如何利用各种设备去使用不同的教育应用。其中，随着近年来机器人领域的发展，利用机器人的方式接入各类教育应用也得到了越来越多的探索；二是目标人群，此部分把教育的主要参与者分为五大类，使系统能够针对每个群体的不同需求研发相应的智能应用；三是学习环境，此方面主要是利用人工智能相关的技术，对学习的场景环境进行智能化的改造，如智慧教室、智慧校园等。

二、 云计算与大数据

国务院发布的《新一代人工智能发展规划》中指出，新一代的人工智能主要是大数据基础上的人工智能。关于大数据的定义，有研究机构这样描述：大数据是需要新处理模式才能具有更强的决策力、洞察力和流程优化能力来适应海量、高增长率和多样化的信息资产[①]。

麦肯锡全球研究所给出的大数据定义是：一种规模大到在获取、存储、管理、分析方面大大超出了传统数据库软件工具能力范围的数据集合[②]，而在维基百科中，对大数据的定义是传统数据处理应用软件不足以处理的大或复杂的数据集。

虽然没有统一的定义，但大数据的特点可以从上述多种说法中总结出，即海量的数据规模（数据量大、Volume），快速的数据流转（速度快、Velocity）、多样的数据类型（多样性、Variety）

---

① Gartner，"Big data"，https：//www. gartner. com/it-glossary/big-data，2018-06-07.

② McKinsey Global Institute，"Big data：The next frontier for innovation， competition， and productivity"，https：//www. mckinsey. com/business-functions/digital-mckinsey/our-insights/big-data-the-next-frontier-for-innovation，2018-06-07.

和价值密度低（Value），这些也被称作大数据的"4V"特点。在此基础上增加真实性（Veracity）内容，即构成大数据的"5V"特点①，如图2-4所示。

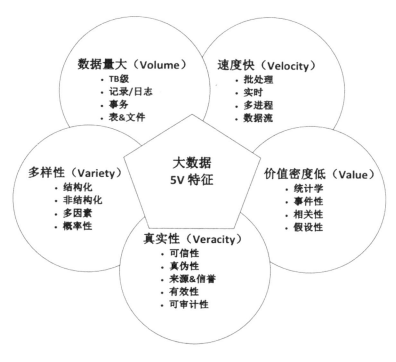

图2-4 大数据"5V"特征

运算和存储是大数据所面临的两大问题，也是云计算所要解决的问题。云计算是在并行计算的基础上发展而来的，所谓并行计算，指的是同时使用多种计算资源解决计算问题的过程。相较于普通的计算而言，并行计算一次可以执行多个指令，计算速度快，问题求解规模大，可以解决大型而复杂的计算问题。所谓"并行"，是指利用流水线技术完成时间上的并行，利用多个处理器并发执行计算从而完成空间上的并行。云计算是在并行计算之后产生的概念，关于它的定义，现阶段广为接受的是美国国家标准与技术研究院（National Institute of Standards and Technology, NIST）所给出的：云计算是一种按使用量付费的模式，这种模式提供可用的、便捷的、按需的网络访问，进入可配置的计算资源共享池（资源包括网络、服务器、存储、应用软件、服务），这些资源能够被快速提供，只需投入很少的管理工作，或与服务供应商进行很少的交互。

作为近期热门的研究和应用领域之一，云计算具有较高的可靠性、通用性和易扩展性。云的规模很大，因此可以赋予使用者前所未有的计算能力和存储能力；同时，使用者可以依照自己的需求去使用云的某一部分服务，并且只为该部分功能付费，所以不必担心云会收取高昂的费用。此外，云计算的虚拟化特点使得海量数据的计算和存储不会受到地理位置的限制，十分便捷。

云计算和大数据相辅相成，互相促进，共同构成了驱动人工智能发展的两个核心动力，从而

① 中国电子技术标准化研究院：《大数据标准化白皮书 V2.0》，http：//www. cesi. cn/201612/1692. html，2018-05-28。

助力解决教育难题。邢丘丹等人指出，基于大数据和云计算技术，人们可以通过对教育数据的获取、识别和分析来挖掘背后的隐含信息价值，从而发现学生的隐性诉求并预测学习趋势，改进在线教育服务，解决当前在线教育交互弊端①。张荣认为，大数据和云计算技术能够客观、全面和及时地把握区域教育信息，从而为区域教育均衡发展提供科学的决策依据，为区域教育管理提供客观、全面的参考数据，也为区域教育发展的准确评价拓展新的思路②。金陵论述了大数据的有效利用和创新能够促使信息化教学前移，充分发掘学生的学习积极性，为学生内化知识提供了更多的课堂教学时间，从而为信息化教学变革创造了现实条件③。可以说，在大数据和云计算的帮助下，教育中的模糊概念逐渐变得清晰和客观，诸多教育难题将获得新的解决方案。

三、 机器学习

机器学习涉及计算机科学、统计学、神经网络、概率论、优化理论、计算复杂性理论等多门学科，是人工智能研究的重要方法之一。它的主要思想是设计和分析能让机器"自动"学习的算法，通过数据和以往经验来不断提升算法性能。按照学习模式，可以将机器学习分为监督学习、无监督学习和强化学习等，如图 2-5 所示。

图 2-5　机器学习技术框架图

监督学习：监督学习是指使用给定的标记数据集来训练机器学习模型，并利用该模型实现对新数据的预测。常见的监督学习算法有统计分类和回归分析。

无监督学习：与监督学习相反，无监督学习是指训练集数据未被标注的机器学习方法，它通过无标记的数据进行自我巩固和归纳，从而构建出刻画无标记数据内隐含规律和特征的模型。聚类是典型的无监督学习算法之一。

介于监督学习和无监督学习之间的还有半监督学习。半监督学习的数据集中，一部分数据有标记，一部分数据无标记（通常无标记数据占多数）。它的核心思想在于，数据的分布不是完全随

①　邢丘丹、焦晶、杜占河：《基于云计算和大数据的在线教育交互应用研究》，载《现代教育技术》，2014（4）。

②　张荣：《大数据时代的云计算技术对区域教育发展的促进作用》，载《中国成人教育》，2016（20）。

③　金陵：《大数据与信息化教学变革》，载《中国电化教育》，2013（10）。

机的，利用有标记的数据去挖掘数据的局部特征，同时利用无标记的数据去刻画数据的总体分布特征，即可以得到较好的模型预测结果。

强化学习：强化学习将环境因素考虑在训练过程中，基于外界刺激不断调整模型自身反馈，以达到外部环境下的最大利益化。强化学习在进行模型训练时，利用当前模型的指导，选择出对完善模型最有利的下一步行动，并在行动获得"奖赏"后调整更新模型，直至收敛。

除此之外，机器学习还有深度学习、迁移学习、演化学习等多种以其他分类方式划分出的概念，这些不同类别也体现了机器学习算法的多样性和综合性。

机器学习的本质是使用计算机从数据中学习规律，自动发现模式并用于预测①，其在教育教学中有多方面的运用。如在学生建模方面，Eagle 等人在传统贝叶斯知识跟踪模型中插入学生个体参数，以基于学生的活动数据（包括阅读表现数据和概念知识预备测试数据）来预测其在智能教学系统中学习和表现的个体差异权重。研究发现，学生阅读文本的数据在智能教学系统中对于预测学习和表现非常有用②。在学生行为建模方面，Huang 等人使用归纳推理（基于相似的学习）、演绎推理（基于解释的学习）和类比推理（案例推理）等多策略机器学习构建了多策略机器学习模型，学习和发现学生学习过程中不一致行为的属性，根据这些属性，智能教学系统可以通过适当的方法（如加强教学和实践）来防止学生再次发生不一致行为③。在预测学习表现方面，Hachey 等人使用二元逻辑斯蒂回归算法对 962 名学生的先前在线课程结果和 GPA 进行分析，以此来预测学生完成在线课程的成功率，结果表明先前学习体验作为预测指标比 GPA 能更好地预测成功率④。在预警失学风险方面，Aulck 等采用机器学习方法，追踪了 32 500 名学生的成绩数据和人口统计数据，使用逻辑回归正则化、k 最近邻算法和随机森林等方法来预测辍学变量，并对学生数据中预测辍学的最佳要素进行了检测，最终得到了包括数学、英语、化学和心理学课程的 GPA 以及入学、出生年月等在内的学生流失个人预测指标⑤。在资源推荐方面，Aher 和 Lobo 将聚类和关联规则算法等数据挖掘技术用于课程推荐系统，使得系统能够基于其他学生在 Moodle 选择的课程来为该学生推荐相关课程，并根据学生的兴趣帮助其选择适当的课程组合⑥。总体而言，机器

---

① 余明华、冯翔、祝智庭：《人工智能视域下机器学习的教育应用与创新探索》，载《远程教育杂志》，2017(3)。

② Eagle M., Corbett A., Stamper J., et al., "Estimating individual differences for student modeling in intelligent tutors from reading and pretest data", International Conference on Intelligent Tutoring Systems, Springer, Cham, 2016, pp. 133-143.

③ Huang M. J., Chiang H. K., Wu P. F., et al., "A multi-strategy machine learning student modeling for intelligent tutoring systems: based on Blackboard approach", Library Hi Tech, 2013, 31(2), pp. 274-293.

④ Hachey A. C., Wladis C. W., Conway K. M., "Do prior online course outcomes provide more information than GPA alone in predicting subsequent online course grades and retention? An observational study at an urban community college", Computers & Education, 2014(72), pp. 59-67.

⑤ Aulck L., Velagapudi N., Blumenstock J., et al., "Predicting student dropout in higher education", arXiv preprint arXiv: 1606.06364, 2016.

⑥ Aher S. B., Lobo L., "Combination of machine learning algorithms for recommendation of courses in E-Learning System based on historical data", Knowledge-Based Systems, 2013(51), pp. 1-14.

学习将助力教育教学，提供更加智能化、人性化的服务。

四、自然语言处理

自然语言处理①是人工智能和语言学的分支学科，主要研究计算机与人类之间使用自然语言进行有效通信的各种理论和方法，其范畴主要包括语义分析、词性标注、句法分析、文本分类、信息检索、信息抽取、机器翻译、情感分析等。

自然语言处理的流程涉及自然语言理解和自然语言生成两部分。其中，自然语言理解是指将自然语言转化成计算机能够理解和处理的形式，具体来讲，就是理解并消除自然语言中词法、语法、语义以及回指的歧义性。自然语言生成则是指将计算机中的程序和数据转化成自然语言，包括文本规划、语句规划及实现等步骤。自然语言处理技术框架如图2-6所示。

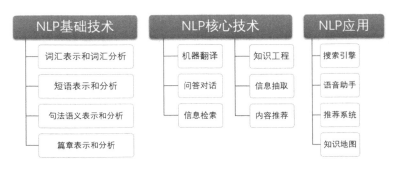

图2-6　自然语言处理技术框架图

自然语言处理的最终目标是要实现人用自然语言与计算机交流。目前，自然语言处理在教育领域中有诸多研究和应用，如在智能辅助学习方面，智能语言教学系统（如英语流利说）可以通过自然语言处理等技术对用户所读单词和音标进行打分，实时呈现学习效果，从而帮助用户不断提升学习效果。在主观题自动批阅方面，批改网通过自然语言处理等技术，即时生成学生作文的得分、评语及内容分析结果，为学生提供英语作文自动批改在线服务，帮助学生通过自主练习提升写作能力。它既能够激发学生修改英语作文的积极性，又能够减轻教师的作文批改工作量，同时帮助教师更加直观地了解学生的英文写作水平②。在自动文本摘要方面，罗玉萍等利用自然语言处理和情感分析相关技术深入挖掘学生评教的留言，自动生成教师的评价摘要，从而帮助教师了解学生的真实体验，提升教育教学能力③。

然而，自然语言处理仍然有诸多难点需要研究者们继续攻克解决：例如，句子中的单词边界需要被更准确地界定；多义和有歧义的字词在具体语境下的确切含义需要被明确；句法的模糊性

①　王灿辉、张敏、马少平：《自然语言处理在信息检索中的应用综述》，载《中文信息学报》，2007（2）。

②　何旭良：《句酷批改网英语作文评分的信度和效度研究》，载《现代教育技术》，2013（5）。

③　罗玉萍、潘庆先、刘丽娜、张鲁华：《基于情感挖掘的学生评教系统设计及其应用》，载《中国电化教育》，2018（4）。

需要联系上下文进行消除；有瑕疵或者不规范的输入（如语音输入中的发音不规范、语音模糊不清等）需要设计方法进行处理；语言中的潜在含义需要结合具体行为来共同理解等。

五、 计算机视觉

计算机视觉又称为机器视觉，它使用计算机代替人眼去完成"看"世界的功能。在大热的机器学习背景下，计算机视觉与自然语言处理、语音识别并称为机器学习的三大热点方向。作为人工智能领域取得进展较大的学科，计算机视觉本身又包括了诸多不同的研究方向，较为热门的有物体识别和检测、运动和跟踪、场景重建、图像恢复等①。

随着深度神经网络的发展与应用，卷积神经网络在图像特征提取方面的优势逐渐显现出来，它比传统模型的连接数和训练参数更少，具有更强的适应性，从而在手写识别、图像识别方面有着广泛应用。图 2-7 为使用图像识别技术进行图片语义分割。以无人驾驶技术为例，无人驾驶汽车是各大互联网公司和传统汽车公司在人工智能方面的研究内容之一，而无人驾驶主要依靠车内的以计算机系统为主的智能驾驶仪来实现，这与计算机视觉是密不可分的，因为自动驾驶技术的核心可以理解为汽车里的计算机通过摄像头实时产生的图片和视频来学习驾驶。此外，行驶过程中的行人探测、道路识别、模式识别也都离不开计算机视觉技术。

图 2-7　使用图像识别技术进行图片语义分割

计算机视觉借助客观的计算机视野，为创新教育教学方式注入了新的活力。基于摄像头的交互是计算机视觉算法的主要应用，它可以通过分析经由摄像头获取的用户动作信息来实现人机沉浸式交互。例如，Delgado-Mata 等人对不同年龄儿童的运动技能进行了详细分类，并通过分析 Wii（日本任天堂推出的家庭游戏机）游戏的红外成像和姿态识别技术，设计了用于提升儿童动作技能

① Tech Briefs, "Cambridge Researchers Take Computer Vision for Test Drive", https://www.techbriefs.com/component/content/article/tb/features/application-briefs/24301, 2018-05-28.

和空间认知能力的摄像头交互式游戏①。陈靓影等融合计算机视觉、行为识别等技术，为孤独症儿童创造互动式智能学习环境，并在学习过程中通过观察儿童的行为、认知和心理状态来调整学习活动，提高孤独症儿童的社会互动能力②。

六、 人机自然交互

人机交互是计算机科学和认知心理学相结合的产物，同时涉及人体工效学、社会学、生理学、医学、语言学、哲学等诸多学科，是一门综合性很强的学科。人机交互研究的是系统与用户之间的交互关系，它不仅观察分析人与计算机的现有交互方式，还会对新的交互方式进行探索和设计。

传统的人机交互模式主要依靠设备进行，如鼠标、键盘、电容笔、操纵控制杆等输入设备，以及打印机、显示器、音响等输出设备。随着技术的发展，诸如语音交互、情感交互、体感交互、脑机交互等各种新颖多样的交互模式相继出现，参与交互的感官逐渐丰富，人机交互的方式也相应变得更加高效和自然。一方面，多点触屏技术促进了按键设备向触摸设备的转变，手势交互逐渐成为个人设备上的主要交互模式；另一方面，语音识别技术的进步使得语言交互成了手势交互不便时的最佳备选，随着语音识别和自然语言处理技术的日渐成熟，诸如智能音箱、智能家电等在内的各种语音交互类设备和产品也因其交互方式自然、输入速率高、信息传递丰富等优势逐渐走进了人们的日常生活。此外，传感器的发展不但将手势交互扩充到用户全身姿态动作的交互，而且实现了传感设备的可穿戴性，使交互模式更加贴合人的日常生活场景，推动人机交互向人机"一体化"方向发展。例如，情境感知技术应用在安全手环上，能够在使用者发生跌倒等危险情况时自动向家人发送求救信息，而与手机 GPS 定位结合在一起时，可实现在会议室和电影院内自动静音、检测驾驶状态并自动屏蔽来电等功能。体态和手势的感知技术，也常用于一些 VR（Virtual Reality 的缩写，意为虚拟现实）/AR（Augmented Reality 的缩写，意为增强现实）的游戏中，从而优化游戏者的感官体验，增强游戏的趣味性（图 2-8）。

当前，多样化的人机交互模式也被越来越多地引入教育。如语言交互模式被广泛地应用于英语口语自主学习中，学习者能够直接以语音方式与智能系统随时随地进行多次对话练习，并得到系统的自动及时的评判和纠正，让学生真正开口表达，从而提升口语的实际运用能力。体感交互模式也被广泛地运用于学科教学中，包括在数学几何学习过程中通过体感设备来操作三维图形，以增强学生对空间的感知能力。在物理学科中通过体感设备绘制图形，或通过体感装置控制实验器材，使之具有物理特性，从而能够进行物理实验的模拟。在历史学科中，在时光走廊里通过体感设备操纵时间轴的前进和后退，查看和播放历史事件的详细信息和影像资料③。

---

① Delgado-Mata C.，Ruvalcaba-Manzano R.，Quezada-Patino O.，et al.，"Low cost video game technology to measure and improve motor skills in children"，AFRICON，2009. AFRICON09. IEEE，2009，pp. 1-6.

② 陈靓影、王广帅、张坤：《为提高孤独症儿童社会互动能力的人机交互学习活动设计与实现》，载《电化教育研究》，2017（5）。

③ 李青、王青：《体感交互技术在教育中的应用现状述评》，载《远程教育杂志》，2015（1）。

图 2-8 微软增强现实技术 HoloLens

七、 机器人与智能控制

智能控制是指在不需要人的直接干预下驱动智能机器自主地实现其目标的过程，其理论基础是人工智能、控制论、运筹学和信息论等学科的交叉。智能控制可以自动测量被控对象的被控制量，并求出与期望值的偏差，同时采集输入环境的信息，进而根据所采集的输入信息和已有知识进行推理，得到对被控对象的输出控制，同时使偏差尽可能减小或消除[1]。

在人工智能研究中，作为机器学习的子领域之一，强化学习是解决智能控制问题的有效手段之一。它通过模拟人和动物的学习过程，观测智能体与环境的交互结果以及获得的相应回报，并从这一过程中得到训练。由于真实环境的不可控性，通过对状态空间进行建模表示，从而让智能体从中学习规则显然是一项复杂的工作，而强化学习不需要关心解决问题的具体流程和细节，任务的设计器会依照目标函数提供反馈，以度量智能体与环境交互过程中每一步的表现性能，进而

---

① Nilsson N., *An Introduction to Intelligent and Autonomous Control*, Dordrecht, Kluwer Academic Publishers, 1993, pp. 1-23.

让其在不断的试验和错误中自主发现最优行为①。因此，它非常适合用于解决复杂且没有明显解决流程的问题。图 2-9 是由波士顿动力研发的四足自然行走机器人②，它可以在办公室、家里和户外活动，完成抓握物体、爬楼梯等任务。

图 2-9　波士顿动力研发的四足自然行走机器人

机器人作为智能体的典型载体之一，在强化学习的应用方面起到重要的作用。它能够通过智能控制技术将各类实际场景与人工智能结合在一起，从而取代人类进行具有重复性、复杂性和危险性的工作。同时，作为人工智能技术的载体，机器人还能将多种人工智能技术和各个领域进行融合。在教育领域中，北京师范大学未来教育高精尖创新中心自主研发的教育机器人③将不同学科的知识点通过知识图谱技术整合到机器人系统中，使机器人可以利用自然语言处理技术与用户交流互动，在交互过程中，该机器人将负责知识传授和情感陪伴两大功能。从知识传授上来看，机器人能够实时监测学生的知识点掌握状况，从而针对薄弱的知识点进行相关学习资源推荐，从而提升学生的知识掌握程度。从情感陪伴上来看，机器人能够实时监测学生的学习情感体验，并给予情感上的关怀和问候，鼓励学生攻克难关。此外，教育机器人还被应用于帮助特殊儿童的学习，以促进其健康成长④。

八、知识图谱

2012 年，Google 推出自己的第一版知识图谱，掀起了学术界和工业界的一股热潮，也让知识图谱成了当前的研究热点之一。

知识图谱⑤本质上是一种基于图的数据结构，由节点和边组成，其中节点代表现实世界中的

①　Kober J., Bagnell J., Peters J., "Reinforcement learning in robotics: A survey", *The International Journal of Robotics Research*, 2013, 32(11), pp. 1238-1274.

②　Boston Dynamics, "Changing Your Idea of What Robots Can Do", https://www.bostondynamics.com/, 2018-05-29.

③　Lu Y., Chen C., Chen P., Chen X., Zhuang Z., *Smart Learning Partner: An Interactive Robot for Education. In International Conference on Artificial Intelligence in Education*, Berlin, Springer, Cham, 2018, pp. 447-451.

④　Johnson L., Adams S., Cummins M., et al., "NMC horizon report: 2016 higher education edition", Austin, Texas: The New Media Consortium, 2016, p. 46.

⑤　漆桂林、高桓、吴天星：《知识图谱研究进展》，载《情报工程》，2017(1)。

"实体"，节点与节点之间相连的边代表实体间的"关系"，不同种类的信息通过这样的"实体—关系—实体"三元组连接在一起，构成网状的知识结构①，增加了信息资源的易用性和实用性，也提供了从"关系"角度分析问题的途径。知识图谱技术框架如图 2-10 所示。

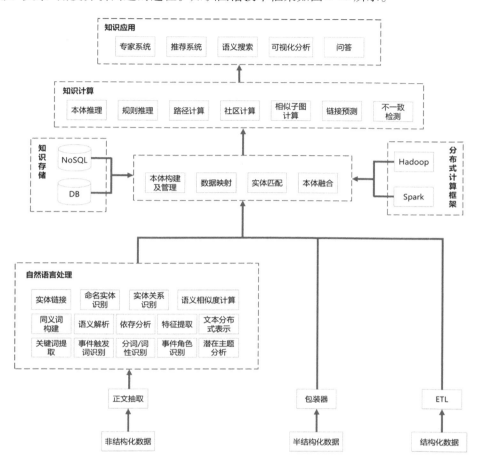

图 2-10　知识图谱技术框架图

知识图谱的构建和应用需要多种智能信息处理技术的支持，如实体识别、实体消歧、关系抽取、知识推理、知识表示等。此外，利用信息可视化技术将构建好的知识图谱形象地展示出来，可以直观反映出整个知识网络的布局及实体之间的关系，为知识图谱的实际应用打下基础。

通过构建多种数据源的融合知识图谱，同时引入领域专家建立业务专家规则，人们能够从数据不一致性中检测到欺诈行为，这是知识图谱在反欺诈情报分析上的应用。另外，在语义搜索、公安情报分析、股票投研情报分析等方面，知识图谱也有着十分广泛的应用。

随着知识图谱技术的日渐成熟，其在教育上的发力也越来越大。知识图谱从关系的角度揭示学习内容背后的本质属性，能够从知识点及其关系层面促使学生真正掌握学习内容。基于领域知识图谱，首先，可以实现对知识点的智能问答，比如，学生询问"光合作用的场所是什么"，借助

① 徐增林、盛泳潘、贺丽荣等：《知识图谱技术综述》，载《电子科技大学学报（自然版）》，2016（4）。

知识图谱可以非常快速地找到准确答案"叶绿体"并给予反馈。其次，借助知识图谱可以实现相关资源的智能推荐，比如，学生搜索"全等三角形的应用"的相关资源，相关算法即可推断该学生背后的本质意图可能是对全等三角形内容的掌握不到位，由此，可以将全等三角形中的重要知识点（如"全等三角形的性质"）的相关资源一起推送给学习者，帮助学生找到问题根源，并加以解决。

九、 虚拟现实与增强现实

虚拟现实和增强现实（VR/AR），都是利用与图像、视频、3D模型等相关的科学技术，营造视觉、听觉、触觉等多种感官的数字化虚拟世界①，它们都综合运用了多方面的智能技术，包括计算机图形学、仿真技术、多媒体技术、人工智能技术、计算机网络技术、并行处理技术和多传感器技术等。二者的不同点在于，虚拟现实技术侧重于虚拟环境的创造，利用计算机模拟产生一个虚拟的三维空间，让用户拥有身临其境的感受，而增强现实技术侧重于虚拟环境与现实环境的叠加，通过计算机技术将虚拟信息和真实世界实时应用到同一画面，在真实世界中扩增信息。VR/AR有丰富的应用价值和意义。对于资源受限、实施开销大、对真实性要求高或具有一定危险性的领域，VR/AR能够提供真实、安全且具有针对性的模拟解决方案，如电力工人的培训、桥梁道路的设计、文物的保护和修复等。对于教育领域，VR/AR技术在科学研究、专业培训和虚拟校园建设等方面也起着非常重要的作用。首先，对于科学研究方面，VR/AR能够帮助节省科研成本，规避实验风险，同时，科研成果能够打破空间和环境限制，实现实用技术的快速转化。其次，对于专业技能实训方面，利用虚拟现实和增强现实技术所提供的沉浸式和交互式环境，学生可以全身心投入学习环境中，并得到真实和贴切的体验，从真实情境中帮助学生迅速熟练地掌握和运用技能。最后，在虚拟校园方面，虚拟现实和增强现实技术能够提供深浅程度不同的服务体验，所谓浅程度的服务是指提供访客虚拟参观体验的校园风景、设施、校务和校园生活，所谓深层度的服务则是指提供交互式远程教学服务，在为学校扩大招生提供可移动的电子教学场所的同时，还可向社会提供培训机会，创造经济效益和社会效益。

当前，随着人们对VR/AR产品需求的不断增多，设备的便携性、互动的自由性以及沉浸式体验的眩晕控制是虚拟现实和增强现实技术下一步需要解决的问题。

第三节　典型人工智能开源项目和云服务简介

开源人工智能解决方案，使得开发者们能够更加方便快速地熟悉和运用各类机器学习和人工智能算法，同时也可以依照自身需求进行适当的裁剪和个性化开发。而云服务则是在大数据和人工智能开发过程中，提供计算、存储等一系列功能的服务，用户可以按需所取，并只为自己所使用的功能进行付费，降低了底层开发难度，并节省了开发成本。此外，在智能化教育相关的研究

---

① 周忠、周颐、肖江剑：《虚拟现实增强技术综述》，载《中国科学：信息科学》，2015（2）。

和开发过程中，许多开源知识库也为研究者和开发者提供了领域知识图谱的数据资料。

下面介绍几个目前较为主流且常用的典型 AI 开源项目和云服务。

一、 百度 PaddlePaddle

作为一个易学易用的分布式深度学习平台，由百度推出的 PaddlePaddle 目前已为百余项产品提供了深度学习的算法支持[①]。例如，在机器视觉方面，CNN 模块能够自动识别出图片中的主体并对其进行分类。在自然语言理解方面，平台所提供的 LSTM 接口可以从电影的评论中分析出评论者的正面情绪和负面情绪。同时，用户还可以使用平台中的各种函数分析用户特征、电影特征、点评分数等数据，并预测新用户对不同电影的打分，构建一个电影推荐系统。

除了提供丰富的算法服务之外，PaddlePaddle 的另一大特点是易用性好。无论是否有深度学习算法的研究基础，平台所提供的服务均可以使用户通过直观、灵活的数据接口和模型配置接口进行各类深度学习算法的调用。此外，它的安装也十分简单，以 pip 安装方式为例，用户只需要键入 pip install paddlepaddle 并等待安装完成，即可以在本地使用。

二、 腾讯 AI 开放平台

在 AI 研发方面，腾讯 AI 开放平台[②]汇聚顶尖技术、专业人才和行业资源，依托腾讯 AI Lab、腾讯云、优图实验室及合作伙伴强大的 AI 技术能力，在计算机视觉、自然语言处理、智能语音等方面提供了包括 OCR、人脸识别、图片识别、图片特效、语义解析、情感分析、机器翻译语音识别和合成等在内的丰富的技术引擎，目前已有智慧招聘、智能硬件等多种行业解决方案。

腾讯 AI 开放平台为开发者提供适用于 PHP 和 Python 的开发工具包，方便其快速获取 SDK 并开始调用。以 Python 为例，在安装好 Python 环境、SDK 源码包并进行相应注册后，开发者可参考 test_ nlp_ texttrans. py 进行相关配置和使用。同时，腾讯 AI 开放平台也欢迎广大开发者贡献各语言版本的 SDK。

三、 讯飞开放平台

讯飞开放平台[③]作为全球首个开放的智能交互技术服务平台，致力于为开发者打造一站式智能人机交互解决方案。平台整合了科大讯飞研究院、中国科技大学讯飞语音实验室以及清华大学讯飞语音实验室等在语音识别、语音合成等技术上多年的技术成果，同时引进国内外最先进的人工智能技术（如人脸识别等），与学术界、产业界合作，共同打造以语音为核心的全新移动互联网生态圈。

目前，开放平台以"云 + 端"的形式向开发者提供语音合成、语音识别、语音唤醒、语义理

---

① Baidu. PaddlePaddle：《易学易用的分布式深度学习平台》，http：//paddle-paddle. org/，2018-06-22。

② Tencent：《腾讯 AI 开放平台》，https：//ai. qq. com/，2018-06-22。

③ 讯飞：《讯飞开放平台——以语音交互为核心的人工智能开放平台》，http：//www. xfyun. cn/，2018-06-22。

解、人脸识别、个性化彩铃、移动应用分析等多项服务。用户可以通过多种接入方式，使用 Android、iOS、WP8、Java、Flash、Windows、Linux 等平台的 SDK，并无须担心使用起来困难和复杂。如今，讯飞开放平台的技术已经应用于智能电视、可穿戴设备、智能车载等各类智能硬件设备，以及滴滴打车、高德地图、58 同城等应用软件，让用户直接体验世界领先的语音技术，并简单快速地集成到产品中。

四、 阿里云

阿里云创立于 2009 年，迄今为止已为 200 多个国家和地区的企业、开发者和政府机构提供服务，并在全球 18 个地域开放了 45 个可用区，为全球数十亿用户提供可靠的计算支持[①]。阿里云提供的解决方案涵盖云计算、大数据、安全等领域，拥有包含弹性计算、云存储、数据传输、数据库灾备、政务云安全、互联网金融安全、大数据仓库、云上数据集成等在内的丰富功能。用户使用阿里云时，采用按量付费，能够更加灵活地控制成本，同时阶梯计价方案也使得使用量越大，计费单价越低，使用时间越长，折扣越多，为长期用户提供优惠。此外，阿里云还研发了 ET 大脑[②]，用于解决社会和商业中棘手的决策问题，目前其已具备智能语音交互、图像/视频识别、机器学习、情感分析等功能。

阿里云目前开放了多种服务。例如，开源项目 Apache RocketMQ 是基于 Java 的高性能、高吞吐量的分布式消息和流计算平台，提供低延时、高可靠的消息发布与订阅服务，目前已应用于金融支付、电子商务、快递物流、广告营销、即时通信等多个领域。

五、 亚马逊 Amazon Web Services

Amazon Web Services（AWS）是一个安全的云服务平台，提供计算能力、数据库存储、内容交付以及其他功能来帮助实现业务扩展和增长[③]。其服务内容覆盖很广，除了上文提到的计算、存储、数据库、迁移、网络和内容分发等，还包括开发人员工具、管理工具、媒体服务、机器学习、分析、安全性、身份与合规性、移动服务、AR 和 VR、应用程序集成、客户参与、企业生产力、桌面和应用程序流式处理、物联网、游戏开发以及软件等多项服务。

作为最早的云服务提供商之一，AWS 采用按使用量付费定价模式，按需交付、即时可用。AWS 定价方式与支付水电费的方式类似。用户只需为所使用的服务计费，且停止使用后无须支付额外费用或终止费[④]。目前，AWS 已在各个行业拥有 100 多万月度活跃用户，可以满足用户在

---

① 阿里云：《阿里云——上云就上阿里云》，https：//www. aliyun. com/，2018-06-22。

② 阿里云：《阿里云 ET》，https：//et. aliyun. com/index，2018-06-22。

③ Amazon Web Services：《云计算与 Amazon Web Services》，ttps：//aws. amazon. com/cn/what-is-aws/？sc_ icampaign = aware_ what_ is_ aws&sc_ icontent = awssm-evergreen-default-hero&sc_ iplace = hero&trk = ha_ awssm-evergreen-default-hero&sc_ ichannel = ha，2018-09-10。

④ Amazon Web Services：《AWS 定价》，https：//aws. amazon. com/cn/pricing/？ nc2 = h_ ql_ pr&awsm = ql-3，2018-09-10。

规模、运营、安全性与合规性方面的特定业务需求①。具体地说，AWS 能够提供金融服务、数字营销、游戏、媒体和娱乐、政府、教育机构等多个行业的成熟解决方案，同时还包含网站、备份与还原、开发运营、无服务器计算、物联网、区块链等在内的丰富多样的应用程序解决方案。

六、 谷歌 TensorFlow

由谷歌开发的 TensorFlow 是一种深度学习框架，支持 Linux、Mac-OS、Windows、Android、iOS 等多种操作系统，用户可以方便地用它设计神经网络结构，而不必为了追求效率实现 C + + 或 CUDA 代码。TensorFlow 通过 SWIG（Simplified Wrapper and Interface Generator）实现对多种语言的支持，可使用包括 C + +、R、Python 等进行开发。在 TensorFlow 中，计算可以表示为一个计算图，图中每一个运算操作将作为一个节点，节点与节点之间由边连接起来。计算图的每一个节点可以有任意多个输入和输出，节点可以说是运算操作的实例化。在计算图的边中流动（flow）的数据称为张量（tensor），这也是 TensorFlow 名字的由来。

作为目前应用最广泛的机器学习框架之一，TensorFlow 尤其广泛用于基于云的应用。例如，Amazon 网络服务、微软 Azure 以及谷歌云平台都提供支持与 TensorFlow 兼容的服务。据其官网②介绍，使用 TensorFlow 的公司包括 Airbnb、NVIDIA、Uber、SAP、Dropbox、eBay、Google、Intel、Coca Cola、Twitter 等。

七、 微软 Azure

微软 Azure③是微软推出的在线公共服务平台，它提供包括计算、应用、存储、分析等在内的 30 余种服务，以及数百项针对云、物联网与大数据等需要的各类型服务所设计的功能。Azure 拥有许多 AI 功能的接口，例如，Eemotion API④可以从图片和视频中自动识别出人脸并分析表情和情绪⑤；HDInsight 拥有强大的海量数据并行运算能力和庞大的存储空间，可供开发者利用 Hadoop、HBase 或 Apache Storm 群集在其上存储和查询经过处理的数据。此外，Azure 还能够帮助用户转换和聚合数据以进行交互式分析。例如，可利用 HDInsight 作业的工作流，将所有形状和大小的数据进行转换，并将结果载入 SQL DB，以便使用 Power BI 进行交互式分析和可视化⑥。

---

① Amazon Web Services：《云解决方案》，https：//aws. amazon. com/cn/solutions/？nc2 = h _ ql _ s&awsm = ql-2，2018-09-10。

② TensorFlow：《TensorFlow：适用于机器智能的开源软件库》，https：//www. tensorflow. org/，2018-05-28。

③ Microsoft Azure：《云计算——安全可信的智能云服务平台》，https：//www. azure. cn/zh-cn/，2018-05-28。

④ Microsoft Azure，"Emotion：Analyze faces to detect a range of feelings and personalize your app's responses"，https：//azure. microsoft. com/en-us/services/cognitive-services/emotion/，2018-05-28.

⑤ Microsoft Azure，"Microsoft—the only vendor named a leader in Gartner Magic Quadrants for IaaS, Application PaaS, and Cloud Storage"，https：//archive. is/PQJWp#selection-5459. 0-5459. 115，2016-03-17.

⑥ Microsoft Azure：《数据分析解决方案——Azure 云计算》，https：//www. azure. cn/zh-cn/solutions/data-analysis/，2018-05-28。

八、 WordNet

WordNet[1] 是一个由普林斯顿大学认知学实验室在心理学教授乔治·A. 米勒的指导下建立和维护的英语字典，开发工作从 1985 年开始，从此以后该项目接受了超过 300 万美元的资助（主要来源于对机器翻译有兴趣的政府机构）[2]。它的开发有两个目的：既作为字典，又作为辞典，提供比单纯的辞典或词典都更加高的易用性；支持自动的文本分析以及人工智能应用。由于它包含了语义信息，所以有别于通常意义上的字典。WordNet 根据词条的意义将它们分组，每一个具有相同意义的字条组称为一个 synset（同义词集合）。WordNet 为每一个 synset 提供了简短、概要的定义，并记录不同 synset 之间的语义关系。

在 WordNet 中，名词、动词、形容词和副词各自被组织成一个同义词的网络，每个同义词集合都代表一个基本的语义概念，并且这些集合之间也由各种关系连接。WordNet 的名词网络是第一个发展起来的，名词网络的主干是蕴含关系的层次，它占据了关系中近 80% 的部分，层次中的最顶层是基本类别始点，具体而言，它们是 11 个抽象概念，如实体（entity，"有生命的或无生命的具体存在"）、心理特征（psychological feature，"生命有机体的精神上的特征"）等，而名词层次中最深的层次也有 16 个节点[3]。

WordNet 的数据库及相应的软件工具的发放遵照 BSD 许可证书，可以自由地下载和使用，亦可在线查询和使用。

九、 DBpedia

DBpedia[4] 是一项从维基百科里萃取的结构化内容，并将这些结构化信息在互联网上公开供人取阅的开源知识库项目[5]。它允许用户查询维基百科相关资源之间的关系与性质，甚至也可查询从维基百科外链到其他数据组的内容。维基百科的条目大部分都是没有固定格式的文字，也有部分信息（如信息科的表格内容、分类、图像、地理坐标、外部网页链接等）属于结构化内容，这些结构化信息会在 DBpedia 中被提取出来，并放入统一的数据集中，方便用户查阅。

在 2013 年 9 月的第 3.9 版更新中，DBpedia 数据组描述了 400 万道笔试题，其中有 322 万道属于一个连贯知识本体的子类别，包含 832 000 位人物、639 000 个地景、116 000 份音乐专辑、78 000 部视频、18 500 个视频游戏、209 000 个组织、226 000 个物种以及 5 600 种疾病。同时，DBpedia 数据集提供了最多有 119 个不同语言的特色标签以及数据摘要。现总共有 2 460 万个图片

①　"Wordnet：A Lexical Database for English"，https：//wordnet. princeton. edu/，2018-10-09.

②　北京大学中国语言学研究中心：《Wordnet 发展概况》，http：//ccl. pku. edu. cn/973＿ sem＿ spec/WordNet/C-wordnet/wordnet-c-index. htm，2018-10-09。

③　"Wordnet"，https：//zh. wikipedia. org/wiki/WordNet，2018-10-09.

④　"DBpedia"，https：//wiki. dbpedia. org/about，2018-10-10.

⑤　Bizer C.，Lehmann J.，Kobilarov G.，et al.，"DBpedia-A crystallization point for the Web of Data"，*Web Semantics：science，services and agents on the world wide web*，2009，7（3），pp. 154-165.

链接以及 2 760 万个连到外部网页的链接数据、4 500 万个链接到其他 RDF 格式的数据集、6 700 万个链接到维基百科的分类页，以及 4 120 万个 YAGO2 分类的数据①。

DBpedia 曾经被万维网创始人评论为世界上最有名的几个去中心化链接数据的专题之一②。此项目一开始是由来自柏林自由大学以及莱比锡大学的人士所打开，并与开放链接软件（Open Linked Software）同盟合作③。第一份公开可获取的数据集在 2007 年时发布。它是通过自由授权的方式所发布，允许他人自由利用这些数据集。

---

① DBpedia，"DBpedia 3. 9 released, including wider infobox coverage, additional type statements, and new YAGO and Wikidata links", https：//zh. wikipedia. org/wiki/DBpedia，2018-10-10.

② "Sir Tim Berners-Lee Talks with Talis about the Semantic Web", https：//web. archive. org/web/20130510134842/http：//talis-podcasts. s3. amazonaws. com/twt20080207_ TimBL. html，2018-10-10.

③ Wiki，"dbpedia. org Team", https：//web. archive. org/web/20140921021528/http：//wiki. dbpedia. org/Team，2018-10-10.

第三章

智能教育环境

当前，智能终端逐渐走向大众化，无处不在的智能终端、网络、平台等正在悄无声息地融入教育环境的方方面面，将构建无处不在的计算空间。借助云计算的强大能力，虚拟空间与现实空间的界限越来越模糊，人类的教育环境不再只是单纯的物理空间，而是被技术改造的、虚实交织的、无缝流转的物理空间、社会空间和信息空间相互渗透的智能的三元融合世界。"互联网＋"时代正向"人工智能＋"时代迈进，智能化已经成为教育环境的基本属性。教育环境的智能化体现在其能够自动感知师生的需求，自动提供智能化服务等方向。

普适计算为智能教育环境提供可能。普适计算（Ubiquitous Computing 或 Pervasive Computing）的思想最初是由 Mark Weiser 做出全面的阐述，他主张计算机的使用应该迎合人的生活习性，融入到人的日常环境中，并能够自主地与使用者产生互动。他认为普适计算的发展能够带领人们进入"宁静技术"（Calm Technology）时代，即技术能够无缝地融入到日常生活，使人们摆脱技术带来的"压迫感"，使技术处于非妨碍状态，而无须用户分散精力进行干预[①]。

普适计算与先前的以计算为中心的计算模式有所不同，它更关注用户的注意力和自身体验满意度，强调人在技术环境中的主体作用和技术对人的服务作用。普适计算充分融合物理空间和信息空间，调动一切可以利用的技术，以促进人的发展。Mark Weiser 以 Sal 为主人公经历描述了普适计算的生活场景：Sal 早上起床时，计算系统已经按照 Sal 的习惯为她准备好了咖啡；当 Sal 向与周围环境关联的"windows"望去时，计算系统可以让 Sal 了解当时周围的环境；当 Sal 向与孩子们关联的"windows"望去时，计算系统可以让 Sal 了解孩子们当时的活动情况；当 Sal 通过向导系统了解路况时，在没有 Sal 指示的情况下，向导系统通过自发推导为 Sal 寻找一处合适的停车位置[②]。这些场景直观地展示了普适计算的普适性、透明性、自适应等特性。

随着技术的进步，终端设备的感知和计算能力越来越强大，它将集成更多的传感器、探测器、采集器，通过这些电子化的微型感知设备，捕获用户、设备、场所、问题、应对策略方法等真实世界的信息，连通虚拟世界和现实世界，跨越多场所、多情境，带来越来越智能化和人性化的服务，为打造联通一体的智能教育环境提供可能。

无处不在的智能终端与无处不在的网络技术融入到教育环境后，将为教育教学提供全新的生态机制，建立学习者与技术之间的新型人机关系，实现学习者与技术最优化的智能整合，并从根本上变革学习理念和学习方式。无处不在的智能设备和计算能力，建立人、物、机之间的无缝连

---

① Weiser M. , "Designing Calm Technology", *Powergrid J*, 1996, 1(2), pp. 159-163.

② Weiser M. , "The Computer for the Twenty-First Century", *Scientific American*, 1991, 265(3), pp. 19-25.

接，时刻满足学习发生的各种可能性，智能教育环境下的学习将是泛在化（Ubiquitous）的，即U -Learning。

泛在学习（U-Learning）强调任何人在任何时间、任何地点，基于任何计算设备获取任何所需的学习资源，享受无处不在的学习服务。实际工作和生活中，当我们在任何时间、任何地点遇到了任何问题或需求时，都可以利用情境感知智能终端设备感知需求，并将需求信息通过无处不在的通信网络发送到"教育云计算平台"中，云计算平台根据用户需求及用户的个性化信息在知识关系空间中进行无缝检索、聚合、计算、变换，并找到最适合用户需求的学习内容，同时将内容上附加的学习服务和知识关系网络转换为用户智能终端支持的格式，推送给用户。学习的发生、学习需求及学习资源无处不在，学习者在实际中遇到的任何问题都可以得到智慧空间随时随地的支持，学习与生活、工作融为一体，生活本身就是学习。

智能教育环境下的泛在学习具有泛在性、连续性、社会性、情境性、适应性以及连接性等核心特征。

（1）泛在性：泛在学习强调使用移动和泛在技术，满足学习者随时随地学习的诉求。学习服务、学习资源广泛存在于我们的生活环境，学习机会无所不在、无所不包、无所不能，以实现在任何时间、任何地点，任何人、任何物都能进行交互学习。

（2）连续性：泛在学习是一种能够将正式学习与非正式学习相联结、个人学习与社群学习相融合、课堂学习与网络学习优势互补的融合学习形态。其连续性主要表现在两个方面：一方面是实现了物理空间上的连续性，泛在学习是嵌入性的学习（Embed Learning），学习融合于工作、学习、生活和网络之中，学习者可以在多个空间实现无缝切换；另一方面是实现了正式学习和非正式学习的连续性，是跨情境边界的，既具有正式学习的特征，能够很好支持学校的学历教育和参加工作后的继续教育，又具有非正式的特性，是在工作、生活或社交等非正式学习时间和地点联结或内化知识的学习形式。

案例3-1　MWOW 项目①

MWOW（Museum Without Walls）项目是由美国公共艺术协会和费城公园与娱乐公司合作开发的（图3-1），以无线手持设备、嵌入式设备、无线网络（Wifi）为支撑，学习者进入到一个基于位置的（Location-Based）、故事讲述的（Storytelling）学习环境，可以选择自己想去的地方或者在线观看某个艺术馆的艺术展品或学校的历史。例如，学习者可以选择麻省理工学院（MIT），通过手机等设备浏览观看麻省理工学院一百多年的历史。

MWOW 项目实现了"学习者与技术最优化的智能整合"，使学习者把主要精力投入到了"思考"中，"从思考中学习"成为泛在学习的本质内涵。该项目网站的主要内容包含：讲述历史（讲述历史事件），倾听历史（主要包含历史事件以及可下载和观看的音视频），创造历史（用户可以通过成为志愿者，添加历史事件）。

---

① "Museum Without Walls™：AUDIO"，http：//www. associationforpublicart. org/program/mww-audio/，2018-03-01.

图 3-1　MWOW 项目网站

　　学习者可以通过计算机浏览网页来学习历史人物相关历史事迹，也可以下载 APP，通过 APP 扫描访问人物或其他雕像等。比如，在某一条旅游线路上学习者选择浏览"林肯"的艺术雕像，打开的页面就是关于"林肯"艺术雕像创作者的文字介绍，也有音频介绍和视频介绍。

　　（3）社会性：学习是共享和构建个体认知网络和社会认知网络的过程，个人的知识组成了内部的认知网络，学习空间中的情境学习资源与其他学习者构成社会认知网络，学习者在情境交互过程中完善和改进自己的个人认知网络，同时也构成社会认知网络的一部分，分享和构建了社会认知网络。

　　（4）情境性：情境感知是泛在学习的核心要素，泛在学习关注物理和社会场景与个体的交互作用，强调基于真实情境的学习，强调从学习者的周围收集环境信息和工具设备信息，并为学习者提供与情境相关的学习活动和内容。与建构主义对学习者个体知识建构的强调不同，泛在学习将关注的焦点由学习者本身转至整个学习情境，认为学习者所处的情境网络以及其中的学习活动，是协助并支持学习者达成学习目标的关键所在。因此在开展泛在学习时要通过移动技术以自然的方式模拟真实与逼真的情境与活动，以反映知识在真实生活中的应用方式，为理解和经验的互动创造机会。

　　（5）适应性：按需学习将成为泛在学习下学习者的主要目标，学习者能够以最合适的组织方式、表现方式、服务方式来获得自己需要的内容。由于每个学习者的教育背景、知识技能、认知风格各不相同，智能学习环境将会根据学习者的历史学习数据，为其构建合适的个性化学习模型，并为其推送相应的学习内容，提供个性化学习服务。

　　（6）连接性：泛在学习能够培养学习者在不同情境下自主学习的能力，同时帮助学习者通过理解和加工，进行知识的链接与整合。在与情境交互的过程中，学习者完成了对个体认知网络和社会认知网络的构建过程。个体认知网络由学习者的个人知识组成，社会认知网络由不同学习者在学习空间中的情境问题组成。这一过程既实现了个体认知网络的构建，又完善了社会认知网络，实现了从信息的链接到人的链接。

　　教育是一个系统性的工程，教育环境是包含影响该工程生存发展的各个因素及其相互关系的一个有机的整体。教育环境不仅包括学习常发生的教室，还包括与学习相关的教学管理空间等。

本章主要介绍教育常发生的场所环境，包括智能教室、智能图书馆、智能校园安全探测与预警等。详细介绍智能技术在构建智能教育环境中的具体应用场景。大到建筑场所，小到学习工具，这些案例从教育环境的多个方面展示了智能技术如何改变师生与学校资源、环境的交互方式，从而实现以人为本的个性化创新服务，同时也为未来的智能教育环境构建打下基础。

第一节 智慧校园

校园是正式学习发生的主要场所，校园建设的好坏直接影响整个校园系统的运行效率和质量。随着云计算、物联网、大数据、人工智能、社交网络、校园移动互联、学习分析等新兴技术在高校中的广泛应用，信息技术与教育教学业务的融合越来越深入，校园信息化由管理信息化发展为教育教学全面信息化，信息技术与教育教学的关系从组合、整合演进到融合创新，智慧校园已不只是一种理念，而正慢慢成为现实①。总体而言，智慧校园应由智能化的环境、资源、管理和决策来支撑，并在此基础上构建各式各样的教育应用，使得任何人在任何时间、任何地方，都能够享受到智慧校园所提供的学习服务。

黄荣怀教授认为智慧校园是指一种以面向师生个性化服务为理念，能全面感知物理环境，智能识别师生群体的学习、学习者个体特征和学习情境，将物理空间和数字空间有机衔接起来，提供无缝互通的网络通信，有效支持教学过程分析、评价、智能决策，为师生建立智能开放教育教学环境和便利舒适的生活环境②，智慧校园改变了师生与学校资源、环境的交互方式，实现了以人为本的个性化创新服务。

智慧校园环境及其功能均以个性化服务为理念，各种关键技术的应用均以有效解决师生在校园生活、学习、工作中的诸多实际需求为目的，并成为现实中不可或缺的组成部分。支撑智慧校园的关键技术主要有学习情境识别与环境感知技术、校园移动互联技术、社会网络分析技术等，环境感知技术是"智慧校园"的基础技术，有助于实现对校园各种物理设备的实时动态监控与控制。智慧校园中的全面感知包括两个方面：一是传感器可以随时随地感知、捕获和传递有关人、设备、资源的信息；二是对学习者个体特征（学习偏好、认知特征、注意状态、学习风格等）和学习情境（学习时间、学习空间、学习伙伴、学习活动等）的感知、捕获和传递。

以环境感知为例，在基于物联网的校园环境中，通过在学校内部安装能够感知人体运动、光线、声音、温度的传感器，对教学环境（如学校内二氧化碳的浓度、教室内部的温度和湿度、学习空间内的光照情况、花草树木周围的空气质量、校园中的噪声等）和安全保障系统等进行可视化监测，连接网络进行智能控制（如定时监控光线亮度并自动调节教室内照明灯和计算机屏幕的亮度，根据室外光照强度调整窗帘的高度③），全面实现学校的教学和安全环境的智慧管理，将为学生创造更适于学习的条件和舒适的学习环境。

---

① 蒋东兴、付小龙、袁芳、蒋磊宏：《高校智慧校园技术参考模型设计》，载《中国电化教育》，2016（9）。
② 黄荣怀、张进宝、胡永斌、杨俊锋：《智慧校园：数字校园发展的必然趋势》，载《开放教育研究》，2012（4）。
③ 贺志强、庄君玥：《物联网在教育中的应用及发展趋势》，载《现代远程教育研究》，2011（2）。

在智慧校园中，为重要的文件和物品贴上二维码和 GPS 标签，能够感知和追踪物品位置，保障校园内教师、学生的财物安全。对出入校园的车辆进行定位和监测，能够维持校园交通秩序。在校园重点区域和重要设施上安装智能传感器，若出现可疑情况，感知点将向管理中心发出警报并分析事件原因①，是维护校园安全的重要举措。将 RFID 技术整合到校园一卡通、图书、仪器设备、电梯、灯具等物品上，可以实现楼宇出入人员管理、教室与会议的智能考勤、图书自助借还与自动盘点、贵重设备防盗及定位、实验室开放控制，以及照明、空调与通风系统控制等节能控制，为校园安全和日常管理带来便捷。

案例 3-2　腾讯智慧校园

"腾讯智慧校园"是腾讯公司面向各类学校提供的移动端校园智慧生态圈解决方案，主要结合腾讯内部的微信、腾讯新闻客户端、腾讯地图等平台，在智能终端上实现学校的日常办公，能够满足学校的学生管理、在线办公、网上培训、网上审批、资源共享等需要。

"腾讯智慧校园"具有五个主要的功能②：一是智慧消息。可以将学校的通知实时传达到师生的手机，并且辅导员、班长可以对消息到达的结果进行实时反馈；学生可以通过微信，将自己的想法告诉校长；同时智慧消息可以整合校园自媒体，打造校园媒体平台，将校园新闻推荐至腾讯新闻客户端，让数亿网民看到。二是智慧学习。学生可以一键查询课程表，也可以查找身边的空自习室，方便学习；解决课程考勤的老问题，可以一键点名签到。三是智慧生活。发起校园活动更简单，没有校园外部内容的干扰；解决一键缴费难题，学校补助、奖学金发放到人更简单，生活服务功能全。四是智慧办公。可以随时随地手机办公，审批、考勤、会议通过微信发起和处理，重要事项定时通知，重要文件保密传达；发工资和报销实时同步，教师办公体验更愉快。五是智慧家校。家长可以一手掌握孩子行踪，了解孩子每阶段的学习状况，助力成长；同时打造家长交流的圈子，让家校事务沟通更便捷。

"腾讯智慧校园"结合外部优质教育专业资源，为学校、教师、学生、家长等各方主体提供在学习、生活、管理、办公等场景中的应用功能，最终实现了学校与移动互联网的深度融合，将学校的独立个体连接成智慧的网络（图 3-2）。

连接校园 "智"有主张
互联网+校园 移动端校园智慧生态圈解决方案

 信息安全防护体系　 师生家长功能分类　 消息通知精准触达　 学校新闻亿万关注

图 3-2　腾讯智慧校园功能特色

---

① 陈明选、徐旸：《基于物联网的智慧校园建设与发展研究》，载《远程教育杂志》，2012（4）。
② 《腾讯智慧校园》，https：//campus.qq.com/，2019-01-09。

案例 3-3　江南大学智慧校园建设

节能减排是江南大学智慧校园的特色之一。2005 年起，江南大学新校区逐步投入使用，在新校区内学习生活的师生人数大幅增加，能耗设备数量也随之大量增加。为解决能源监管的难点问题，江南大学结合智慧校园建设，利用自身多学科的优势，综合应用了控制工程、通信工程、计算机工程、工业设计、环境工程等学科，自主创新研发了基于物联网技术的"节约型校园数字化能源监管平台"，为管理者提供了更好、更科学的决策支持，实现了科学管理①。

图 3-3 是江南大学"数字化能源监管平台"架构图。江南大学数字化能源监管平台的建设采用统一规划、分步实施的模式，采用"1 + 1 + N + M"的架构，即 1 个系统平台，1 个能源服务门户，N 个业务子系统和移动终端(Mobile)相结合的模式。平台结构清晰，将"监管""控制""服务"有效区分，建设相对独立的模块或子系统，方便不同类型的用户使用，各节能主管部门重点关注"监管"，水电维修、物业管理等部门则重点关注"控制""服务"，直接面向广大师生。平台借助布设在校园内的近 2 万个各类传感监控点，实现对能源使用、给水管网、路灯、安防和交通的全方位、立体式的数字化实时管理，监控覆盖率达 90% 以上②。系统平台可以对校内所有办公区、教学区、宿舍区和公共环境区的能源消耗情况进行智慧监管、数据统计和分析。管理者可以在系统中获取综合的能源需量统计报表和分析报告。除了获取信息和分析问题外，平台还能够准确感知和确定能源消耗漏洞存在的位置，以便更好地整合和利用资源、节约成本，从而建立有序的管理模式。电能计量管理平台能够实现对校园中 100 万平方米建筑面积的能源监管，水管网监测系统能够及时发现地下管网漏失情况；智能照明控制系统对学校校园中路灯进行精细化管理③。为了引导师生的合理用电行为，服务类子系统通过能源公示、能源足迹、低碳计算器等方式让师生了解自己的用能情况，提高师生对自身能源消费的关注度和透明度，促进能源的理性消费和自我管理。针对移动互联网的发展趋势，江南大学开发了能源监管平台移动客户端，满足用户移动应用的需求，可实现个人能源使用情况的查询、自助服务等，也可满足管理者移动化的对能源设备、设施的远程实时监控。

江南大学通过数字化能源监管平台的建设，产生了巨大的经济效益。2017 年，学校的科研总量是 2006 年的 4.95 倍，设备总量是 2006 年的 4.43 倍，分体空调数量也增长至 2006 年的 4.16 倍，在这种情况下，水电净支出只增长了 1.37 倍，节能减排效果显著。这不仅实现了学校的节能增效，也为地方节能降耗工作做出了贡献。如今，学校每年的水、电费支出均控制在学校日常

---

① 田备：《全国首批节约型校园建设示范高校——江南大学数字化节约型校园建设》，载《建设科技》，2010(22)。

② 田备：《深化节约型校园建设　突出数字化能源监管》，载《高校后勤研究》，2014(3)。

③ 《智慧的价值伫现在对"人"的服务——专访中国绿色大学联盟主席、江南大学副校长田备》，载《中国教育网络》，2014(7)。

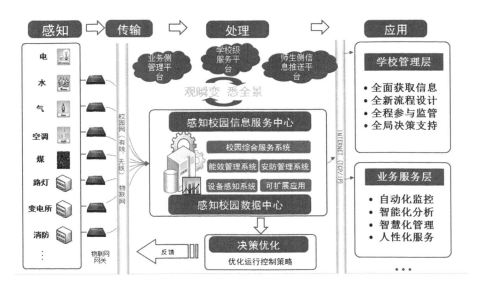

图 3-3　江南大学"数字化能源监管平台"架构图

开支(含人员经费、公用经费、科研经费,不含基建费用)的 3% 以内①。江南大学的数字节能、"绿色校园"建设等成果得到了中央、省级媒体采访报道,同时还为 30 多家社会单位提供了咨询服务,为近 80 所高校以及无锡市市民中心等提供了整体改造服务②。

　　智慧教室是江南大学智慧校园建设的特色之二,为实现"以教师为主导"的课堂教学模式和"以学生为中心"的自主学习模式的双融合统一,学校从 2012 年开始对教室的数字化改造做了有益的尝试与探索,明确提出建设智慧教室的要求。

　　学校对教学楼的公共区域和教室内部做了全面的装修改造,对装饰材料、地板、桌椅、灯光等进行调整,以提供更为舒适的学习环境。智慧化改造后,每间教室放置一台网络型集中控制器,教室内部的投影仪、幕布、电脑、拾音扩音、摄像头等电子设备全部通过一台 24 口企业级交换机接入网络中控,可以在线实时查看所有接入设备的使用情况,远程控制各类设备。针对探究型教学过程中师生互动频次、方式较多的特点,探究型智慧教室中普遍安装交互式短焦投影仪、电子白板或触摸式电脑液晶显示屏,部分教室还在后侧、左右侧面加装多个显示设备。课桌椅也拆除固定式,添置可移动、可拼接式桌椅。

　　学校在所有教室中安装前置和后置高清摄像头,通过管理平台提供在线巡课和常态化录播功能(图 3-4)。巡课录播模块采集教师板书画面、学生画面、PPT 投影画面及拾音输入音频,合成课堂教学实时音视频内容,可以在管理平台实时调阅查看,满足在线巡课的需求,查看教师教学和学生上课情况,并对部分课程进行常态化录播,定时将课堂教学情况录制。在录播资源管理平

① 宋建强、赵让、张明亮:《感知能耗 智慧监管——江南大学数字化能源监管平台建设探索及实践》,载《高校后勤研究》,2018(6)。

② 《江南大学践行绿色教育,构建智慧校园》,http:∥www.ec.js.edu.cn/art/2013/11/7/art_4344_138184.html,2018-08-19。

台还可以对录播素材进行简易的在线编辑。

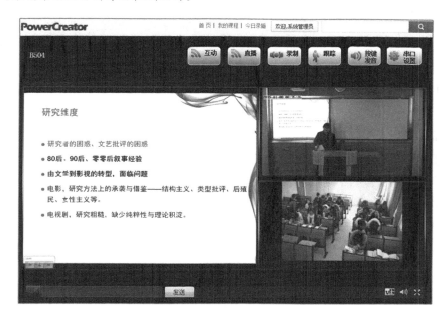

图 3-4 在线巡课和常态化录播

此外，江南大学还在所有教室门口安装了门禁系统，协助教室管理人员完成开门关门的智能化管理。所有教室在每天早上 6 点定时自动打开，在晚间 10 点关闭，大大提高了效率。学校借助教室门禁签到设备和系统，与教务处、学工部合作，进一步加强学生课堂考勤。学生课前刷卡签到，学生或教师可通过手机 APP 实时查询上课出勤情况，替代传统的人工点名模式，签到记录作为学生平时成绩的重要组成，也作为出勤奖惩的重要依据。结合在校期间的学习、生活、刷卡、上网、统一身份认证等数字信息，可以扩充成学生学习轨迹跟踪系统，完成对学生的课堂考勤、失联预警、学习度分析等，实现对学生教育全过程的"精细化管理"①。

第二节 校园安全探测与预警

校园安全是顺利开展学校教育活动的基础，也是教育改革和发展活动的基本保障。《国家中长期教育改革和发展规划纲要（2010—2020 年）》指出，要"切实维护教育系统和谐稳定，深入开展平安校园、文明校园、绿色校园、和谐校园创建活动，为师生创造安定有序、和谐融洽、充满活力的工作学习生活环境"。同时强调，"加强安全教育和学校安全管理，加强校园网络管理和周边治安综合治理，完善学校突发事件应急管理机制，妥善处置各种事端"②，这体现了国家对校园安全的重视。当前社会各界对校园安全十分关注，因为校园安全事故会直接影响青少年的健康成长和一个家庭的幸福以及整个社会的和谐稳定，学校要努力为青少年提供一个安全、健康、稳

---

① 智慧教室案例由江南大学信息化建设与管理中心张华老师提供。
② 中华人民共和国教育部：《国家中长期教育改革和发展规划纲要（2010—2020 年）》，http：//old. moe. gov. cn/publicfiles/business/htmlfiles/moe/info_ list/201407/xxgk_ 171904. html，2018-05-08。

定的校园环境。

校园安全管理包括提供安全的校园内外环境，实施安全教育活动，防范犯罪事件发生，健全安全管理制度，营造符合卫生标准的环境，完善安全事故处置规程等保障整个学校达到良好的安全管理水平。在过去的几年里，校园安全事故呈现出多发态势，给社会、学校、家庭带来了惨痛的教训和不可弥补的损失。在技术飞速发展的今天，如何用技术助力校园安全是当前值得探讨的热点问题。计算机视觉与机器人技术的发展使得人工智能维护校园安全成为可能。

本节以智能校园巡逻安保机器人、校园安全预警与事故防护、智能校车为例，介绍了多种人工智能技术在校园安全探测与预警中的应用。例如，通过计算机视觉技术进行人脸识别，鉴别来访者是否为非法人员；通过多种传感器和摄像头画面的综合信息，判断校园环境是否存在异常；通过图像处理等技术对监控画面进行自动分析，判断师生情绪和行为是否有潜在风险；通过定位技术和物联网技术对校车轨迹采取监测，确保其行驶安全。这些案例均体现了人工智能技术在非法人员识别、校园巡逻、安全预警和事故防护等方面发挥着重要作用。

案例3-4　智能校园巡逻安保机器人

校内巡逻安保机器人是一个集环境感知、路线规划、动态决策、行为控制以及报警装置于一体的多功能综合系统。目前在校园里比较常见的做法是招聘校园保安，成立巡逻队，人员工作时间很长，而即使发现情况也不能及时通知监控中心。安保机器人作为智能安防中的重要一员，可代替更多的劳动力，成为产业升级或变革的重要工具[①]。

校园巡逻安保机器人能通过眼部的图像采集设备采集进入校园人员的面部信息，识别当前人员身份，若未检测到相关人员信息，系统则会通知学校的安保人员进行身份验证、登记等工作。位于学校门口的机器人还将采集学生的面部信息，与信息库中的学生信息相比对，确定学生身份，并记录学生到校与离校时间，确保学生在校期间的安全[②]。

安保机器人可以在校园的各处活动，巡逻功能可分为自动巡逻和远程遥控巡逻两种模式。图3-5为校园里的安保巡逻机器人。在自动模式下，机器人可根据环境信息，自动构建地图及实时定位，并按预定路线、预定时间执行巡逻任务，遇到障碍时，视觉系统将信号发送给底盘控制系统，使其做出判断，并做出正确的路径规划，继续前进。在巡逻过程中机器人若电力不足，可自行寻找充电桩对接充电。远程模式则是通过远程遥控器操作机器人巡逻。图像采集及传输系统用来进行实时的图像采集与回传，其具有夜视功能的高清数字摄像头及各种传感器，可实时视频监控、录像存储、历史回放。位于校园各处的安保机器人对校内环境进行实时监控，通过前后左右4个移动高清数字摄像头，综合各个传感器信息，将检测的图像回传给控制系统与控制室，控制系统做出判断后，若发现异常情况（如有陌生人通过非正规途径进入校园），会立即发送到检测与报警系统，检测与报警系统用来实时检测周边环境与发出报警，当其发现可疑的气体或图像后，立即拉响警报并且给主控室发出报警，提醒校内安保人员当前环境发生异常情况。

---

① 薛金言、张斌、武瀚：《智能校园巡逻安保机器人设计》，载《无线互联科技》，2017（16）。
② 周宝、杨现民：《人工智能与未来学校变革》，载《中小学信息技术教育》，2017（7）。

图 3-5　校园里的安保巡逻机器人

案例 3-5　校园安全预警与事故防护

　　未来学校的消防安全预警系统包含了感烟探测器、感温探测器、火焰探测器、可燃气体探测器等多种感应器，同时通过摄像设备实时采集图像信息，分析画面中是否出现明火、烟雾等现象。其综合图像分析与探测器感知，判断是否有火灾现象发生。此外，系统通过实时采集校园内人员的行为数据，与数据库中消防安全危险行为做比对，分析是否有相关危险行为发生。若危险行为发生，则会通知学校安防人员。在火灾发生时，拥有智能搜救技术的消防机器人将会代替人进入火灾发生区，通过生命探测仪，自动感应、搜索、识别被困人员，将其救出火灾发生区。消防机器人的部署很大程度上避免了人员进入火灾发生区受到二次伤害现象的发生，其机动性超越了现有的消防安全系统，在很大程度上保证了校园内师生生命和财产安全。图 3-6 显示了台湾中兴大学的智能化校园安全预警系统，人工智能算法会针对警戒区域中的监控影像来侦测人员入侵、人员逗留等事件。当事件发生时，会在云端平台做即时事件通知及手机推送通知，让管

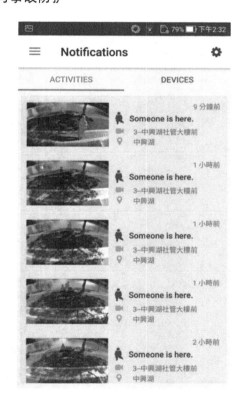

图 3-6　台湾中兴大学智慧化安全预警系统

理者能即时掌握事件的发生，并通过手机查看触发预警的事件视频，以达到校园安全防护的目的①。

---

　　①　台湾中兴大学：《智慧化安全预警系统》，http：//nchu-smart-campus. nchu. edu. tw/2017/10/blog-post. html，2019-01-24。

目前，校园课间活动的伤害事故集中于拥挤踩踏伤害、追逐打闹伤害、危险游戏伤害三个方面。基于人工智能的活动事故防护系统通过校园内的摄像设备实时采集师生行为数据，通过与数据库中活动事故危险行为模型相比对，分析判断是否有危险行为发生。若相关行为发生，系统则会将相关危险行为发生的地点、类型等发送给学校的安防人员，提醒安防人员采取相应措施。

案例3-6　智能校车

近年来，国内校车安全事故频发，如幼儿园校车交通事故、校车坠江、幼儿遗忘在校车被闷死等，事故造成的学生重大伤亡事件给社会带来了巨大的不良影响，也引发了社会各界对"校园安全"的广泛关注和探讨。如何运用先进的技术和规范化的管理来有效地减少校车安全事故的发生已经成为当前迫切需要解决的问题。

随着通信技术的发展，特别是计算机技术、全球定位系统、现代通信技术的快速发展，校车监控系统近年来取得了极大的进步。基于物联网的校车监控系统为校车安全提供了强有力的保障。从2016年10月开始，江西省新余市采取公开招标、政府购买、社会服务的方式，搭建起"全程录像、动态监控、定时查询、轨迹回放"的智慧校车安全管理平台。目前，智慧校车安全管理系统接入全市170所学校，实现全市城乡225辆校车全覆盖。据悉，智慧校车采用了GPS北斗定位技术，通过统一的信息平台，实现了校车的日常监管①。图3-7为智能校车定位页面。

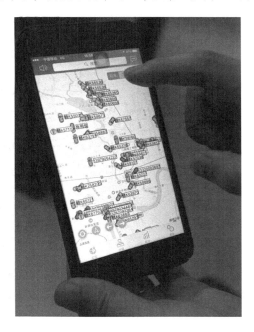

图3-7　智能校车定位页面

物联网是指将物体通过RFID、GPS及各种传感器等现代通信技术，按照约定的通信协议及接口，实现设备的全面互联，从而实现智能识别、定位、跟踪、监控和管理的一种网络。物联网技术将校车与后台监控系统进行实时连接，因此实现了在监控平台对校车各种电气机械信息以及

① 《智慧校车安全行》，http://www.huaxia.com/jx-tw/zjjx/jrjx/2017/05/5314821.html，2018-05-20。

车内静、动态信息的实时提取和充分利用。利用物联网技术中的 RFID 技术、GPS 或北斗定位系统、地理信息系统，监控管理系统可在地图上随时获知车辆所在位置和车辆的行车路线，实时掌握校车运行的地理位置信息、运行状态信息，实现对现有运行校车的机械性能、电气性能、行驶路线等实时监控，从而为校车的安全管理提供及时准确的基础信息①。系统将收录乘车学生信息并实时监控校车中学生的各种状态，采集学生的行为数据，通过与数据库中活动事故危险行为模型相比对，如判断有安全风险，系统将自动开启紧急警报。自动生成校车运行状态报告、实时记录校车的各种状态等功能为校车的紧急救援、安全预警、及时调度提供可靠的技术保障，以有效减少和避免校车事故的发生，保证乘车学生的安全。另外，可以通过短信提醒等方式，及时向监管部门、学校和学生家长通报学生的位置。车辆独有的天气预报播报和灾害预警提醒功能，可以对暴雨、大雾、泥石流等自然灾害及时报警，保证车辆的行驶安全②。智能校车利用先进的技术手段给学生提供更安全、更优质的服务，在校车、运营学校、监管部门、学生家长之间进行可靠、稳定、实时的信息采集和数据传递，进而实现校车的实时监控、管理和预警，有效防范了校车运行中存在的安全隐患，强化了校车的监管。

第三节 智能教室

早在 2013 年 IBM 就预测未来的教室将能够读懂人③。未来教室将能够自动感知学习需求，为学生提供智能化指导。总体来说，未来的智能教室将具备如下几个特征。

一、 感知适应

智能教室能够通过人脸识别、摄像头捕捉等技术，自动感知学习者的信息特征和学习需求，并对学习者的动作等进行分析和跟踪。

案例 3-7 班级无感知考勤④

Cassia 智慧校园解决方案通过蓝牙路由器、物联网控制器和 BI 等产品，组建校园蓝牙网络，配合智能蓝牙终端，构建智慧校园体系。其中的无感知考勤功能是通过部署 Cassia 蓝牙网关 + 定制手环或校徽实现的。学生通过佩戴手环或校徽，进入班级考勤范围后，即可进行无感知自动考勤，同时课程中的教师还可以选择多次考勤，有效地解决了学生在不同教室上不同的科目时走错班、未出勤、中途缺勤及教师无法了解学生兴趣科目、无法有效管理学生考勤等突出问题，便捷高效地实现学生走班制学习(图 3-8)。

上课铃响后，当学生走进教室或坐在座位上，系统即自动对学生做考勤，30 秒内可完成 50

---

① 蒋松云：《基于物联网技术的校车智能监控系统设计》，载《物联网技术》，2016(3)。
② 栾相科：《校车联网：孩子在哪里，家长可知晓》，载《中国战略新兴产业》，2015(9)。
③ "IBM reveals its top five innovation predictions for the next five years"，https：//venturebeat.com/2013/12/16/ibm-reveals-its-top-five-predictions-for-the-next-five-years/，2018-02-28.
④ 《Cassia 智慧校园》，http：//www.cassianetworks.com/bluetooth-iot-solutions/attendance/，2018-05-29.

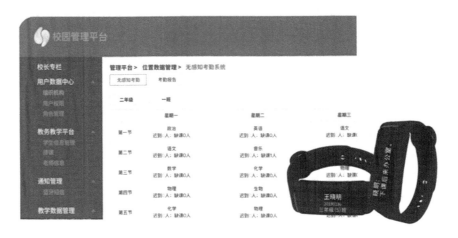

图 3-8　走班制无感知考勤

个学生的考勤记录，并在教师手持终端中显示，教师可对学生的出勤情况（例如，是否有学生未出勤或走错教室）一目了然。在实际使用中，由于大部分学生都会在上课铃响之前进入教室，时间上一般可在小于 20 秒内完成 50 个学生的考勤记录。在教师上课过程中，如中途有学生缺勤，超过预设时间值后，将会向教师手持终端推送学生离开过长通知，让教师及时获取学生离开时长信息。经过一个或多个学期的考勤分析，可大致了解每个学生感兴趣的科目。

二、　虚实融合

未来教室不再是单纯的物理空间，而是被技术改造了的虚实交织的空间。这种虚实融合的空间最终有两个发展方向：一个方向是计算技术越来越强大，现实越来越多地迁移到虚拟世界中；另一个方向是技术正嵌入现实物理空间，成为我们日常学习的有机组成部分。当前，技术正悄无声息地嵌入日常环境的方方面面，我们的生活出现了越来越多的穿戴式设备、嵌入式设备、智能感知设备等。计算机集成的环境中，我们可以在移动中和计算机更加自然的交互，技术会消失在我们的生活中，我们将会无意识地使用技术，而且这些技术设备可以自动感知环境变化，自动感知人类需求，并根据人的喜好回应。在这种双向情况下，我们的教室不再只是单纯的上课空间，而是虚拟和现实交织在一起的虚实融合的学习空间。

案例 3-8　京师书法云教室①

京师书法云教室是一套简便易用的书法教学信息化系统，它采用基于云服务的产品架构（图 3-9），实现教学资源数据库、教师 PC 教学系统和学生 PAD 学习终端的互联教学。其中云端资源库充分整合和利用北京师范大学出版集团优质的学术资源和内容资源，包含海量且专业权威的数字化教学资源，如教育部指导纲要推荐的 18 种临摹碑帖和 30 种赏析碑帖及 16 余万字书法历史常识等知识。借助云端优质资源库，通过 PC 端与 PAD 移动端的实时互动，教师能够根据学生的及

---

① 《京师书法云教室》，http：//sf. jsxfedu. com/cloud. html，2018-05-29。

时反馈，为学生提供个性化的学习指导。在京师书法云教室助力下，书法课堂将从教学环境、教学资源、教学功能和课研服务四个方面来提升教学效率和效果，"书法课堂"将得到进一步普及和扩大。

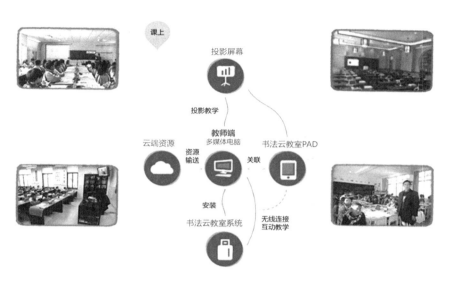

图 3-9　云课堂架构图

三、 远程协同

未来教室将是跨学校、跨区域、可随时随地接入的，能够实现远程交流、协同与合作。以双师课堂为例，远程教师通过网络远程上课，本地教师结合个人特点进行针对性辅导，实现了本地教师与远程教师的无缝协同，实现远程代入性的课堂。

案例 3-9　好未来"双师课堂"

随着视频直播技术的成熟，"双师课堂"俨然成为国内教育最为关注的一种学习方式。那么何为双师课堂？"双师课堂"，指的是在一个线下班中，任课老师通过大屏幕在线直播授课，辅导老师在班内负责维护课堂秩序、课后答疑等工作①。

好未来"双师课堂"采用"线上＋线下"的混合式教学方式，引入了大数据、人工智能和人脸识别等多项科技优势。首先，利用了基于"大数据"的智能练习系统（IPS）和智能教学管理系统（ITS），更好地记录了学生的学习轨迹，并且对学生的学习状态和学习结果进行实时反馈。其次，研发了集合人工智能和人脸识别技术的"魔镜系统"，可以通过摄像头动态实时捕捉学生举手、练习、听课、喜怒哀乐等课堂状态和情绪数据，主讲、辅助老师可以借助科技手段随时掌握课堂动态，及时调整授课节奏和方式。最后，家长们可以通过作业批改 APP、课上互动答题 APP 等工具，及时获知孩子的学习情况，让每一位学生得到更专业、更个性化的教学帮助。重要的是，"双师课堂"中的教学显示屏采用了光学抗光幕，可以吸收复杂的环境光线，符合人眼最舒适的亮

---

① 北京晚报：《双师课堂》，http：//www. kaixian. tv/gd/2016/1221/22505. html，2019-01-08。

度，呈现效果也比普通投影强，也进一步让"在线学习"更接近线下课堂，让学生在课堂上的学习体验更美好①（图3-10）。

图3-10 好未来"双师课堂"师生双向互动

如今，以"双师课堂"为代表的智慧教育，正在逐渐打破优质教育资源的时空限制，不仅有效放大了优质师资的价值，更依托于人工智能和大数据，释放了个性化培养的能量。

四、 数据驱动

未来教室中，我们的数据是在学生学习过程中自然生成、自然采集的。比如，点阵智能笔（图3-11）就可以在书写的同时记录学习数据，实现在不改变书写的情况下采集学生学习过程数据，以实施发展性的评价。同样，在教室中我们还可以采集课堂信息、作业信息等，对学生的学习轨迹、知识状态等进行全方位的发展性评价，从而正确定位学生学习障碍，及时给予个性化、有针对性的反馈和评价。

图3-11 基于点阵技术的智能笔

① 新华网：《双师课堂成新方向，学而思瞄准更高学习需求》，http：//www.xinhuanet.com//itown/2017-10/30/c_ 136715072.htm，2019-01-08。

五、 智能管控

未来教室是能够实现智能管控的。所谓智能管控即在事情还没有发生之前进行智能预警，而不是等破坏性事件发生了之后再补救，从而监控教育状况，提高安全管理水平，实现可视化管理，降低教师管理负担。

案例 3-10 好未来"魔镜系统"①

教师在课堂上如何兼顾每一位孩子，精准了解孩子的实时反馈？以情感识别等核心技术牵引的"魔镜系统"给出了满意的回答。

"魔镜系统"基于人工智能科技，借助摄像头捕捉学生上课时的举手、练习、听课、喜怒哀乐等课堂状态和情绪数据，生成专属于每一个学生的学习报告，以辅助教师随时掌握课堂动态、及时调整授课节奏和方式，高效管理教学，同时又能给予每一个孩子充分的关注，促使学生更好地提升专注度，实现高效学习。"魔镜系统"能够为课堂全教学环节提供精准数据依据，帮助学生改善学习。图 3-12 为好未来"魔镜系统"吸引观众围观。

图 3-12 好未来"魔镜系统"吸引观众围观

案例 3-11 师生课堂情绪分析

中广上洋科技股份有限公司②作为国内教育录播和视音频技术提供商，摸索出将 AI 技术、录播系统与课程平台相结合的技术路线，以构建出全方位、全过程、全天候的教研体系为目标，助力教育教学、管理和服务的改革发展。

---

① 好未来：《学而思魔镜系统引央视聚焦 科技力量彰显大国教育风范》，https：//www.100tal.com/Ai/new/16.html，2019-09-09。

② 《中广上洋》，http：//www.shineoncast.com/，2018-10-11。

在上洋智慧教室解决方案中运用了多种人工智能技术。比如，在情感计算方面，通过面部表情识别、语音情绪识别，可以实现课堂情绪的分析，了解教师授课风格以及学生的情绪契合度（图3-13）。在身份特征方面，运用FaceID、声纹识别，可以统计学生到勤率，以及区分课堂上授课、互动、讨论等不同的教学过程。在语言理解方面，通过运用语音转文字、关键词提取，可以分析课堂内容，实现知识点的自动提取，为学生提供丰富的媒体学习资料（图3-14）。

图3-13 识别面部表情

图3-14 大数据分析中心显示结果图

其中，情绪分析功能结合了兴奋、微笑、平静、生气、厌恶五个维度，用于分析教师在课堂上的情绪饱满度，评估教师的情绪管理策略，研究教师在不同情绪下授课所表现出的学习效果（图3-15）。

ST分析（S代表学生课堂行为，T代表教师课堂行为）与教学模式分析是目前国内外较为成熟和常用的教学分析方法。系统通过分析教师和学生的课堂行为，自动生成ST分析结果与教学模式分析结果，将教研员从繁重的教研工作中解脱出来，让教学研究更简单（图3-16）。

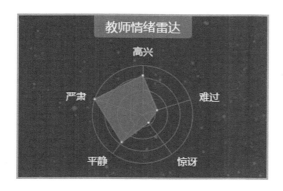

图 3-15 教师情绪雷达图

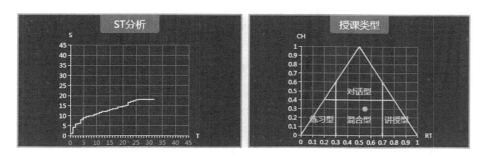

图 3-16 ST 分析与授课类型图

学生情绪契合度，用于体现教师在课堂上调动学生听讲、维持课堂纪律的综合能力。系统以教师写板书或 PPT 翻页作为判断关键点，记录当时学生所反映出的情绪和行为数据，然后通过数据对比，反映出注意力与躁动情况的整体趋势。通过这样的数据，教师可以分析出某个知识点在讲解时是否充分调动了学生的注意力（图 3-17）。

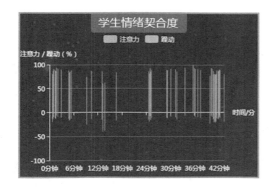

图 3-17 学习情绪契合度图

师生行为分析用于体现教师的课程设计情况，系统可以自动计算和呈现教师在课程中板书、讲授、互动等不同教学过程的时间配比，以及学生在课程中听讲、应答、读写等不同学习过程的时间配比。通过这样的数据，帮助研究不同授课方法所带来的教学效果，进而得到课程的最佳讲授方式。还可以用来建立优秀教师常模，通过教师数据与常模数据对比，帮助教师提升授课水平（图 3-18）。

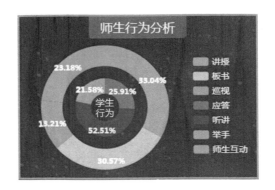

图 3-18　师生行为分析图

到勤率是反映校风、学风的一个常用指标。系统通过图像识别能够自动侦测到勤人数，并提供曲线和报表两种统计方式，便于教师直观了解到勤率的变化趋势（图 3-19）。

章节名	上课时间	上课班级	授课老师	课程名	到勤率
第1章第1节 亲人的爱	2018-03-05	计算机学院1803班	杨亚轩	品德与社会	100%
第1章第2节 读懂爸爸妈妈的心	2018-03-08	计算机学院1803班	杨亚轩	品德与社会	100%
第1章第2节 来自社会的爱	2018-03-12	计算机学院1803班	杨亚轩	品德与社会	96%
第2章第1节 不一样的你我他	2018-03-15	计算机学院1803班	杨亚轩	品德与社会	100%
第2章第2节 换个角度想一想	2018-03-19	计算机学院1803班	杨亚轩	品德与社会	100%

图 3-19　到勤率表

座位分布能够反映学生、课程、教师之间的兴趣链接关系。系统通过对座位分布的判断，可以分析出不同学科、不同教师、不同院系之间学生学习态度的差异性。与之相辅的是教师活动轨迹图，它能够直观显示出教师在教室内的站位，反映出教师在不同座位分布下的授课方式（图 3-20）。

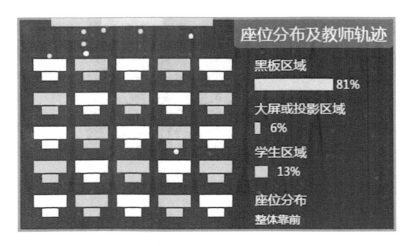

图 3-20　座位分布及教师轨迹图

信息化的分析方式应与人工判断相结合，充分发挥各自的优势，才能让教研工作真正做到客观公正。在南京信息工程大学中，139 间教室每一天都在进行着教研分析、教学大数据整合及视频课程制作、发布等全自动业务工作流(图3-21)。通过建立可视化教学服务中心,让专家和督导团队能够全方位、多角度完成教研、评课工作,再结合自动化的数据分析结果,最终给出完整的评价报告。

图3-21　南京信息工程大学可视化教学服务中心

案例3-12　寓乐湾创客教室及青少年科技创新能力测评

寓乐湾① STEAM 跨学科课程体系以建构主义、创造心理学为理论基础,结合 PBL、游戏化教学法,创造性地以 5I(I THINK, I LEARN, I CAN, I SHARE, I MIGRATE)教学法贯穿整个教学过程,旨在让学生成为课堂的主人。用青少年 STEAM 跨学科课程提升学生的创造力、创新力及对未知事物的探究能力;提高青少年发现问题、分析问题、解决问题的能力;帮助青少年建立以人为本的意识,尊重维护人的尊严和价值,关切人的生存、发展和幸福感。该体系提出的创客教室和智能化测评均为智慧校园的建设提供了值得参考的解决方案。

创客教室

寓乐湾创客教室为学校提供定制化的空间设计方案及装修服务,设计了包括创客加工坊、机器人活动室、魔力电子坊、3D 打印坊等在内的教育空间(图3-22),并根据个性化产品配置方案为学校开发配套的教学资源及校本课程。为了顺利推进这些空间和资源在教学中的使用,寓乐湾还提供跟进式师资培训服务,以及包含国家课题、测评、双师等特色教学辅助项目和定制化创客活动方案、运营服务等领域的增值服务。

智能化测评

青少年 STEAM 综合素质智能云测评主要依托美国21世纪核心素养以及中国学生发展核心素养框架相关理论,并结合跨学科学习的理念对学生的过程性表现进行测评。整个测评过程以课程为单位进行,以核心素养的培养为主线,每门课程都采用数据驱动的理念,采用线上线下相结合

---

① 《寓乐湾》,http://www.stemedu.cn/,2019-01-23。

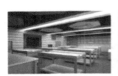

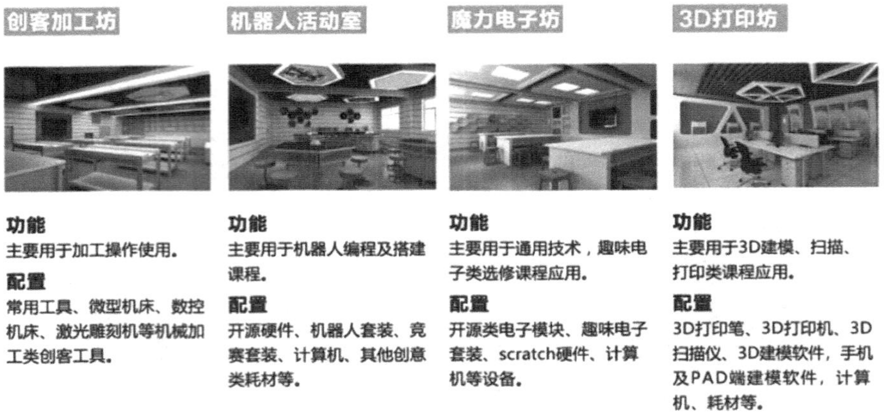

创客加工坊
功能
主要用于加工操作使用。
配置
常用工具、微型机床、数控机床、激光雕刻机等机械加工类创客工具。
机器人活动室
功能
主要用于机器人编程及搭建课程。
配置
开源硬件、机器人套装、竞赛套装、计算机、其他创意类耗材等。
魔力电子坊
功能
主要用于通用技术，趣味电子类选修课程应用。
配置
开源类电子模块、趣味电子套装、scratch硬件、计算机等设备。
3D打印坊
功能
主要用于3D建模、扫描、打印类课程应用。
配置
3D打印笔、3D打印机、3D扫描仪、3D建模软件，手机及PAD端建模软件，计算机、耗材等。

图 **3-22**　寓乐湾创客教室为学校提供定制化空间设计方案

的方式将移动终端设备融入青少年 STEAM 测评领域，对学生整个学习过程中的师生互动、自我反馈等多维数据进行量化收集、分析和数据挖掘，将学生的学习行为与青少年 STEAM 综合素质测评维度相结合，为青少年提供涵盖行为表现、核心素养、知识掌握水平等全方位的测评结果。

寓乐湾提供的智能化测评运用大数据对学生基本人口学信息、课堂行为信息以及教师评价信息等多维数据进行汇总、分析和数据挖掘（图 3-23），不仅为青少年提供涵盖行为表现、核心素养、知识掌握水平等全方位的精准测评结果，并且依据测评结果在教学过程中指导教师及时做出正确的教学决策，引导学生有针对性的学习，最终达到精准提高学生的学习能力和核心素养的目标。

学科
知识点
科学
物理
数学
地理
化学
生物
信息技术
通用技术
扩展
知识点
机器人技术
电子技术
激光切割技术
3D建模技术
拼插件搭建技术
机械工程
3D打印技术
Scratch编程

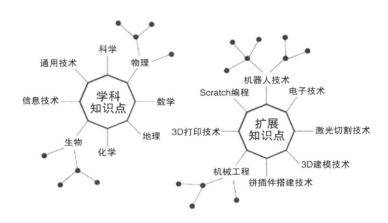

图 **3-23**　寓乐湾智能化测评体系结构图

同时，该智能化测评是由数据驱动的，根据 STEAM 教育的特色囊括了物理、数学、地理、化学等与 K12 应试教育相匹配的知识主题，而且还根据 STEAM 教育自身特色，加入了特有的知识主题。另外，为了体现与学校教学内容的关联性，该测评选取了 K12 阶段与 STEAM 教育关联密切的 12 个学段学科进行了知识图谱搭建。

六、 人机融合

未来教室将是人与机器人协同工作的场所。借助机器人的智能服务和个性化陪伴等功能，未来教室将能够更好地弥补传统课堂中教师有限的精力，帮助实施个性化教育。同时，还可以通过表情识别、动作识别、学习提醒等相关功能，从超越人类的更为客观的角度深入理解和帮助学生。

七、 自然交互

未来教室可能不仅仅通过鼠标、键盘来交互，还会以语音、手势、体态、眼神、姿态、脑电波等更为自然的姿态来与教室中的各种智能设备互动与交互（图3-24）。事实上，未来教室里的交互会越来越多体现自然形态的交互，包括多感官的、多种形态数据融合的交互。

图 3-24　基于 Kinect 的体感交互技术

八、 智慧生态

未来教室最终会发展成一个智慧的生态环境，为学生提供泛在的、自由探索的知识建构、交流协作的空间。在这些空间里，学生学习知识技能，发展自我人格，探索集体智慧，并最终形成一个虚实融合的智慧生态环境。在这一生态环境中，学生和学生之间、学生和教师之间、学生和家长之间以及学生和社会专业人士之间都存在着不同的互动关系，学生的主体地位会逐步凸显出来。

第四节　智能图书馆

一、 图书馆管理智能化的背景

随着信息技术的不断深入以及现代图书馆藏书量的不断增加，日益繁重的图书管理任务仅靠传统的人工操作难以完成，虽然一些图书管理系统可以实现图书的典藏、借还等环节，但是许多图书馆中图书上下架、搬运、分类、查重和贴条码等操作依然是由人工完成的，执行速度慢、效率低，图书管理的智能化是必然趋势①。

我国的图书馆是根据地方行政级别建立的，城市图书馆公共服务面临服务网点少、工作人员不足、难以满足大众的需求等问题，而无人值守图书馆可以很好地解决这一问题。无人值守图书馆不受时间的限制，任何时间都可以到馆借阅图书，并且不受图书分类排架的限制，可随意索取和摆放图书，借还完全由自己操作，充分体现了自由性和隐私保护性，而这些都与人们越来越提倡的人性化服务不谋而合②。目前很多无人值守图书馆都能实现自主借还、检索、查询的功能，尤其是图书馆机器人的出现，通过机器人实现对图书馆的智能化管理，使得传统图书馆向智能图书馆转变。

二、 无人值守图书馆的概念

无人值守分为广义无人值守和狭义无人值守。广义无人值守是指在工作中用机器完全取代人工操作，在工作开始时一次设置（输入命令）后再不需要人来操作、管理；而狭义无人值守则是用机器代替人类大部分的工作，以大幅度减少人工操作为目的。无人值守图书馆又称独立自助式图书馆，指的是在一个相对独立的空间内，读者在没有工作人员的帮助下，利用 RFID（Radio Frequency Identification System）技术及计算机系统的合成技术，独自实现图书的借还、检索、查询、下载、复印、阅览等多项服务功能③。RFID 即射频识别，是一种非接触性的自动识别技术。无人值守图书馆的场地面积比较灵活、可大可小，若有足够空间也可增加阅览与自习功能，空间内含有自助借还设备、检索机以及视频抓拍设备、门禁、防盗设备，全天 24 小时开放④。

三、 无人值守图书馆的原理与工作流程

无人值守图书馆是各种设备的有机结合，包括门禁系统、图书检测设备、视频监控设备和自助借还机。利用门禁及抓拍方式控制读者进出，读者需要把读者证放在门禁设备外，验证后门禁开启。利用 RFID 自助设备进行借还功能，当读者借书时，需要在自助借还机上进行借阅操作。采用检测设备进行图书保护功能，一旦图书没有进行借阅验证过程，则通过检测设备时设备就会自动报警，若强行通过并开启门禁，检测设备同步连接的视频抓拍设备会自动开启进行拍照并且门禁无法开启⑤。利用室内空余场地还可以进行自修、阅览、查询的功能，在整个过程中，图书馆馆员除了需要在后台进行数字资源的加工，以及纸质文献的编目和盘点整理外，不直接和读者

---

① 赵强强：《图书馆机器人导航与定位系统研究》，硕士学位论文，北方工业大学，2014。
② 李欣：《关于自助图书馆的几点思考》，载《图书馆学刊》，2010（11）。
③ 张芬、张正兵：《基于 RFID 技术的自助图书馆系统的研究与设计》，载《现代计算机（专业版）》，2014（18）。
④ 孙伟伟、王莲：《高校图书馆自助式服务应用分析》，载《大学图书情报学刊》，2013（1）。
⑤ 张芬、张正兵：《基于 RFID 技术的自助图书馆系统的研究与设计》，载《现代计算机（专业版）》，2014（18）。

发生任何交流。整个服务运行过程（图3-25）中的流通、编目、更新等运行情况全部依靠计算机完成，所有操作都会被数据库记录在案，构成一份完整的监督、监控体系。各个阅览室的流通借阅情况、数字资源访问情况都可以根据数据形成表格，方便后期检查、总结等管理工作①。

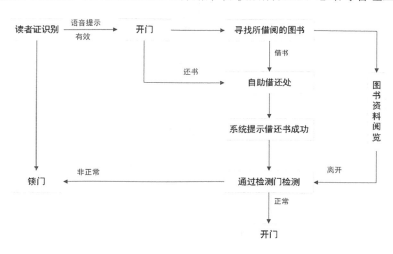

图 3-25　自助借阅流程图

四、　无人值守图书馆与机器人

无人值守图书馆在一定程度上解决了目前图书馆网点少、工作人员不足的问题，然而无人值守不等于无人管理，无人值守图书馆要每天24小时不间断地开放，各方面的管理就成了大问题，图书上下架、搬运、分类、查重和贴条码等操作需要有工作人员整理。对于外借归还的图书和杂志，因为不清楚摆架规则，借书者往往不会将书刊放回书架，而是随便摆放，这势必影响无人值守图书馆的借阅环境，也不便于整理。

但是随着人工智能的出现，机器人在图书馆中的应用也越来越多，赵强强就对图书馆在架图书自动存取机器人的导航与定位系统进行了研究，即在图书馆特定环境下，图书馆机器人能够完成自主导航与定位和在架图书识别、定位和存取等操作②。目前许多图书馆内都设有机器人，如德国洪堡大学、美国犹他州大学、日本早稻田大学等，其中图书搬运机器人在德国洪堡大学图书馆和日本大阪市立大学得到应用（图3-26）③。

图书自动存取机器人可以轻松实现图书上下架、搬运等操作，其关键技术是图书自动识别技术、机器人自动导航技术、图书存取机械手及机器人移动装置。具有代表性的研究是美国约翰霍普金斯大学 J. Suthakorn 等人④研制的面向异地图书存取的机器人系统（Comprehensive Access to

①　李庆来、瞿植：《简析基于 RFID 技术的高校无人值守图书馆管理》，载《现代显示》，2012（10）。

②　赵强强：《图书馆机器人导航与定位系统研究》，硕士学位论文，北方工业大学，2014。

③　王跃虎、刘彦庆：《一种基于物联网和机器人技术的智能图书馆》，载《图书馆工作与研究》，2012（3）。

④　Suthakorn J.，Lee S.，Zhou Y.，et al.，"A enhanced robotic library system for an off-site shelving facility"，*Springer Tracts in Advanced Robotics*，2006（24），pp. 437-446.

图 3-26　德国洪堡大学图书馆搬运机器人

Printed Materials，CAPM）原型，一个机器人从书架上检索图书并将其送给另一个自动翻页机器人，通过扫描、OCR 识别和建立索引，CAPM 不仅能够搜索和浏览文本图像，而且可以搜索和分析图像全文①。自动翻页扫描机器人可以根据设定的扫描参数，自动完成翻页，通过数码相机拍摄文字图片及页码，进行简单地图像处理和识别，并按指定的数据格式存储，可实现图书电子化过程的自动化，代替扫描中繁杂的手动操作。

案例 3-13　人工智能无人值守书店

2017 年 9 月 22 日，大唐网络有限公司与北京发行集团有限责任公司在央企双创成就展会议现场举行战略合作协议签约仪式。双方将共同打造双创体验中心，建设基于人工智能的无人书店，依托"中国云"的计算能力和大数据分析能力，引入人工智能、虚拟现实等科技手段，通过人机交流、虚拟现实、混合现实等方式完善智慧书城平台架构和服务。两个集团将一同改造部分现有实体书店，建一批 7×24 小时无人值守书店，这种无人值守书店主要通过引进一批智能机器人，使其成为书店中的"店员"而运作的。当用户进入书店后，可以同放置在店面门口的机器人进行人机交流，机器人会根据用户表述提供所需图书或商品的准确位置，并推送相关优惠信息和推荐相似商品。同时，机器人会记录用户的购买习惯，分析用户属性做出用户精准画像，在用户下一次到访时，推送更为精准的商品信息和优惠政策。用户采购结束，可直接通过智能机器人进行结账付款，出门时，机器人也会对用户进行扫描，识别是否存在未付款商品②。

---

① 樊慧丽、邵波：《国内外图书馆机器人的研究应用现状与思考》，载《图书馆杂志》，2017（6）。
② 北京发行集团官网，http：//www. bjpd. com. cn/GroupDetail. aspx？Id＝2903，2017-09-22。

案例 3-14　智能机器人担任"图书管理员"

2017 年 5 月 21 日，一个智能机器人（图 3-27）出现在湖北省图书馆数字体验区——6 楼东服务台，为读者提供信息咨询检索服务。该机器人为橙白色、身高不足 1 米，小机器人是按照儿童阅览区需求定制，可满足少儿读者咨询解答、馆藏书目检索、讲故事等需求，针对省图书馆开馆时间、借阅证办理、借阅规则等日常问题，读者只需面对机器人语音直接询问，机器人即做出相应回答，如需查询书目，读者报出检索书名，机器人自行分析后，可显示省图书馆馆藏书目的索书号信息①。

图 3-27　智能咨询机器人

案例 3-15　智能图书盘点机器人

长期以来，图书的盘点和搜索一直依赖于人工的干预，这不仅效率低，而且差错率高。如今这个难题交由机器人来解决，它一小时可以盘点 1 万册图书，错误率不超过 1%。在南京大学杜厦图书馆就有这样一个机器人——智能图书盘点机器人（图 3-28）。该机器人可对整个图书馆藏书进行自动化盘点，检查是否存在错架图书、藏书和丢失等现象，实时更新图书位置信息，告知读者所需图书在书架的哪一层以及在该层的第几本。智能图书盘点机器人主要融合了超高频 RFID、互联网、物联网、人工智能等技术②。除此之外，该智能机器人还具备引导、图书查询、简单交互咨询等功能，也可以根据指示做出调节音量、移动位置、唱歌等反应③。

① 湖北日报，http：//www. sohu. com/a/142432575_ 162595，2017-05-22。

② 龙虎网，http：//gov. longhoo. net/2017/zwyw_ 1129/244235. html，2017-11-19。

③ 南京大学新闻网，http：//news. nju. edu. cn/show_ article_ 1，2017-05-18。

图 3-28　正在运作的智能盘点机器人

<table><tr><td>**第五节**</td><td>智能书写系统</td></tr></table>

　　书写是教学过程中一种重要的知识传授与知识建构方式。在智能化教育环境支持下，书写方式更为智能化和人性化。智能书写系统是由交互式电子白板发展而来的。交互式电子白板的出现主要是为了解决多媒体投影设备存在的诸如讲解者只能在鼠标和键盘范围内进行资料的勾画批注、教师与学生无法面对面沟通和交流等局限[1]。早期的交互式电子白板以投影的形式呈现，虽在一定程度上解决了多媒体投影设备缺陷，但仍无法解决光线遮挡问题。由此，液晶触摸式交互式电子白板逐渐出现，它采用液晶显示，有效解决了光线遮挡问题，成为课堂教育的主流设备。如今，伴随着智能技术不断发展，智能书写系统正以多形态、多设备的形式嵌入教育体系中，促进教育教学中教学方式和学习方式的变革。

　　数字智能笔主要有两种技术实现形式：电磁感应技术和数字点阵技术。采用电磁感应技术的智能笔（图 3-29[2]）的基本原理是，通过电磁笔发射电磁信号，和显示屏幕背后的电磁感应板进行交互，当电磁感应板接收到电磁笔的电磁信号时，电磁感应板下的感应线会产生变化，根据水平和垂直方向的天线阵列接收信号，并通过磁通量的变化计算电磁笔所在的坐标位置。同时，电磁笔拥有垂直于电磁感应板方向的压力感应器，当用户通过电磁笔写画、笔尖受力时，压力的变化导致电磁笔发出的电磁信号变化，此时，电磁感应板会根据感应信号的不同而显现出不同的压感。

图 3-29　基于电磁感应技术的电磁笔和电磁感应板

　　①　王春华：《以交互式电子白板技术实现课堂教学信息化》，载《山东师范大学学报（自然科学版）》，2006（1）。

　　②　INTUOS，https：//www. wacom. com/en/products/intuos，2019-01-06.

数字点阵技术通过在普通纸张上印刷一层不可见的点阵图案，数码笔前端的高速摄像头随时捕捉笔尖的运动轨迹，同时压力传感器将压力数据传回数据处理器，最终将信息通过蓝牙或者USB线向外传输，以位图的形式存储在电脑中，形成文档（图3-30①）。数字点阵技术有效实现了纸笔书写数字化，解放了传统的纸笔书写方式，并通过对学生书写过程数据进行采集、分析和评价，帮助教师进行个性化指导，因材施教。借助数字点阵信息技术能够构造基于点阵笔的智慧课堂环境，它能够突破课堂空间限制，有效整合多种教学方式，并通过数据支持实现准确丰富的多维评价方式，从而为传统课堂的教学结构变革及学生学习方式的改变提供可能②。

图 3-30 基于数字点阵技术的点阵笔

图 3-31 为基于点阵笔的智慧课堂环境物理拓扑图。借助现有数字课堂设备，教师和学生每人手上一支点阵数码笔和一张点阵纸，就能够实现由书写方式变化带来的教与学方式的变革。

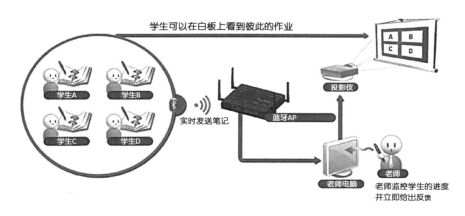

图 3-31 基于点阵笔的智慧课堂环境物理拓扑图

基于数字点阵笔的智慧课堂主要由以下几个系统组成。

（1）互动反馈系统（IRS）：互动反馈系统实现了实时内容推送、学生学习真实状况采集、互动及时反馈等功能。此系统能够将所有学生的书写内容同步呈现在教师屏幕上，帮助教师掌握学生的理解程度及思考过程。

---

① 拓思德，http：//www.tstudy.com.cn/，2019-01-06。

② 杜伟亮：《基于数字点阵笔的互动智慧课堂教学环境研究》，载《好家长》，2016(20)。

（2）CAA系统：CAA是Collect（采集）、Analysis（分析）、Assessment（评价）数据系统处理过程的缩写。CAA系统将师生教学活动的各项数据进行全面采集，然后将学生的学习状态、学习情况数据上传到数据处理服务器中，进行大数据对比分析，并以图表等分析方式将结果反馈至屏幕上，从而为教师进行个性化教学提供有效手段。

案例3-15　拓思德E笔数字书法教学系统①

北京拓思德科技有限公司开发的E笔数字书法教学系统将"教、学、练"三者融为一体（图3-32），教学、互动、练习等教学过程全面融会贯通，实现纸笔全面数字化，在不改变传统教学习惯的前提下，打造出全新的数字化课堂。通过纸笔教学，教师可以更方便地教授各种知识点。通过纸笔互动，学生可以更容易地分享他们的想法，并互相学习。同时，智能练习和评判让学习过程变得更为高效，更有乐趣。

图3-32　E笔教学系统界面

E笔数字书法教学系统能够有效应用于教师的数字化教学、学生的互动学习以及智能练字评判等场景中（图3-33）。教师可以通过在纸面上真实手写教学过程，同步教学，并可走入学生中进行移动教学，同时，书写过程可有针对性的回放和重点讲解，加深学生的记忆。这一教学教程将自动保存以便后续进行回顾和管理，一定程度上提高了教学效率。

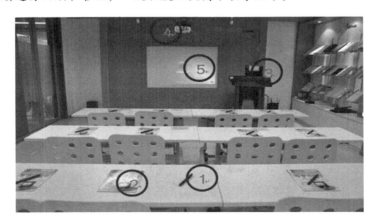

图3-33　E笔教学系统课堂实景

---

① 北京拓思德科技有限公司，http://www.tstudy.com.cn/article/166.html。

第四章
智能学习过程支持

学习过程是指学生在教学情境中通过与教师、同学以及教学信息的相互作用获得知识、技能和态度的过程。随着人工智能技术的发展，人工智能算法开始应用在学习过程中的每个方面。例如，通过推荐算法模型为学习者推荐最适合的学习资源，通过知识跟踪模型对学习者的知识状态进行跟踪等；教学过程同样也随人工智能技术的渗透而变得逐渐智能化。例如，通过自然语言处理技术对学习者的提问进行理解和反馈，通过虚拟现实和增强现实技术营造虚拟仿真环境进行教学等。智能学习过程如图 4-1 所示。具体而言，智能学习过程在各类人工智能技术的支持下，构建认知模型、知识模型、环境模型，并在此基础上针对学习过程中的各类场景设计相应解决方案，开发诸如智能学科工具、智能机器人学伴与玩具、特殊教育智能助手等学习过程中的支持工具，从而实现学习者和学习资源的交流、整合、重构、协作、探究和分享。

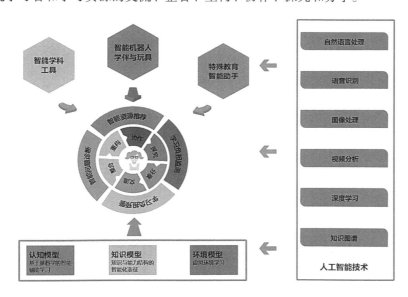

图 4-1 智能学习过程框架图

各类人工智能技术在智能学习过程中均起到了重要的支持作用。例如，知识与能力结构的智能化表征离不开知识图谱和数据可视化技术的支持。机器学习，尤其是深度学习技术，在学习过程的诊断和学习资源的推荐中起到了重要的作用，而有关学习行为的监测，则需要采集学习过程的实时画面和语音，借助图像处理、语音识别和自然语言处理等技术进行深层分析。各类智能学科工具和教育智能机器人同样用到了智能控制等人工智能技术。此外，脑科学的研究内容也在智能学习过程中被广泛应用，例如，辅助特殊人群进行学习、利用脑电波信息对学习过程进行反馈和干预等。由此可见，对智能技术的研究，以及对智能技术在教育中应用方式的研究，是实现智能学习过程的关键。

　　本章案例部分介绍了人工智能技术在学习（新知）、诊断、练习、测评等学习过程中的应用，主要包括知识与能力结构的智能化表征、智能诊断与推荐、学习负担的监测与预警、虚拟探究学习环境、智能学科工具、基于脑科学的智能辅助学习、智能机器人学伴与玩具、特殊教育智能助手八个方面的应用案例。这些案例体现了不同人工智能技术手段在学习过程中起到的支持作用，从知识的获取、巩固、应用等多个学习活动的角度，反映现阶段学习过程的智能化方式，为今后的发展提供思路。

第一节　知识与能力结构的智能化表征

　　"可视化"作为专业术语最早由美国国家自然科学基金会提出，以科学计算可视化的概念出现[①]。知识可视化是在科学计算可视化、数据可视化、信息可视化基础上发展起来的新兴研究领域，应用视觉表征的手段，促进群体知识的传播和创新，帮助他人正确重构、记忆和应用知识[②]。可视化能够帮助人类更加容易地调动视觉潜能和脑功能对知识或信息进行识别和处理，提高知识学习与利用的效率和效果[③]。可视化的一般流程如图4-2所示，包括数据采集、数据分析模型构建、可视化组件以及针对不同群体的用户需求生成报告。

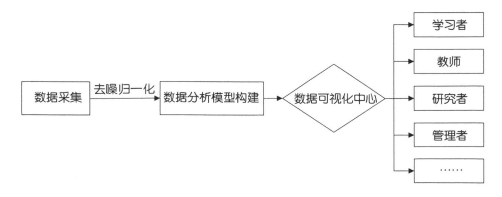

图4-2　可视化一般流程

　　知识与能力结构的可视化作为开放学习者模型的一种手段，能够为学习者提供反思和自评的机会，从而强化学习者对所学知识、学习困难和学习过程的反思意识[④]。随着研究者对知识可视化的不断深入研究，目前已经提出或正在采用的一系列知识可视化表征形式包括启发式草图（Heuristic Sketches）、概念图表（Conceptual Diagrams）、视觉隐喻（Visual Metaphors）、知识动画（Knowledge Animations）、知识地图（Knowledge Maps）、科学图表（Scientific Charts）、思维导图

　　①　潘云鹤：《计算机图形学——原理、方法及应用》，北京，高等教育出版社，2001。

　　②　Eppler M. J., Burkhard R. A., "Knowledge visualization: towards a new discipline and its fields of application", http://doc. rero. ch/record/5196/files/1_ wpca0402. pdf，2016-05-17。

　　③　顾小清、权国龙：《以语义图示实现可视化知识表征与建模的研究综述》，载《电化教育研究》，2014（5）。

　　④　张剑平、陈仕品、张家华：《网络学习及其适应性学习支持系统研究》，190页，北京，科学出版社，2010。

（Mind Map）、认知地图（Cognitive Map）、语义网络（Semantic Network）、思维地图（Thinking Map）等①。

下面主要介绍可汗学院、Knewton、学习元等在线教育平台的案例，运用知识图谱技术，以图式结构表征学科知识点之间的逻辑关系，并运用智能推荐技术，结合学习者的知识状态，为其推荐相应的学习服务，实现了对学生知识状态的结构化展示，以及个性化的学习资源和人际网络推荐。

案例 4-1　可汗学院知识地图

可汗学院（Khan Academy）是孟加拉裔美国人萨尔曼·可汗（Salman Khan）于 2008 年创立的一家教育性非营利组织，并希望通过向全球提供免费的一流教育来改变世界②。目前可汗学院在线平台中的课程内容涵盖了数学、科学与工程、计算机、艺术与人文、经济与金融、考试准备（如 SAT、MCAT、GMAT）等学科，并以知识地图作为各学科课程内容组织的基本架构。知识地图描绘了各类学科课程中的知识点及其相互关系。其中知识点既是课程微视频内容的基本单元，也是学生进行学习的最小单位，每个知识点均与特定的课程内容进行关联；知识点之间的关系则主要是上下位的层级包含关系，为学生的学习和教师的教学提供了基本的学习序列。

可汗学院的知识地图是通过其在线平台中的练习测试仪表盘模块进行可视化呈现的。借助知识地图，学习者可以很直观地看到完整的专题知识结构以及各知识之间的联系，还可以使用知识地图的缩放功能，通过地图放大来查看更详细具体的知识点名称，通过地图收缩来查看知识点的结构及其相互间的关系。除了表征学科知识结构及其之间的联系外，在知识地图展示界面以及左侧导航中，平台还会根据学习者对知识点的学习状态以不同颜色对知识点进行标注，对于未完成学习的知识点显示为灰色，而对于已完成学习的知识点则显示为蓝色。

以 K-12 数学课程知识地图为例（图 4-3）③，它的制定以美国数学课程通用核心标准（Common Core Math Standard）为依据，并综合参考了可汗学院自己聘请的学科课程内容专家的意见④。数学课程的知识地图既包括按照主题内容来划分的分类展示，如算术、初等代数、代数Ⅰ、代数Ⅱ、几何、三角几何、微积分、概率与统计等，还包括按照年级来划分的展示，如学前、一至八年级、中学等。学习者既可以从主题内容维度选择相应的内容来学习，也可以从年级维度进行学习内容的选择。当学习者点击任意知识点时，平台将跳转至该知识点所关联的课程内容学习及其相应的练习测试呈现页面。此外，学习者还可以通过左上角的搜索框进行目标知识点的检索与查找，同时检索获得的目标知识内容将在右侧的画布中间进行展示。

---

① 赵慧臣：《知识可视化的视觉表征研究综述》，载《远程教育杂志》，2010（1）。

② "A Free World-Class Education for Anyone Anywhere"，https：//www. khanacademy. org/about，2018-03-05.

③ "Knowledge Map"，https：//www. khanacademy. org/exercisedashboard.

④ 方圆媛：《翻转课堂在线支持环境研究——以可汗学院在线平台为例》，载《远程教育杂志》，2014（6）。

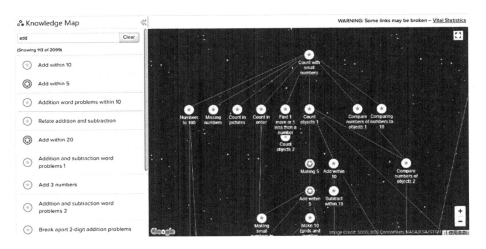

图 **4-3**　可汗学院知识地图

案例 4-2　Knewton 平台

Knewton 是一个自适应学习平台，集数据科学、统计学、心理测量、内容绘图和机器学习于一身，旨在最大限度地实现个性化①。它构建了一个基于规则、算法简单的大规模规范化内容的基础设施，并在其上实现了知识图谱、学生事件、目标管理、推荐与分析 API 四个数据模型，利用项目反应原理和 Knewton API 等核心技术，提供差异化引导的自适应学习过程、创建自适应课程等自适应学习服务。

知识图谱是概念及其之间关系的集合，是 Knewton 平台用于精准定位学生学习掌握状态的一种重要方式，结构如图 4-4 所示②。圆圈代表概念，连线代表概念之间的关系，箭头的指向则表示前一个概念是后一个概念的先修概念，二者之间是先修关系（Prerequisite Relationships）。这种利用图式结构来表征内容之间关系的做法并非 Knewton 平台的原创。比如，Novak 对概念图（concept map）在科学教育中应用的起源与发展进行了综述③；McAleese 则从批判者的视角对概念图进行了深层次的审核和界定④；Hwang 基于概念图研发了同时具有测试和诊断功能的智能导师系统，能够根据对目标材料和测试结果的分析给出学习建议，实验结果表明该系统能够为学习者

①　万海鹏、汪丹：《基于大数据的牛顿平台自适应学习机制分析——"教育大数据研究与实践专栏"之关键技术篇》，载《现代教育技术》，2016（5）。

②　Wilson K.，Nichols Z.，"Knewton Technical White Paper"，http：//learn. knewton. com/technical-white-paper，2015-11-24.

③　Novak J. D.，"Concept mapping：A useful tool for science education"，*Journal of research in science teaching*，1990，27（10），pp. 937-949.

④　McAleese R.，"Concept Mapping A Critical Review"，*Innovations in education and training international*，1999，36（4），pp. 351-360.

提供较大帮助①。

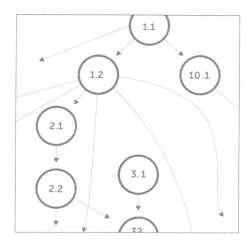

图 4-4　**Knewton** 知识图谱

Knewton 平台的知识图谱具有可扩展、可伸缩、可测量的特性，其建立是基于自适应本体来实现的。自适应本体由模块（内容片段）、概念（对所学内容需要教授和评估抽象思想观念的直观表达）以及内容与概念之间的关系三种基本元素构成。目前自适应本体中所定义的关系类型主要有四种，即：包含（containment），表示该内容或概念从属于更大的群组；评估（assessment），表示该内容提供了学生掌握状态的信息；教学（instruction），表示该内容在教授某个具体的概念；先修（prerequisiteness），表示学习该概念之前需要先掌握另外一个层级更低的概念。基于自适应本体，我们能够对典型的课本内容进行概念映射和标注，对于训练有素的专家而言，一本教材大概只需耗费几周的时间。利用这种标注好的课本内容数据，再结合学习交互数据、心理测验数据，Knewton 平台就能够自动为每位学生生成个性化的知识图谱。

以差异化的任务学习引导为例，阐述 Knewton 平台的实时自适应学习过程②。Amy、Bill 和 Chad 三位学生有同样的学习目标——理解乘法公式、乘一位数、乘两位数、解决乘法应用题，这四个概念的先修知识在灰色框中显示，分别是乘法符号、理解乘法、整数乘法、用乘法解决问题，如图 4-5 所示。比如，要理解"乘两位数"必须先要理解"乘一位数"，下方的小矩形框代表每位同学答的题目及正误信息，其颜色与所属任务主题的颜色一致。从图 4-5 中可以看出，这三位学生所答的前三道题目是一样的，由于第三道题 Bill 答错了，与其他两位同学出现了不同的学习状态，因而三位同学开始呈现出了不同的学习路径，Bill 在理解"乘两位数"时遇到了困难，故继续回答这个主题的题目，而 Amy 和 Chad 进入到下一个主题。从第四题的回答结果来看，Amy 回

---

① Hwang G. J., "A conceptual map model for developing intelligent tutoring systems", *Computers & Education*, 2003, 40(3), pp. 217-235.

② Green-Lerman H., "Visualizing personalized learning", https: // www. knewton. com/resources/blog/adaptive-learning/visualizing-personalized-learning/, 2018-03-05.

答正确继续完成接下来的题目，而 Chad 回答错误继续回答与"理解乘法公式"这个主题相关的题目。Knewton 平台引导 Bill 和 Chad 继续完成他们遇到困难的主题相关的题目，直到他们理解、做对题目，进而掌握概念。图 4-5 展现了三位同学为达到同样的学习目标而进行的自适应学习过程，从中可以看出 Knewton 平台的差异化学习指导可以让学生更多地关注其薄弱环节，而不至于在已经掌握的环节上做无用功，对于那些掌握程度比较好的学生，如本例中的 Amy，Knewton 平台也会提供给她按照自己步调学习的机会。

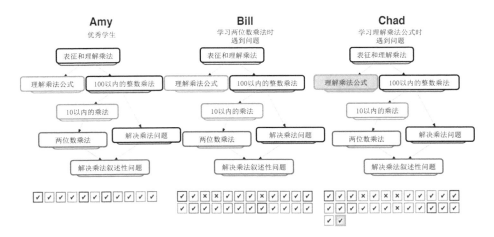

图 4-5　同一目标不同学生的自适应学习过程

案例 4-3　学习元平台的学习认知地图

知识图谱一般用于描述特定领域内的知识集合，可作为知识结构化的原始表征形式，而学习是一种过程性的个性化体验，需要个体投入认知努力，如果能够在知识图谱上叠加学习者个体的认知过程信息，并在学习过程中为学习者提供及时的学习认知状态反馈，必将有益于学习的真正发生。在学科知识图谱（学科知识本体）的基础上，通过采集学习行为、认知投入、目标状态等学习过程数据来计算学习者的学习认知状态，并融合学习者认知特征进行资源和路径推荐，最终形成能够真正描述学习者个体与领域知识交互状态的学习认知地图，以便更好地刻画和表征学习者认知变化的发展过程。

学习认知地图不仅能够表征已映射过程数据的知识学习状态，推理挖掘未掌握知识的学习路径，还应该能够预测缺乏过程数据的知识学习状态，形成符合认知特性的资源和人际网络推荐。基于学习认知地图功能特征的考虑，设计了学习认知地图的概念模型（图 4-6），具体包括知识点内容、知识点之间的关系、学习认知状态、知识点簇下知识点间关系权重、学习路径和学习服务推荐六方面的内容①。其中知识点内容是指根据教学大纲，在满足教师日常教学需求的基础上整

① 万海鹏、余胜泉：《基于学习元平台的学习认知地图构建》，载《电化教育研究》，2017（9）。

理形成的知识单元，由高到低分为不同层级，层级越低，知识单元越具体；知识点之间的关系是指知识对象之间的联结，或是表示相关的对象之间联结的意义，包括父子关系和先修关系；学习认知状态是指学习者对知识学习目标掌握程度的描述，分为已掌握（密网格）、未掌握（疏网格）和待预测（竖线）；知识点簇下知识点间关系权重是指在同一知识点簇的集合中，不同兄弟知识节点对于父亲知识节点的重要程度，以连线的粗细表示，越粗表示所占的权重越大；学习路径是指为了掌握目标知识点（当前处于未掌握状态）而提供的先修知识点序列，是指知识点学习顺序层面上的学习路径，且对于具有多个学习目标要求的知识点具有针对不同学习目标要求的个性化学习路径；学习服务推荐是指在综合考虑学习者所处的学习目标层级、学习认知状态的基础上为学习者推送的用于辅助其达成学习目标的学习活动、数字资源（如微课、课件）和人际网络（如学习同伴、知识专家）。

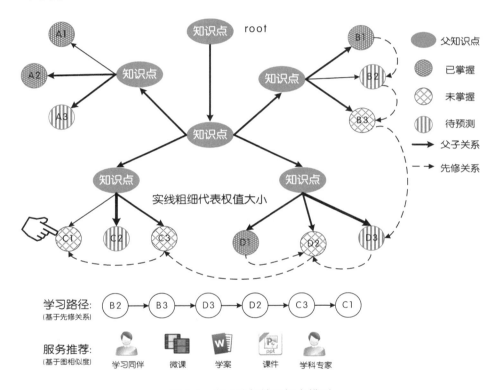

图4-6 学习认知地图概念模型

在上述概念模型的指导下，基于学习元平台研发了可用于表征学习者在线学习过程知识结构和认知状态的学习认知地图，如图4-7所示。学习认知地图，一方面可以帮助学习者规划学习路径、推荐与知识点建立关联的学习资源和学习活动；另一方面可以帮助学习者寻找知识点背后的学科专家以及与学习者学习步调最一致的学习同伴。

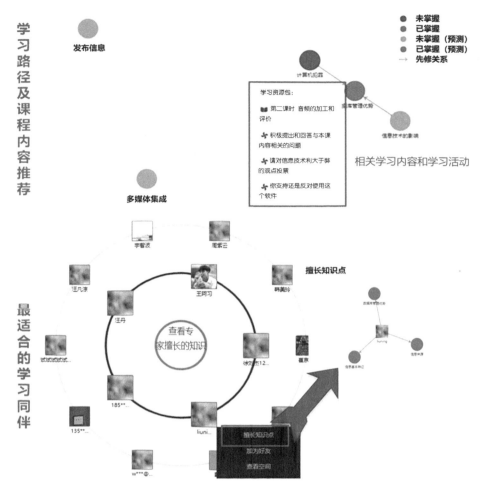

图 4-7　学习元平台学习认知地图

第二节　智能诊断与推荐

在传统教学模式中，学习者学习的全过程基本上都由教师带领。除了课堂学习之外，课后的练习巩固以及阶段性学习结束后的测试也均由教师设计和干预。这样的做法，一方面，使得练习和测试的过程对于全体学生来讲没有区分，对于接受能力不同的学生而言，相同的题目顺序和难度无法挖掘出每位学生的最大学习潜能；另一方面，教师在拿到学生的测试结果后，也无法迅速准确判断出每位学生薄弱的知识环节究竟在哪里。

为了解决上述问题，智能诊断方法利用机器学习等手段，构建各知识领域内知识点之间的逻辑结构关系，找到不同知识点的障碍依赖关系，从而帮助教师分析每位学生的薄弱知识点究竟产生在哪一个知识环节。学习内容的智能推荐则是通过跟踪每位学生的学习过程，对其知识掌握情况建模分析，在学生进行练习巩固的过程中，不断为其推荐最佳的"下一道题"。同时，在学生阅读教材时，智能推荐系统也能够根据学生学习习惯的不同、接受能力的不同以及知识点掌握情况的差异，设计出最佳的教材内容呈现顺序。这样一来，通过个性化的课程和习题，学生的学习过程变得更加贴合自身情况，更能够获得较高的学习效率和收益。

本节以北京师范大学未来教育高精尖创新中心研发的知识障碍提取算法、智能学习平台 LearnSmart、松鼠 AI、豆豆数学为例，介绍人工智能手段在学情诊断和学习内容自动推荐中的实际应用场景。运用关联规则挖掘技术，提取知识图谱中的知识点关联结构，从而自动发现学习过程中的知识障碍；运用深度学习算法，将采集到的学习数据进行建模分析，从而建立个性化的动态学习者画像，并相应地设计教学策略，推荐学习资源。

一、 智能诊断

学习者在学习某个知识点时出现学习障碍，可能的原因是学习者对于与当前知识点相关的其他知识点没有掌握。因此，即使在当前知识点上不断进行练习，学习者也很难取得进展。这类无功效的不断练习在教育领域通常又被称为"过度练习（overpractice）"。由于领域知识缺失而导致的过度练习以及伴随其产生的学习障碍，可以通过构建领域知识点间的逻辑结构关系来帮助进行诊断。

案例 4-4　基于机器学习的障碍结构自动提取方法

北京师范大学未来教育高精尖创新中心的研究人员自主研发了一套能够从知识图谱上自动提取知识点关联结构的方法。该方法改进了关联规则挖掘 Apriori 算法，并使用改进后的算法生成知识点间的强关联规则，帮助自动发现和提取知识障碍结构。

在领域知识结构中，通常可以使用专家经验等方法定义相当数量的领域知识点，例如，初中数学学科可以定义将近一千个细颗粒度的知识点。若学习障碍发生在知识点 A 的原因之一是由于知识点 B 没有被学习者掌握，则知识点 A 通常可以被认为是知识点 B 的学习障碍点。更具体地说，如果在领域知识图谱上，存在任意两个知识点 A 与 B，同时满足下列条件：

（1）若知识点 A 未被学习者掌握，知识点 B 也通常未被学习者掌握；

（2）若知识点 B 被学习者掌握，知识点 A 也通常被学习者掌握。

则知识点 A 可以被认为是知识点 B 的障碍点。通过这样的规则，知识点之间的关联逻辑关系可以被挖掘出来，同时，算法通常会设置阈值，当知识点 A 与知识点 B 满足上述两个条件的计数大于阈值，且掌握知识点 A 与掌握知识点 B 这两个事件在统计学上不相互独立时，我们就认为知识点 A 与知识点 B 是一组强关联规则，并将其作为该领域知识图谱的障碍结构之一。

基于领域的基本知识信息和学习者在知识点上的大规模测评数据，可以采用数据驱动的方法自动提取障碍点关系并最终形成知识点间的障碍结构。图 4-8 展示了一个应用关联规则发现初中数学学科知识点间障碍的具体案例示意图。该示意图基于七年级数学学科的 9 个重要知识点，测试数据来自近 5000 名同年级学生。

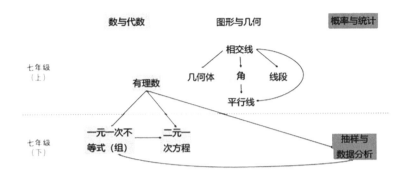

图 4-8　利用关联规则发现知识结构示例

从图中可以看出，基于机器学习自动提取的障碍结构可以不局限于同一知识主题内，也不局限于同一时间段，例如，关联规则发现"有理数"是"抽样与数据分析"的障碍点，这两者属于不同的知识主题，分别为"数与代数"和"概率与统计"。两个知识点在课程中学习的时间也不同，分别为七年级上学期和七年级下学期。

二、 学习内容的自动推荐

传统教学模式中，教材和授课内容通常是固定的，不会根据学生能力水平和知识状态的不同而发生相应改变和调整。然而，没有两个学生是完全相同的，同样的科目在不同学生看来有不同的理解和接受方式。同时，学生的能力水平也影响着其掌握知识点速度的快慢，这也就使得个性化教材和课程的制定以及个性化学习内容的自动推荐成了智能诊断和推荐的重要内容之一。

案例 4-5　智能学习平台 LearnSmart[①] 与智能教科书 SmartBook[②]

LearnSmart 是一款由 McGraw-Hill Education[③] 机构开发的在线交互式自适应学习工具，它能根据特定的课程来评价学生的知识和能力，跟踪其知识掌握情况并分辨出哪些部分需要着重学习。学生在使用 LearnSmart 工具时，通过自己的电子设备（目前支持 PC、手机等移动设备）登录并选择相应科目的相应章节进行学习。通过做题，系统会自动分析出该学生的知识掌握情况，并据此为其制订学习计划，推荐学习方案和内容，对已掌握的知识点进行适当练习，同时将学习重心放

①　McGraw-Hill Education，"What is LearnSmart?"http：//www. mheducation. com/ highered/platforms/learnsmart. html，2018-03-16.

②　McGraw-Hill Education，"What is SmartBook?"http：//www. mheducation. com/highered/platforms/smartbook. html，2018-03-16.

③　McGraw-Hill Education，https：//www. mheducation. com，2018-03-16.

在薄弱知识点上，从而加快学习进程，提升学习效率。

LearnSmart 的自适应技术利用学生学习水平的评估结果，分析出不同学生之间的知识差异，从而有针对性地为每位学生推荐学习内容，通过构造个性化学习路线图来提高成绩。不仅如此，LearnSmart 还提供诊断报告功能，报告中包含学生及班级的各方面学习情况(如学生学习风险情况的统计信息，图4-9)，以便教师能快速了解学生学习动态，锁定学习有困难的学生并及时为其提供帮助。同时，LearnSmart 报告还会标注出全班范围内掌握均薄弱的学习概念，从而使教师在有限的课堂时间中有所侧重地设计课程内容，减少"补救"时间，增加有意义的课堂互动。

图4-9 LearnSmart 诊断报告——学生问题情况及学习风险统计

基于 LearnSmart 的技术方案，McGraw-Hill Education 的研究人员同时开发了一款智能电子书 SmartBook，它将 LearnSmart 的自适应技术运用到课程内容中，营造了一种独一无二的学习体验：书本呈现给每位学生的课程内容都基于其自身的知识状态，并且课程内容也会根据知识状态的不断变化而发生调整。这样一来，不仅保证了学生目前学习的内容均围绕在未学过的知识点上，还促进了已学过内容的长期留存和掌握。

学生通过结合使用 SmartBook 和 LearnSmart，能够提高自身的阅读效率，同时保证知识掌握的持久性。因此，有各种知识能力水平的学生在使用 LearnSmart 和 SmartBook 之后都有了成绩方面的提升。LearnSmart 的开发者称，来自 6 所学校的 700 余名学生在 LearnSmart 自适应学习平台上进行了学习之后，取得了显著且长期的学业进步(图4-10)。

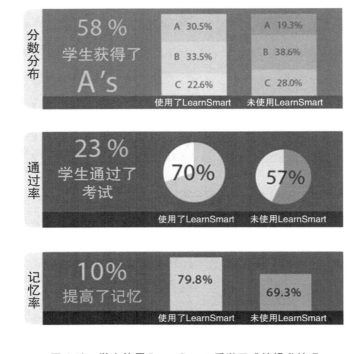

图 **4-10**　学生使用 **LearnSmart** 后学习成绩提升情况

案例 4-6　松鼠 AI 自适应学习系统①

　　义学教育研发的人工智能自适应学习引擎"松鼠 AI"，可以模拟教师给学生一对一量身定做教育方案并且一对一实施教育过程。图 4-11 是松鼠 AI 智适应系统产品流程图，展示了系统通过多种引擎将学生数据、教师介入、知识内容等信息串联起来的过程。

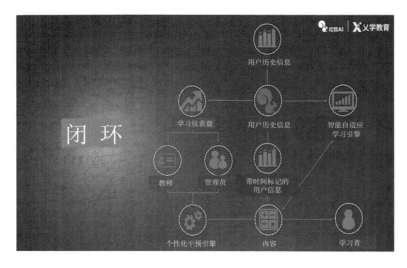

图 **4-11**　松鼠 **AI** 智适应系统产品流程图

---

①　《松鼠 AI 1 对 1》，http：//www. 171xue. com/，2018-03-16。

一、准确诊断

为了准确诊断学生的知识掌握情况，松鼠 AI 智适应系统将知识点拆分到九级。例如，把初中的知识点从原本的 5000 个拆分至 3 万个。当把知识点拆分成更细腻的颗粒度时，就可以通过更细致的诊断，判断出学生的学习程度，进行定位和针对性教学，节省学生的学习时间。与此同时，松鼠 AI 也会对学习能力和学习方法进行拆分，目前已经有了 500 多种能力的拆分，每一个学科都有 100 多个能力的拆分，所有这些拆分全部做到可定义、可测量、可传授。利用系统，后进生也可以学习到优秀学生的学习方法和技巧，包括直觉判断能力、三分理论法等，从而真正掌握受益终身的学习能力。

二、高效定位

运用知识空间理论和信息论技术，松鼠 AI 智适应系统能够精准、快速、有效地检测出学生的知识掌握情况，比如，覆盖 500 个知识点的专题，30 多道题就可完成检测。知识状态空间技术能够筛选掉无效的知识状态，信息论技术能够挑选出最关键的知识点，优先进行考察，获得更多知识掌握程度的信息。目前的准确率能够达到 90%。

松鼠 AI 智适应系统运用知识图谱、图论来描述和表示学科知识体系。知识图谱技术旨在描述各种实体概念及其相互关系，由大量结构化和非结构化数据挖掘而来。基于知识图谱及自然语言理解技术，机器可充分发挥推理、判断的系统性能，相对精准地回答问题[①]。另外，结合义学在 AI 算法上所创的非关联性知识点的关联概念算法，可以通过识别知识点之间的关联性和间接关联性，让智能系统用更少量的题目测试获得更精准的判断。

三、个性化推荐

松鼠 AI 智适应系统，其核心是通过采集和分析学习数据，让 AI 结合细粒度的知识图谱用最少的时间检验/掌握与目标相关的知识点，连续地通过学生知识状态的衡量，建立个性化的动态学生画像，了解每位学生的学习状态和遇到的问题，相应地设计测试和学习路径，调整教学行为，并在学习过程中不断推荐最合适的学习材料，而且衡量学习效果，并形成对 AI 预测能力和内容效果的自我学习和反馈。

在图 4-12、图 4-13、图 4-14 中，与传统的、标准化的线性学习路径相比，每个学生在系统中会经历不同的学习路径，着重学习薄弱知识点，跳过那些已经掌握的知识点。而且，三个水平不同的学生(刘同学较强、孙同学居中、李同学较弱)学习路径上的知识点数量和内容都有明显差异，可见系统有效地实现了因人而异、因材施教的个性化教学，有针对性地帮学生解决学习困难。

---

① Xu Z., Sheng Y., He L., et al.，"Review on Knowledge Graph Techniques"，*Journal of University of Electronic Science and Technology of China*，2016，45(4)，pp. 589-606.

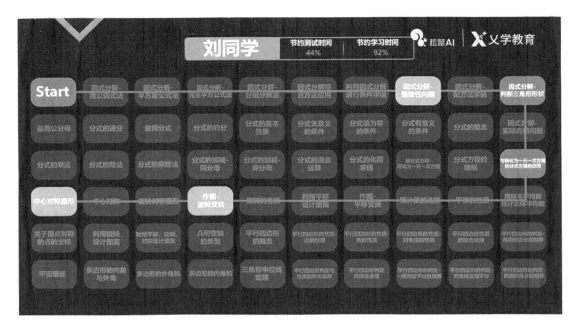

图 4-12   刘同学的个性化学习路径

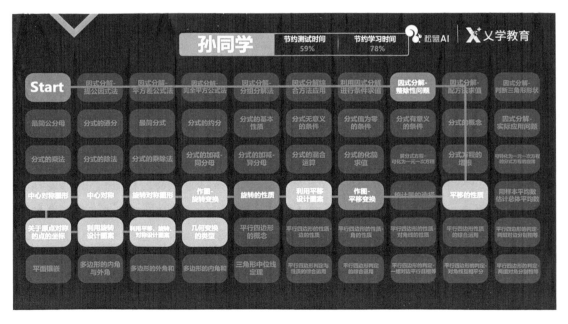

图 4-13   孙同学的个性化学习路径

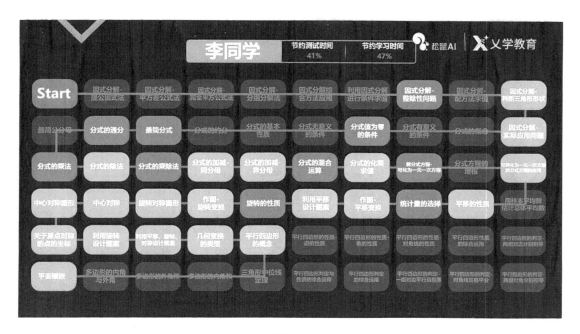

图 4-14 李同学的个性化学习路径

案例 4-7 "豆豆数学"人工智能作业诊断平台①

成都准星云学科技有限公司，依托清华大学苏研院大数据处理中心在大数据、人工智能、自然语言识别等方面的前沿技术，成功研发了以自动解题技术为核心的人工智能系统。基于 AI-Maths 核心技术，公司进一步研发"豆豆数学"人工智能作业诊断平台（准星智能评测机器人）及相关产品（图 4-15）。

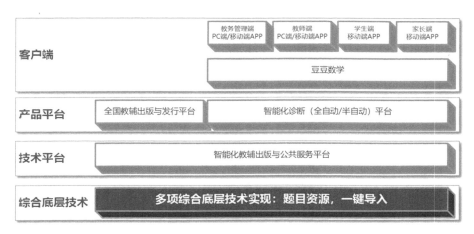

图 4-15 "豆豆数学"人工智能作业诊断平台流程图

---

① 《豆豆数学》，http：//www.doudoushuxue.com/，2018-07-27。

　　"豆豆数学"人工智能作业诊断平台可以提升和改善学生的学习情况，这主要是因为在引入"豆豆数学"后，教师通过共同分享、学习、交流、探讨、提炼，形成了新的教学流程、教学计划、教案编写、教学情境、教学方法、作业批改、教学数据应用、课外辅导等方法与模式，进而改善了教学模式（图4-16），从而达到了提升教学质量的效果。

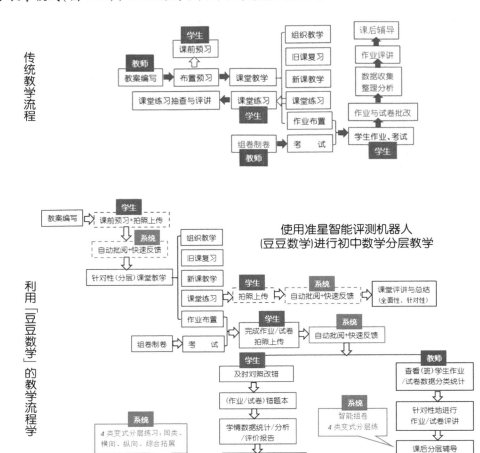

图 4-16　新旧教学流程对比图

　　"豆豆数学"对教师的影响体现在以下几个方面。每天为教师节省作业批改时间的同时，生成每位同学、每个班级的智能分析报告，为教师提供准确高效的教学数据支撑，改变教师传统的主观教学方式，让人工智能助教为教师分担教学压力，提升教学成果。"豆豆数学"的分层教学功能，为教师课前备课环节提供精准且多维度的分析与汇总，为教师提供针对每位学生的课件资源。在教学环节中实现有针对性的错题讲评，以及当日知识点堂测的及时反馈，为该学科的教学与评估提供科学准确的依据。

　　"豆豆数学"对学生的影响体现在以下几个方面。"豆豆数学"的"智能题库"和"个性化错题本"鼓励和支持学生自我学习。"豆豆数学"的"智能题库"有四大板块：同步作业与测试、同步学习专题母题库、综合母题库、中考模拟预测套卷。其中，"同步作业与测试"用于书本基本知识的巩固和测试。"同步学习专题母题库"以教材章节为准，按知识点顺序编排，适用于同步学习中对应补缺补漏、总结与提升。"综合母题库"按知识块分层级编排，适用于阶段性与升学复习、查漏补缺、总结与提升。两类母题库均为"全知识点、全（思想）方法、全题型的智能母题库"，题库中母题具有典型性和代表性，以理解、分析和思维引导为主，配置同类变式、横向变式、纵向变式、综合变式四类变式题，适合各层次学生多种形式的学习辅导。"中考模拟预测套卷"，由大数据技术支撑，立足于课本、大纲和考点，将连续多年的各地市中考试题进行分类汇总、对比分析，依照相应的规律和规则，对各地当年的中考数学做出预测。"豆豆数学"的"智能题库"的四大板块的目的在于培养学生的学习能力和方法，远离题海战术。"豆豆数学"依据学生的"个性化错题本"自动推送四类变式练习作为学生自我学习、自我改错的参考，也可由此在"智能题库"中对照选择适合自己的变式练习进行自我学习和改错练习。

"豆豆数学"对学校的影响体现在以下几个方面。管理者可以随时掌握每个年级、每个班级、每位学生的学习情况，了解每次课堂传授期间可能出现的问题，做好透明化管理。通过一定时间的使用，学校可以记录下每个班级，每位同学每天的学习轨迹，成长路线，为后续的教学研究和教学改革提供可靠的教育评价指标体系。

第三节　学习负担监测与预警

人的学习过程受多种主观因素的影响，包括情感（affection）、动机（motivation）以及自我认知（metacognition）。学习负担的监测和预警可以基于情感计算技术，对学习者的面部表情、客观行为（如眼动、手势）以及声音等特征进行监测与预警。通常认为，情感计算的概念由 MIT Media Lab 在 1997 年提出，是基于计算与感知设备对人的情感进行识别、理解、建模与互动表达，从而创造更和谐的人机共存环境，使得设备和相关服务具有更高级别的智能。利用情感计算等关键技术，可以对学习者进行情绪等方面的感知，进而对其学习负担进行监测与预警。

本节介绍了学习者情绪监控系统和学习者行为监控系统的案例，分别采用智能摄像设备和智能穿戴设备，捕捉学习者学习过程中的面部表情、手势等信息，并利用计算机视觉、数据挖掘等技术，分析这些数据，识别出不同的学习情绪和学习行为，进而采取相应的预警措施和教学干预。

案例4-8　学习者情绪监控系统[1]

美国北卡罗来纳州立大学开发了一套可以对学习者情绪监控的系统。该系统采用了 Kinect 深度相机（检测姿势和手势）、一个集成的网络摄像头（观测面部表情）以及皮肤电传导手镯（检测皮

［1］ Vail A. K., Grafsgaard J. F., Boyer K. E., et al., "Predicting Learning from Student Affective Response to Tutor Questions", International Conference on Intelligent Tutoring Systems, Springer International Publishing, 2016, pp. 154-164.

肤电传导活动)，对学习者的学习行为、面部表情等数据进行采集，进而可以有效地识别学习者的情绪，对学习者的学习效果进行预测及调整。该智能系统如图4-17所示。

在学习过程中，该系统对学习者面部表情的识别包括眉毛抬起的高低、嘴角的上扬或者下压、嘴唇线的紧闭程度等进行细微识别，同时配备的手镯可以传导出学生心跳波图及相位变化。图4-18是该系统应用摄像头所采集到的学生的几种典型面部表情。研究者发现，额头下压和上眼睑通常可以表示在短时间内的混乱与挫折感，而嘴部的放松可以表示积极学习的学习情绪。

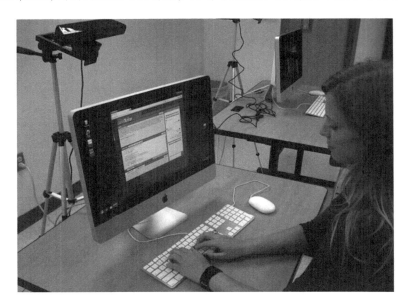

图 **4-17**　收集学习者手势、面部表情的智能系统

图 **4-18**　学生的四种典型表情

案例4-9　基于学习行为的监控系统①

北京师范大学未来教育高精尖中心研究团队的研究者可以利用各类可穿戴设备对学习者的课堂行为进行分类与识别，进而理解学习者的学习专注度、学习情绪与负担。典型的可穿戴设备包

---

① Lu Y. , Zhang S. , Zhang Z. , et al. , " A framework for learning analytics using commodity wearable devices", *Sensors*, 2017, 17(6), p. 1382.

括智能手表和智能眼镜等，目前主流的可穿戴设备通常都会配备多个传感器，包括三轴加速度传感器、角速度传感器以及心率传感器等。例如，利用佩戴在学生手腕上的智能手表，在课堂上收集的基于智能可穿戴设备中的三轴加速度传感器数据（图4-19）、角速度传感器以及磁传感器数据。在此基础上，研究者进一步利用数据挖掘等技术，提取行为中可以对不同行为进行有效识别的数据特征，然后利用特定的机器学习算法进行训练，最终得到可以自动识别各类外显行为的机器学习模型。目前已经可以较准确地识别学生在课堂中的举手、记录笔记、起立回答问题等行为。

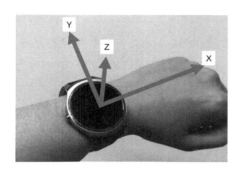

图 **4-19**　基于智能可穿戴设备的三轴加速度传感器进行学习行为识别

基于已经识别的学习行为，利用现有的学习科学理论和数据标注的方法，将不同类别的行为赋予不同的权值来判断学习者的学习专注度与学习情绪，权值的大小可以通过教学实验与学习效果分析等方法进行确定。同时，由于在一定时间段内（如40分钟课堂时间内），学习者可以有多个不同的独立动作发生，需要利用加权平均或者聚类分析等方法计算以及评估一定时间段内的专注度与情绪变化。最终，给出其量化结果与变化过程，进而采取相应的预警措施和教学干预。

第四节　虚拟探究学习环境

虚拟现实（Virtual Reality，VR）指的是通过计算机技术生成与一定范围真实环境在视、听、触感等方面高度近似的数字化环境，用户借助必要的装备与数字化环境中的对象进行交互作用、相互影响，可以产生亲临对应真实环境的感受和体验[1]。增强现实（Augmented Reality，AR）是广义上虚拟现实的扩展。AR通过计算机技术将虚拟的信息叠加到真实世界，从而使真实的环境和虚拟的物体实时融合到同一个画面中[2]。VR技术能够突破时空限制，在教育中的应用主要包括营造虚拟仿真环境进行教学、模拟技能训练、构建虚拟角色等。它具有沉浸性（Immersion）、交互性（Interaction）、想象性（Imagination）的特征[3]。在物理、化学、医学等课程或专业中，存在大量实验需要反复操作。这些实验消耗物资，也存在一定的风险。学生通过VR技术进行实验，可以多

①　赵沁平：《虚拟现实综述》，载《信息科学》，2009（1）。
②　蔡苏、张晗：《VR／AR教育应用案例及发展趋势》，载《数字教育》，2017（3）。
③　Burdea G.，Coiffet P.，*Virtual reality technology*，*second edition*，New York，John Wiley & Sons，2003，pp. 3-4.

次进行操作，同时规避了安全风险。同时还可直观地观测到传统实验难以看到的现象。学生可以在虚拟空间中解决真实问题，结合诸如基于问题的学习、项目学习以及研究性学习等教学模式，通过有意义的问题解决过程掌握知识，发展学科能力、问题解决能力、交流合作能力和自我调节学习能力，并在这一过程中实现深层次知识建构。VR 世界中探究性解决问题的优势，除了安全与低成本，还体现在系统可以根据需要为学生提供支架等帮助信息，此外，系统可以记录探索过程，动态诊断学生的学习情况[1]。VR 也被应用于语言教育中，教师和学习者可以创建和体验丰富的场景，在虚拟仿真的环境中学习语言和文化。

和 VR 相比，AR 环境不需要佩戴沉重的设备，仅需要具备摄像头和感知功能的电脑或手机，即可做到真实环境和虚拟对象的融合互动。因此，这种对硬件条件要求不高的学习技术更容易在学校落地。更重要的是，增强现实环境支持泛在环境下的情境学习，将虚拟的学习内容与现实环境进行了有意义的关联[2]。

本节着重介绍 Immerse Learning 虚拟培训平台、谷歌"探险先锋计划"、Labster 虚拟实验室等案例，展现 VR 和 AR 技术在实际教学过程中的应用方式。利用计算机图形学、多传感器技术、多媒体技术等，模拟产生一个虚拟的三维空间，营造沉浸式的课堂学习氛围，使学生能够体验传统学习环境中难以实现的交互方式，对所学知识有更加深刻丰富的理解和掌握。

案例 4-10　Immerse Learning 虚拟培训平台[3]

Immerse 是一家专注于为业界提供创建和发布自己的 VR 内容和解决方案的平台和工具的英国技术公司。其联合创始人卡塞尔（David Kaskel）在研究基于视频游戏中语言的学习过程后于 2005 年创立了 Languagelab. com，之后随着虚拟现实技术的应用与发展，2014 年 2 月，该公司更名为 Immerse Learning，转型为专为企业与高等教育项目设计沉浸式学习课程的平台。他们相信 VR 的未来在于让人们用以前不可能的方式进行合作，改变人探索、互动和学习的方式，希望通过可扩展、可访问和具有成本效益的技术将这种能力带给商业世界。目前该公司的业务包括 VR 学习、英语语言培训、LIVE 3D 学习、游戏化和基于游戏的学习等。图 4-20 为 Immerse 开发的基于 VR 技术的橄榄球培训体验。Immerse 的客户包括法国航空（Air France）、恩斯克国际（Ensco，世界最大的离岸石油与天然气钻井公司）、英国文化协会（British Council）、DHL 国际快递等。

如图 4-21 所示，在虚拟现实培训中，能够针对多元化员工定制身临其境的培训，通过沉浸式的互动学习体验，允许在不危及工人的情况下进行风险训练。学员和培训师可以通过虚拟现实头戴式耳机或网络浏览器，全天候在全球任何地点进行访问。VR 场景的一致性可以快速审查和重新参与培训体验，增强用户现有的学习管理系统解决方案。在健康和安全培训中，在模拟的 VR 环境中安全地训练和体验失败，通过高风险情况下的 VR 培训降低成本和意外影响；在机械和维

① 张志祯：《虚拟现实教育应用：追求身心一体的教育》，载《中国远程教育》，2016（6）。
② 蔡苏、王沛文、杨阳等：《增强现实（AR）技术的教育应用综述》，载《远程教育杂志》，2016（5）。
③ "Immerse"，https：//immerse. io/platform/，2018-05-01.

图 **4-20**　**Immerse** 开发的基于虚拟现实技术的橄榄球培训体验

修培训中，减少事故和损失，并通过持续的培训和使用来改善体验；在优化员工绩效方面，通过有趣和互动的 VR 程序招聘，参与和发展员工，通过 VR 多用户会议将全球员工聚集在一起等。

图 **4-21**　**Immerse Learning** 在职业培训中的资源

　　以在国防工业中的探索为例（图 4-22），国防工业通常需要使用昂贵的技术设备，并将人们置于危险的情境中，大量人员需要接受培训，以应对意外和危险的情况，同时保持冷静，遵守命令，正确使用他们的工具并保持自己和他人的安全。这必须快速有效地完成，同时保持低成本和高保留率。传统的飞行模拟器非常昂贵，使用 VR 工具进行培训可以减少对真实设备的损害并保持较低的燃料成本。通过 VR 创建飞行甲板、机械和工具的真实模型，安全而逼真地模拟危险场景，进行演练和测试，减少昂贵和重要机械的磨损，也节约了不必要的油耗，实现了节能、保留率高、低成本等多方面的优化。

图 **4-22**　**Immerse** 在国防工业中的应用

案例 4-11　"谷歌探险先锋计划"①

谷歌于 2015 年 5 月宣布推出"谷歌探险先锋计划"（Google Expeditions Pioneer Program），该计划主要为学校提供低成本的虚拟现实教学工具，使学生能在虚拟的世界各地中"探险"。套件主要包括教师使用的平板、学生使用的"谷歌纸盒"（硬纸盒、手机、透镜等做成的简易虚拟现实眼镜）和数据包等。目前谷歌已经为此构建了 100 多个虚拟考察课程，涵盖 200 多个地点，允许学生在教师的指导下，通过"谷歌纸盒"探索历史、地理、职业生涯教育，让学生们自由出行于长城、白金汉宫或畅游在大堡礁的海底等。

想象在加拿大安大略湖初春的一个寒冷的早上，一群五年级的学生来到了加拉帕戈斯群岛，探索岛上的动物并将它们归类，以此来学习达尔文的进化论。而另外一群学生在芝加哥的马里奥小学，在数学课上爬上了中国的长城，并计算了从一个烽火台爬到另一个烽火台需要花费的时间。这些都可以通过探索者项目实现②。

2017 年秋季谷歌推出的"Expeditions AR"，计划为这个沉浸式教育平台带来 AR 体验。如图 4-23 所示，探险先锋计划 AR 版，帮助学生融入身临其境的课程，实现虚拟的模型和场景与现实环境无缝吻合。每部移动设备都可以通过 WiFi 同步到教师的移动设备，使得每个学生都能实时看到相同的 AR 体验。当启动 Expeditions AR 应用程序时，屏幕将弹出指导者（教师）或跟随者（学生）的选择。一旦其中一部手机选择了指导者（教师）之后，其余的将全部默认为跟随者（学生）。Expeditions AR 体验包括小行星带和其他空间物体、DNA 双螺旋结构、5 级飓风、艺术雕像等③。如图 4-24 所示为同学们通过手机在课堂上感受火山喷发。

---

①　Google Expeditions，https：//edu. google. com/expeditions/#about，2018-03-21.

②　文钧雷、陈韵林、安乐等：《虚拟现实＋：平行世界的商业与未来》，198～199 页，北京，中信出版社，2016。

③　591ARVR，http：//www. sohu. com/a/142452289_ 599244，2017-05-22.

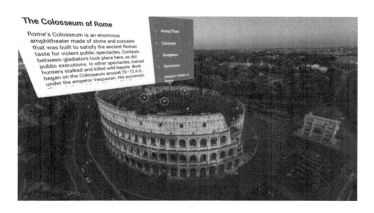

图 **4-23**　"谷歌探险先锋计划"中的古罗马斗兽场情境资源

图 **4-24**　通过手机在课堂上感受火山喷发

案例 4-12　Labster 虚拟实验室①

Labster 于 2001 年创立于丹麦，其创始人邦德（Mads Bonde）致力于转变科学科目的教学方式，利用 VR 技术创设虚拟实验室，改变大学课堂和实验操作死气沉沉的氛围。公司的目标是开发使学习既有吸引力又有效的软件，并使尽可能多的学生能够接触到这些可扩展的软件，增加学习成果和动力，最终改善全球科学教育，推动科学家改变世界。

目前，Labster 提供了 27 种不同的模块，拥有数百小时的科学学习内容，针对大学、学院和高中学生，涉及包括生物技术、细胞与分子生物学、物理学、生态学、化学、遗传学和微生物学等在内的多个领域，允许学生按照自己的步调和难度探索许多不同的科学主题。提供完全互动的高级实验室模拟情景，结合游戏化元素，如讲故事和评分系统，在沉浸式和引人入胜的 3D 世界中进行科学知识的学习。有超过 70 种 Labster 模拟可供选择，以激发学生的天然好奇心，突出科学与现实世界之间的联系。

---

① Labster，https：//www.labster.com/，2018-03-21.（注：本案例未特殊标注的介绍信息均来源于 Labster 官网）

　　Labster 的所有实验都基于现实生活中的案例和设备，与核心科学课程相一致。利用 VR 等先进技术提升实验教学水平，能够提高学生的留用率和成果，允许无限制地使用仪器，实现方便的实验室访问，通过向学生提供可关联的场景和 3D 动画来吸引学生，轻松跟踪学生学习进度和反馈，并使他们掌握自己的学习，而每位学生的技能都通过教师仪表板进行评估和报告，提供学习管理系统集成解决方案，实现更加个性化、灵活的教学体验，其中包括无限跟踪和与成绩簿的无缝集成、适合课程重新设计、专门的客户支持（图 4-25）。

图 4-25　**Labster** 与三星 **Gear VR** 和 **Oculus** 公司共同研发的
虚拟现实犯罪现场调查课程资源

　　以在实验室安全虚拟仿真实验室为例（图 4-26），模拟中要求参与者进入实验室后始终注意潜在危险，参与者将通过识别和消除实验室中的危险因素来创建一个整洁和安全的工作环境。同时，模拟中将介绍用于对危险材料进行分类的基本危险符号，参与者可以使用这些知识来防止危险情况，如酸泄漏。此外，参与者也将学习如何处理未标记的、有潜在危害的化学物质，学习如何操作洗眼器，并介绍各种其他实验室安全设备。在这种模拟中，参与者不必担心暴露于任何真正的危险之中，有机会操作一些在传统教学中因危险系数高而只停留在一段又一段的文字及不够精确的 2D 图片中的实验。最后，在这个模拟中，参与者会遇到以前从未在实验室工作过的朋友露西，传授学习者实验室安全知识和穿戴知识。在模拟结束时，参与者将能够学习到在实验室工作时正确的穿戴规范、如何正确使用实验室安全设备以及在紧急情况下做出反应。

　　Labster 提供了一种更加简单、便宜，也更安全的可替代虚拟实验室。实现了"浏览器中有一百万美元的实验室"，理论和实践以新颖的方式相连，只需要一台电脑/笔记本电脑和一个浏览器，且不需要安装任何浏览器插件。如今它已经被哈佛大学、麻省理工学院、斯坦福大学、香港大学等全球超过 150 家高校和机构的师生信赖并采用。

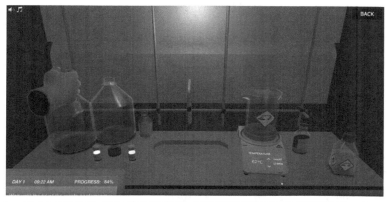

图 4-26　**Labster** 公司共同研发的实验室安全虚拟仿真实验室课程

第五节　智能学科工具

过去的十年间，研究者们对人工智能在教育领域中的应用做了大量的探索，许多人工智能驱动的学科工具已经在正式和非正式学习中被广泛使用。各类创新的交互方式，包括眼球追踪、语音识别、手势识别、自然语言处理等其他生理传感器，已广泛用于提升辅助学习过程的学科工具应用性能。学习过程中，智能学科软件能够即时收集海量教学和实践的学习数据，并进行细粒度分析，这使我们能够追踪每位学习者的知识和能力的发展情况，提升学习分析的精准度，进而为学习者提供及时干预措施及学习辅助[1]。

智能学科工具的应用场景多样，包括智能化协作学习，如利用 AI 成立相同兴趣及能力水平的学习小组，专家协助系统、智能虚拟助手等。本节的几个案例着重介绍人工智能在英语、数学、生物、语文、艺术等学科学习中的应用，运用深度学习算法，对学生的口语音频进行识别，纠正错误发音，并借助语音合成技术与学生对话；运用计算机视觉技术，对自然界的植物进行图像识别，判断其种类；对中国古典文学语料进行自然语言处理和加工，自动创作诗词；在人机互动过程中，对人类绘画的海量数据进行分析，猜测所绘制的内容。同时，可视化技术被运用于展示古代诗歌的各类统计信息，使学生从宏观角度了解古诗词创作的时代背景和社会环境。此外，

①　Luckin R.，Holmes W.，"Intelligence Unleashed：An argument for AI in Education"，SXSWedu，2016.

智能工具通过语义分析技术可以理解学生检索的问题，并借助海量知识库进行分析和计算，将问题的答案以可视化的方式呈现。

案例 4-13　英语学科工具微软小英①

随着全球一体化的快速推进，英语作为国际通用语言受到了广泛的重视，掌握流利的英语沟通技能已成为各国培养下一代国际化公民的必要能力之一，也成为职场上必不可少的核心竞争力。然而，由于缺少英语语言环境，又加上忙碌紧凑的生活学习节奏，不少中国人都面临英语沟通能力差、缺少大块练习时间的问题。基于这一需求，微软亚洲研究院和微软互联网工程院合力根据中国用户的语言学习特点，推出了一款名为"微软小英"的英语口语练习应用，帮助更多人利用碎片化时间学习英语。

"微软小英"是一款融合了语音识别、口语评测、自然语言处理、语音合成等人工智能技术而实现的智能人机交互服务，最为与众不同的功能之一便是可以实现与用户用英文自然、愉快的聊天，摆脱了"机器口音"的生涩及尴尬。

"微软小英"涵盖了四大学习模块：情景模拟、情景对话、发音挑战、易混音练习（图4-27）。在情景模拟及情景对话模块中，用户可以选择20多项主题的150余种场景，如社会交往、情感表达等。随后小英会对用户所选择的场景进行描述并向用户提问。而用户则可根据图片提示，通过传声器录音进行回答。记录下用户的回答后，小英会通过语音识别"听"用户说了什么，然后通过自然语言理解技术"听懂"用户想表达的含义，再判断用户的回答是否符合要求，最后给出一个分数评价。几轮对话之后，小英会对该场景中的重点词汇和用法做个性化的总结，帮助用户加深记忆、巩固知识。

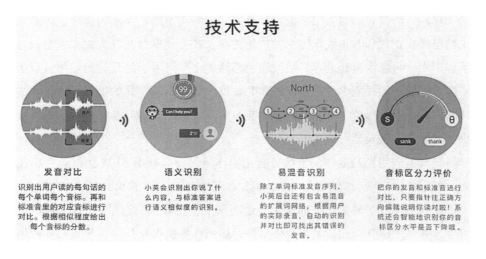

图 4-27　微软小英技术支持

不仅如此，小英还能纠正用户音素层面的发音错误，如分析羊（sheep）和船（ship），猫咪

---

① 微软亚洲研究院，https：//www.msra.cn/，2018-05-21。

（cat）和风筝（kite）的发音区别。这种基于神经网络，经过大量机器学习炼成的计算机辅助教学系统能随时随地、不厌其烦地为每一个用户甄别其发音的错误与缺失，并推送音标发音的文字讲解及发音口型的视频演示。用户通过单词练习发音后，可以选择在完整的英语句子中考核对该发音的掌握情况，通过反复测试检验发音是否有所改善。

在首次使用小英时，系统会通过三个维度对用户进行测试，而后根据用户的英语水平，个性化推荐适合的课程。用户在学习互动过程中的每一次点击、输入和对话都会进入小英的评估系统，并在此基础上建立用户的个人学习档案。除此之外，小英还会自主判断用户在情景对话中不熟悉的单词，将单词加入生词表，同时，它能识别情景对话中不准确的发音，把需要着重练习的发音加入音标训练中，方便用户自我检验。

小英的口语评测系统，是搭建在一个由机器学习训练成的神经网络的语音识别系统上，基本处理流程是利用语音识别模型，根据跟读文本（情景对话和情景模拟中自动识别出的文本），对用户的录音进行音素层级的切分。每一个小单元再和其相应的标准发音模式进行匹配，发音越标准则匹配越好，得分也越高。每一个单词的得分则是相关音素得分的加权平均，句子层面的得分是各单词得分的加权平均。系统中各个标准发音的模型是深层神经网络在几百个发音标准的美式英语数据库中训练而成的。

在易混音练习模块中，除了单词的标准发音序列，小英后台还会构造包含易混音的扩展词网络，然后根据用户的实际录音，自动地识别出其实际的发音序列，通过对比即可找出其发音错误。下面给大家一个例子：图4-28给出的是单词"thanks"的正确发音序列（s ih ng k s）和一个可能的错误发音序列（th ih ng k s），系统根据用户发音，自动识别出与用户发音最接近的路径。若识别的序列为thih ng k s，则判定用户s错发成了th。通过这些常见易混音的练习，小英可以帮助用户不断地纠正错误，从而练就一口标准发音。

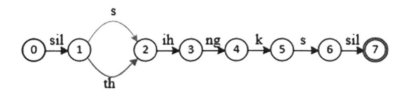

图 4-28　单词"thanks"发音序列

案例 4-14　数学学科工具 WolframAlpha①

WolframAlpha（W｜A）是由美国 Wolfram Research 公司研发的计算知识引擎，它可以理解用户提出的问题，经过海量知识库进行分析计算，给出可视化的答案。

图4-29为WolframAlpha的搜索界面。与传统搜索引擎谷歌、百度等不同的是，WolframAlpha可以给出针对具体问题的相关知识模型、解题步骤及直接答案，而不是一堆含有关键词的网页链

---

① Wolfram，http：//www.wolfram.com/，2018-05-20.

接。简单来说，它就像是一个绘图计算器、参考书图书馆以及搜索引擎的综合体，节省了学生在学习过程中查找相关资料和理解问题的时间。

图 4-29 WolframAlpha 搜索界面

数学解题是 WolframAlpha 的核心构件之一。学生在学习过程中遇到问题，可以直接输入数学题来自主学习相应的知识点，并通过平台呈现的可视化图表来帮助理解。若是遇到含有符号的方程式计算，也可以查看运算过程中的每一个步骤，同时 WolframAlpha 还可以进行数学的推导和证明。学习过程中，若学生想对某个知识点进行进一步的测评，可以用 WolframAlpha 提供的问题生成器（Problem Generator）来生成相应的数学问题，课程包括算术、数论、代数、线性代数、微积分、统计六大类以及各个年龄段、不同难度的分类。

如此强大的性能其实都源于 WolframAlpha 内置的人工智能语义分析技术。语义分析使WolframAlpha 能分解输入的词条，包括数学方程式和像"中国的首都是哪里？"之类的语句，然后在其庞大的数据库中交叉对比词条。这个数据库包括地质探测图、元素周期表、人体基因、历史上的气象数据等上千个话题，WolframAlpha 把它们集成在一起，为用户提供答案。WolframAlpha背后的主要搜索引擎 Mathematica 是一个非常强大的编程语言，其操作对象不只局限于特定数据模式（如数字和字符串），还能以多种结构表达公式和数据，比如对非数值数据建立逻辑结构、为其他程序编写表达式等。Mathematica 在符号学上的特性使其达到了一个前所未有的兼容度，能与系统的其他算法和数据相互调度融合。五百万行的 Mathematica 程序语言在 WolframAlpha 上的执行能力能够媲美一千万行的基础系统编程语言（如 C 语言、Java 或 Python）。

案例 4-15 生物学科工具"形色"

形色①是一款植物花卉识别 APP（图 4-30），通过图像识别和人工智能解决人们在生活中对植

① 形色，http：//www.xingseapp.com/，2018-09-21。

物识别的好奇心。用户从发现植物、拍照上传到识别通常只需要 2～3 秒，目前识别准确率已经超过 90%，可以识别 4000 种以上植物。

形色在技术上并未采用传统的专家系统(Expert System)来解决植物的分类及识别问题，而是用了深度卷积神经网络的机器学习方法，让系统不断扫描植物图片的特征，并通过专家鉴定的补充，来增加识别的种类和准确度。上传的图片会经过预处理，包括光线调整、颜色反转、曝光度、切出关键部位、再聚焦等，并通过图片分类及物体识别的技术，提高图片在场景中的鉴别准确度。随着数据库的不断增长，形色不仅能够认识植物开花时的照片，还能够识别植物枯萎，或者落叶时的照片。除此之外，还能够识别一些模仿植物或者是根据植物来制作的物件，不论是雕塑还是其他产品。对于系统无法鉴别的植物，平台上有专门的讨论鉴定模块，用户可以直接向其他人求救讨教，同时也可以上传与植物相关的原创文章与他人交流。此外，由于平台以地理位置的形式进行植物鉴别(图 4-31)，也有助于制作植物志，进行地区气候研究，平台目前已经和浙江大学生态研究所、辰山植物园等单位进行了合作。

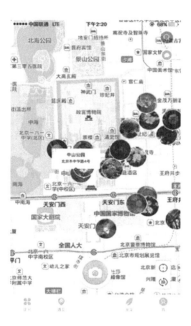

图 4-30　形色 APP 界面　　　　　　　图 4-31　基于地理位置的植物鉴别

在教学上，形色 APP 是有用的生物学科智能学习工具，可以快速有效地帮助学生识别各种常见植物。形色以摄像头作为主要交互形式，对于学生而言，这种获取知识的方式简单、省时且有趣，能够激发其主动探索大自然的兴趣。此外，形色上聚集了一些植物爱好者，他们发布的原创文章也是生物学习的重要课外资料，可以弥补课堂知识的局限，拓宽孩子的生物学科知识面。

案例4-16　语文学习工具"九歌"

九歌①是清华大学计算机系孙茂松教授带领和指导的一个研究团队推出的计算机自动作诗系统。团队输入了30多万首唐朝以来的古诗作为语料库，利用深度学习模型让计算机学习，从而创作出与人类古诗媲美的诗歌。除了对诗句平仄、押韵规定外，团队并未人为给出任何规则，而是让计算机自己学习古诗中的潜规则，以此来检验现有神经网络深度学习主流模型的能力（图4-32）。

图4-32　九歌作诗界面

九歌系统现可以自动生成七言及五言的集句诗、绝句、藏头诗，用户只需输入关键词，便可得到相对应的诗词，并可以对诗词进行打分。这种科技与人文结合的方式，其初衷并不是为了让AI超越人类，而是希望造福人类，与人类互相促进、共同发展。虽然机器目前难以做到"托物言志"，但人工智能可以提升创作者的效率，降低创作门槛，实现"人人都是诗人"的梦想。

计算机作诗的相关研究成果，将有利于互联网时代中华传统文化的传承与发扬光大，更可以在语文学科教学上展现其优越性。系统可以增加虚拟助教功能，随时随地辅导学生习作古诗，指出韵脚、平仄方面的问题，以及遣词造句方面的词不达意或句不成篇，从而帮助学生提升改进创作技能。此外，还可以通过大数据对古代文献进行"人文计算"、定量分析研究等。

案例4-17　语文学习工具"唐诗别苑"

唐诗别苑②是由互联网教育智能技术及应用国家工程实验室、北京师范大学智慧学习研究院、北京师范大学中文信息处理研究所等团队共同研发并推出的全唐诗语义检索与可视化平台

---

① 九歌，https：//jiuge. thunlp. cn/，2018-09-21。
② 唐诗别苑，http：//poem. studentsystem. org/，2018-09-17。

（图4-33）。不同于以往的诗词数据库，唐诗别苑一方面依靠古代文学专家制定的诗歌知识框架，另一方面基于自然语言处理技术实现了大规模的知识挖掘，对诗歌的主题、情感、风格，诗人的轨迹、社交关系等都实现了全方位的抽取和可视化呈现。

图4-33 全唐诗语义检索与可视化平台

唐诗别苑提供包括语义搜索、动态诗人社交网络等多种功能（图4-34）。用户可以输入各种各样的自由query，如"适合小学生背诵的诗""风格质朴的爱情诗"等，平台会提供比通用搜索引擎精确得多的查询结果。同时，各类可视化图表能够让用户直观地了解古代诗人的社交关系、游历的轨迹，以及不同地区作品的数量等信息。

图4-34 唐诗别苑功能概览（部分）

此外，为了更好地服务诗词知识学习，提升古典文化大众传播效力，实验室团队基于知识图谱数据研发推出了游戏型小程序，游戏目前已迭代出两个版本。版本一为唐诗答题游戏，题目全部基于自然语言处理技术自动生成。游戏中，程序给出一首诗的上句，玩家以最快速度选择下句，60秒内答对一题加2秒，答错一题扣1秒，答对一题得1分。"达人榜"实时更新TOP50选手战绩。版本二引入了全量古诗词数据与丰富的题型，并对诗词难度进行了分级，设置竞技、闯关两种模式。其中，闯关模式鼓励用户不断学习诗词知识，升级诗词水平，竞技模式保留了第一版中的得分打榜制，激励用户不断提升成绩。

案例4-18　绘画学习工具"猜画小歌"

　　猜画小歌是谷歌中国于2018年7月18日推出的一款微信小程序①。类似于人机版的"你画我猜"游戏，在猜画小歌中，由玩家根据提示语绘制物品，谷歌AI在指定时间内对玩家所画的内容进行猜测。AI猜对的画越多，玩家的得分越高，所进行的游戏轮数也就越多。

　　依托微信的社交特性，猜画小歌迅速在朋友圈内蹿红。玩家纷纷分享自己的画作，并表示"甚至还未画完就被小歌猜到了"。其实，与"你画我猜"游戏不同的是，猜画小歌内的AI并不是等玩家画完后再根据整幅画面来猜结果，而是在玩家刚刚动笔的时候，就已开始猜了，并且在猜测正确后即刻中断玩家的绘制，进入下一轮游戏。图4-35显示了猜画小歌在游戏中通过多个玩家对关键词"龙"的绘制，而逐渐习得龙画法的过程。

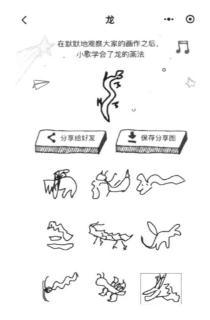

图4-35　猜画小歌游戏过程

　　猜画小歌背后所应用的人工智能技术是计算机视觉。计算机视觉技术能让计算机直接理解输入的视觉信息，由此"看到"这个世界。这一技术既能在视频通话中识别出你的朋友，以便加上对应标签，也能通过人类眼底诊断图像识别出早期糖尿病症状。而在猜画小歌游戏中，通过海量手绘素描数据集（图4-36）以及神经网络技术，一些看起来极其困难的事情，计算机也能处理得非常好，譬如根据玩家草草勾画的"几条走向一致的弧线"，进而猜出绘制的物体可能是彩虹。虽然计算机视觉技术的原理对于普通人来讲略显复杂高深，但谷歌表示："谷歌的信念就是让AI的福祉对所有人触手可及。通过'猜画小歌'，我们可以帮助用户更好、更直观地体会和了解AI。"

---

　　①　李文瑶：《谷歌推微信小程序"猜画小歌"与AI组队玩猜谜》，http：//tech.huanqiu.com/internet/2018-07/12519599.html，2018-09-17。

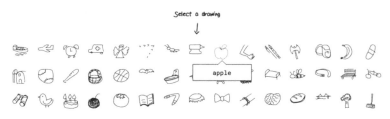

图 4-36　猜画小歌手绘素描数据集

　　猜画小歌从一定程度上能够启发 AI 在艺术教育中的应用方式。通过猜画小歌游戏，孩子们在构思如何准确描绘出提示词的过程中，能够学会如何迅速抓住物体的轮廓特征，习得基本的绘画技巧。同时，绘画类游戏能够培养孩子对艺术的兴趣，加入 AI 的互动形式更能使这一过程的趣味性增强。

第六节　基于脑科学的智能辅助学习

　　美国国防情报局（DIA）委托美国科学院编写的《新兴的认知神经科学及相关技术》报告指出，未来 20 年，与神经科学和类脑人工智能有关的科技进步很可能对人类健康、认知、国家安全等多个领域产生深远影响[1]。

　　近十多年来，美国、欧盟、日本等相继颁布脑科学发展计划或战略。例如，美国 2005 年提出"神经科学研究蓝图"，并于 2013 年投资 30 亿美元推动运用创新型神经技术开展大脑研究的国家专项计划[2]，且 2016 年出台《国家人工智能研究与发展战略规划》；欧盟也在 2013 年将人脑工程计划列入了未来新兴旗舰技术项目[3]；日本则于 2014 年公布了为期 10 年的"大脑和精神疾病计划"。此外，艾伦研究所、谷歌公司、微软公司、百度公司等一大批知名研究机构和企业也纷纷加入这一快速兴起的领域。总体来看，围绕神经科学和类脑人工智能的国际竞争日益激烈。

　　人工智能领域能够发展迅速，很大程度上得益于对脑科学研究成果的借鉴。例如，长期作为人工智能研究领域中的前沿和热点的人工神经网络（artifical neural network，ANN），虽然距离真实脑网络还有相当距离，但从连接模式到训练规则等很多方面看，它在本质上借鉴了脑网络的多层结构，特别是视觉通路的多层、分步处理结构。与此同时，各种深度学习算法和模型，借鉴了大

---

①　美国科学院国家研究委员会未来 20 年新的神经生理学与认知/神经科学研究军事与情报方法学委员会：《新兴的认知神经科学及相关技术》，楼铁柱、张音等译，北京，军事医学科学出版社，2015。

②　White House，"Fact sheet：BRAIN initiative"，https：//obamawhitehouse. archives. gov/the-press-office/2013/04/02/fact-sheet-brain-initiative，2016-10-20。

③　李山：《石墨烯和人脑工程入选欧盟旗舰技术项目》，载《科技日报》，2013-01-30。

脑中高级皮层对低级皮层反应的反馈和前反馈调节模式，例如，目前用于图像处理的深度学习算法就是模仿了视觉皮层信息处理的前反馈机制。再如，机器学习中的强化学习，它以试错的机制与环境进行交互，通过最大化累积奖赏来学习最优策略①，实际上强化学习算法也是模拟人脑学习活动方式，通过主动感知（observation）环境，选择适合当前状态的行动（action），随后执行该行动，环境发生变化，且产生奖励值并反馈，如此循环强化训练。强化学习具有的优秀决策能力，使其在人工智能领域得到了广泛应用。2016 年战胜李世石的 AlphaGo 和进一步升级的 AlphaGo Zero，其核心技术就是结合了深度学习和强化学习的深度强化学习（deep reinforcement learning，DRL）。除此以外，自组织映射神经网络也是受启发于大脑通过不同脑区（视觉、听觉皮层等）感知外界刺激，即不同区域具有不同的响应，且这一过程是自动完成的，从而构建非监督算法模型。总之，人工智能领域很多算法模型的构建均来自脑科学的研究成果，借鉴大脑功能结构分布及信息处理方式②（图 4-37）。

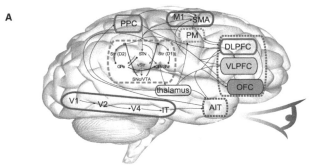

PPC：后顶叶皮层；SMA：辅助运动区；PM：前运动皮层；
DLPFC：背外侧前额皮层；VLPFC：腹外侧前额叶皮层；
thalamus：丘脑；OFC：眼眶叶皮层；AIT：前下颞皮层

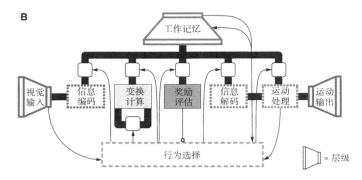

图 4-37　类脑的模块化算法设计

①　Sutton R. S., Barto A. G., *Reinforcement learning：An introduction*, Cambridge, MIT press, 1998.

②　Eliasmith C., Stewart T. C., Choo X., et al., "A large-scale model of the functioning brain", *Science*, 2012（338）：1202-1205.

大脑是一个神奇而复杂的系统，脑科学旨在通过各种认知神经科学研究方法探究大脑"智能"的秘密，而人工智能则是通过计算机模拟大脑的信息加工处理方式，从而服务于人类。脑科学揭示的神经加工机制可以促进人工智能算法的改进，人工智能技术的发展又可以反过来加快脑科学的发展①，两者相互促进，未来将更好地融合到彼此领域，共同促进人类医疗、教育等各方面的长远发展。

本节主要阐述了脑机接口（Brain-Computer Interface，BCI，或 Brain-Machine Interface，BMI）辅助特殊人群学习和神经反馈在教育教学领域中的实际应用状况。借助植入式电极或非植入式电极，可以实现人脑与外界的直接交流和控制，帮助视听觉障碍或肢体障碍的个体感知世界。基于脑影像研究方法的神经反馈系统，能够通过采集学生学习状态的脑电信息，实时反馈学生学习的认知状态，及时调整学习心理状态及方法，提高学习效率。

案例 4-19　脑机接口为特殊人群学习提供便利

根据第二次全国残疾人抽样数据，我国现有各类残疾人达 8500 多万人，如何为这些特殊人群提供辅助，帮助他们更好地学习和适应社会，是有重要价值的研究课题。目前，基于脑科学相关研究成果，将脑机接口运用到肢体障碍、视觉障碍、听觉障碍等多个方面，可以为这些特殊人群提供感知世界的新途径。

脑机接口是利用计算机或其他外部电子设备，实现人脑与外界直接交流和控制的通道②，不依赖于脑的正常输出通路，即可实现脑和机（计算机或其他装置）通信与控制的全新人机交互系统（图 4-38）。

脑机接口分为植入式和非植入式两种。其中，植入式电极相比于头皮贴片的非植入式电极更加精确，但是后者更加安全，接受程度更高。运动皮层一直是脑机接口研究的热点，因为精确脑机接口一方面实现了脑与外界的直接通信与控制，可以为那些患有严重运动性功能障碍的病人提供大脑与外界环境的直接通信与控制通道③，另一方面作为神经调控手段有利于病损组织的康复，具有很强的医用价值。另外，在非先天性盲人的复明方面，美国科学家多贝儿（W. Dobelle）最早开始为患者视皮层植入电极，这些电极可以接收来自安装于眼睛上的摄像机信号，因而刺激大脑皮层，使患者产生光感，进而独立完成某些简单任务。目前，失明修复方面，研究者及产品公司已经开始探究更成熟的视网膜假体④，使后天失明患者在未来更好地感受光明世界，如正常人一样享受生活。在听觉修复领域，耳蜗植入是一项运用脑机接口的突破性技术，因为多数失聪

①　Yamins D. L. K.，DiCarlo J. J.，"Using goal-driven deep learning models to understand sensory cortex"，*Nature neuroscience*，2016，19（3），p. 356.

②　Wolpaw J. R.，Birbaumer N.，McFarland D. J.，et al.，"Brain—computer interfaces for communication and control"，*Clinical neurophysiology*，2002，113（6），pp. 767-791.

③　高上凯：《基于节律性脑电信号的脑—机接口》，载《生命科学》，2008，20（5）。

④　Cao A.，Wang J.，Pang H.，et al.，"Design and fabrication of a multifocal bionic compound eye for imaging"，*Bioinspiration & biomimetics*，2018，13（2），026012.

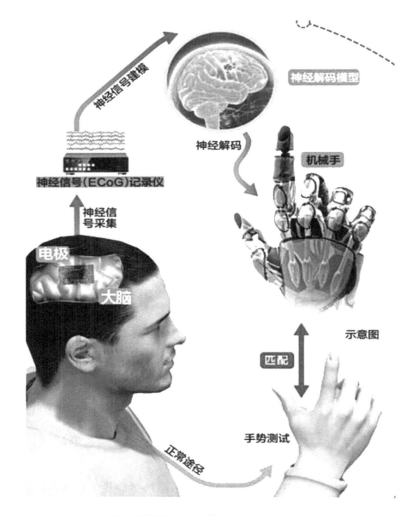

图4-38　利用脑机接口控制机械手流程示意图

或者有听力障碍的患者，其听觉神经皮层并没有问题，因此人工耳蜗就是要负责将空气振动转化为脉冲信号，进而传到听觉皮层使患者能够听到声音。除此以外，脑机接口也逐渐展开深度大脑刺激的研究，例如，通过特定脑区的神经反馈来减缓偏头痛，治疗焦虑症、抑郁症等症状。

尽管非植入式的脑机接口技术面临一系列技术方面的障碍，如难以直接获得大脑皮层、头骨和脑膜的高分辨信号，意念输入、实现人与机器的"心灵感应"，以及获得超人能力等目标虽然一时难以实现，但整体来说，脑机接口技术的研究步伐正在不断加快，其目标也越来越宏大，各大研究机构及科技创新公司，都开始加大投入力度。总之，脑机接口研究是众多神经工程研究前沿中的热点，相关技术的突破将带来全新的人机交互革命，为各类人群的学习提供辅助，尤其是为特殊人群的学习提供便利条件。

目前，北京师范大学未来教育高精尖创新中心张家才教授课题组对基于脑电的注意力训练展开了研究，旨在基于经典注意力任务实验范式，采集行为与脑电数据，构建注意力的脑电反馈系统（图4-39），从而针对不同年龄段儿童开发注意力测量APP工具，并且开发注意力训练游戏，最终实现提高儿童（包括有注意力缺陷的儿童和正常儿童）注意力的目标。

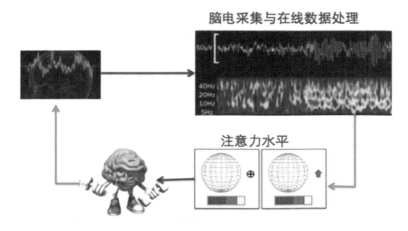

脑电采集与在线数据处理

注意力水平

图 4-39　脑电反馈训练技术示意图

案例 4-20　神经反馈在教育中的应用

目前，脑科学研究方法与人工智能技术已逐步被应用到教育教学领域，且广受重视。基于脑科学的初步成果，能够根据脑功能进行客观的检测，开发更有针对性、更准确的学习能力评价系统，包括注意力、思维能力、自控力。基于以上成果建立的学习优化系统、神经反馈优化系统，可以帮助学习者更好地知道自己大脑的学习状态，从而调整学习心理状态、学习策略及方法，提高效率。

其实，早在 2000 年左右，认知神经科学研究者们就已经开始利用实时功能性磁共振成像（functional magnetic resonance imaging，fMRI）[1]和实时脑电技术[2]等技术测查大脑认知活动状态。典型的基于脑影像研究方法的神经反馈主要分为信号获取、信号处理与分析、反馈的计算与呈递三部分。当然，因为大脑不同区域具有不同的功能，实时训练大脑神经活动前需要提前选定在线分析提取的兴趣区（regions of interests，ROIs），这样神经反馈及训练才能更加有效。有研究发现实时神经反馈训练能够提高个体的视觉自我调节能力，包括视觉注意力等[3]，还有研究通过实时fMRI 训练个体左侧背外侧前额叶的神经活动调节能力，发现两周的训练就可以显著提高个体的工作记忆能力[4]。

除了在实验室条件下的实时神经反馈训练外，研究者们逐渐将实时神经反馈应用到真实学习

①　Yoo S. S., Jolesz F. A., "Functional MRI for neurofeedback: feasibility studyon a hand motor task", *Neuroreport*, 2002, 13(11), pp. 1377-1381.

②　Schalk G., Mcfarland D. J., Hinterberger T., et al., "BCI2000: a general-purpose brain-computer interface (BCI) system", *IEEE transactions on bio-medical engineering*, 2004, 51(6), pp. 1034-1043.

③　Robineau F., Meskaldji D. E., Koush Y., et al., "Maintenance of Voluntary Self-regulation Learned through Real-Time fMRI Neurofeedback", *Frontiers in Human Neuroscience*, 2017, 11(e0123675), p. 131.

④　Sherwood M. S., Kane J. H., Weisend M. P., et al., "Enhanced control of dorsolateral prefrontal cortex neurophysiology with real-time functional magnetic resonance imaging (rt-fMRI) neurofeedback training and working memory practice", *Neuroimage*, 2016, 124, pp. 214-223.

情境当中，通过实时反馈学生学习认知状态，辅助学生进行学习。例如，在Kuo等人的研究中发现，通过采集学生学习状态下的脑电信息，提取注意力的特征指标，对学习系统进行反馈和干预（图4-40），能够帮助学生提高英语学习成绩和学习兴趣①。

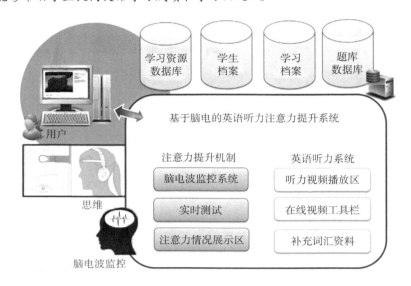

图 4-40　基于脑电的学习反馈系统

此外，北京师范大学未来教育高精尖创新中心张家才教授课题组在神经反馈方面也有很多研究成果。其中，关于工作记忆训练的一项研究②，收集了37名被试在N-Back工作记忆（working memory，WM）任务与控制任务（fixation control，FC）下的脑电数据，通过节律波能量的受试者接收曲线（receiver operating characteristic curve，ROC）分析，确定最能表征工作记忆的θ分析能量比值作为反馈指标（图4-41）。神经反馈组与行为训练组通过训练都能改善在工作记忆任务中的表现，包括在工作记忆任务中正确率的提高和反应时的降低，同时神经反馈训练组比行为训练组具有更高的训练效率，神经反馈训练半小时的正确率的改善相当于行为训练10天的效果。

脑科学研究也开始通过借鉴计算机模式识别算法，从神经成像数据中提取与特定认知状态相关的神经表征模式，实现对大脑认知状态的解析。例如，在fMRI研究中，传统的数据分析方法是通过基于单个体素（voxel）的血氧依赖水平（blood oxygenation level dependent，BOLD）信号变化来描述神经活动对应的认知状态③的。但近10年的fMRI研究，通过借鉴机器学习中的模式分类技术，发展出多体素模式分析（multi-voxel pattern analysis，MVPA）这种新的多变量fMRI数据分析方

①　Kuo Y. C., Chu H. C., Tsai M. C., "Effects of an integrated physiological signal-based attention-promoting and English listening system on students' learning performance and behavioral patterns", *Computers in Human Behavior*, 2017(75), pp. 218-227.

②　Zhang J., Xiong S., Cheng C., et al., "Improving working memory using EEG biofeedback", *A Sponsored Supplement to Science：Advances in Computational Psychophysiology*, 2015, pp. 40-42.

③　Kanwisher N., "Domain specificity in face perception", *Nature Neuroscience*, 2000, 3(8), pp. 759-763；Norman K. A., Polyn S. M., Detre G. J., et al., "Beyond mind-reading：multi-voxel pattern analysis of fMRI data", *Trends in cognitive sciences*, 2006, 10(9), pp. 424-430.

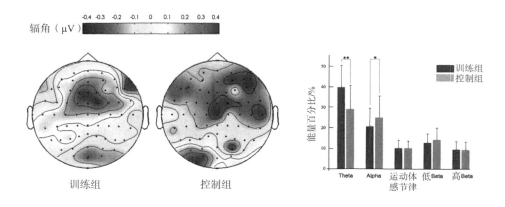

图4-41 工作记忆训练组（WM）和控制组（FC）的EEG功率谱对比

法。该方法可以探究多个体素信号形成的空间模式，克服单个体素分析中信噪比低、多重比较校正严格等问题，能够更加灵敏地发现大脑认知状态变化。多体素模式分析技术通过训练分类器，对由不同认知状态引起的多体素信号模式进行分类。与传统的基于单个体素的分析方法相比，该技术可更敏感地检测脑对认知状态的表征，并使得从神经信号解码认知状态成为可能。现有的MVPA研究大都使用线性分类器，如没有隐藏层的神经网络（neural networks）、线性支持向量机（linear support vector machines，SVMs）和朴素贝叶斯分类器（Gaussian Naïve Bayes classifiers）等。而且，基于人工智能算法的脑影像数据分析方法，逐渐被脑科学领域的研究者们所重视和采用。

脑科学在促进人工智能发展的同时，自身也受益于人工智能的进步。未来，人工智能将更高效地结合基于脑科学的类脑算法与计算机自身具备的性能优势，造福人类社会。例如，从算法结构看，AlphaGo结合了深度神经网络训练与蒙特卡洛模拟[1]。而深度神经网络可以看作是类脑的计算形式，而蒙特卡洛方法则是发挥机器运算速度的优势，随机模拟各种可能性进而加以判断，后者不属于大脑加工信息的机制。相信在不久的将来，随着脑科学与人工智能的高度融合和相互促进，人类大脑的"秘密"将会被更快解码，人工智能也会逐渐实现从弱人工智能到强人工智能的跨越。

第七节 智能机器人学伴与玩具

机器人学习成为一个多学科交叉的新兴学科，其核心是智能技术，外延则涵盖了机械、电子、通信、控制、生物等多个学科和技术领域，具有高度的渗透性、创新性和实践性，蕴含着丰富的教育元素[2]。随着近年来人工智能领域的不断发展，机器人领域的研究也在飞速发展，并逐

---

[1] Silver D.，Huang A.，Maddison C. J.，et al.，"Mastering the game of Go with deep neural networks and tree search"，*Nature*，2016，529（7587），p.484.

[2] 葛艳红：《基于物联网的教育机器人关键技术研究》，博士学位论文，武汉理工大学，2013。

渐在不同领域开始应用。机器人在教育领域的应用表现出了无可比拟的教育价值和发展前景，因此也形成了专门的教育机器人研究领域，而教育机器人一个很重要的应用场景就是对学习者（尤其是儿童）进行陪伴，这类教育机器人通常被称为智能机器人学伴①。

教育学和心理学的相关研究发现，儿童会自己为自己假想很多同伴②。同时也有实验表明有同伴相伴的儿童社会性反应更多，也更快乐，同伴可以给予儿童稳定感和归属感③。因此，我们可以发现儿童在学习成长过程中其实非常需要同伴进行交流沟通。学习的过程中，除老师、家长的辅导外，同学之间的相互讨论、相互学习其实对儿童的成长很重要，儿童也存在这方面的需求。同时，在日常生活中，儿童需要同伴分享自己的各种内心秘密，尤其是当儿童面对一些不开心的事情时，需要向人倾诉。然而当今社会，随着社会的不断发展，人们的生活节奏越来越快，一些父母尤其是年轻父母通常由于各种原因，忽略了对孩子的陪伴，由于很多是独生子女，没有兄弟姐妹进行交流沟通。基于这种社会现实，当前的智能机器人学伴研究主要就是想要利用人工智能结合机器人的研究成果解决儿童对同伴的心理需求。这些机器人主要是基于当前人工智能的前沿技术，如语音识别、自然语言处理等，开发系统可以与儿童进行自然的语音交互，基于教学内容对儿童进行知识问答，以及通过对话系统与儿童聊天。

同时，随着国家一系列相关政策的实施，玩具行业正走向前所未有的繁荣时期。社会经济迅猛发展的 21 世纪，儿童的早期智力培养得到更多的关注，教育玩具受到了家长的青睐，而智能教育玩具以其技术创新彰显优势。智能教育玩具是计算机技术、传感技术、虚拟现实技术等高度整合的高科技产物，集教育、娱乐等多种功能于一体，是具有数字化特征的新型玩具。它将数字媒体和传统玩具相结合，通过多媒体使用和人机交互来提供一个智能的游戏环境④。智能教育玩具的出现为教育和玩具领域添加了新技术和新手段，丰富了玩具的游戏方式和交互形式，为游戏化教学、情境认知等教育模式注入了新的活力⑤。作为一种有效的认知工具，智能教育玩具改变了知识的呈现方式，以更为生动形象的方式呈现教育资源，减轻了学习者的认知负荷。智能教育与周围在和智能教育玩具的互动过程中，学习者沉浸于游戏情境之中，自己控制游戏过程，在"玩"中"学"，获得愉快的学习体验。智能技术和教育玩具的融合，让教育玩具能够更好发挥其教育性，也更添娱乐性，有效激发学习者的学习兴趣和内在动力，真正实现寓教于乐。

下面以北京师范大学未来教育高精尖创新中心的智慧学伴机器人科大讯飞的阿尔法蛋机器人、美国麻省理工学院的 Tega 机器人以及 Anki 的玩具 Cozmo 为例介绍智能机器人伙伴和玩具的设计及应用情形。这些案例中的智能机器人，有的采用了人脸识别技术"认识"不同的使用者，并

---

① 黄荣怀、刘德建、徐晶晶等：《教育机器人的发展现状与趋势》，载《现代教育技术》，2017（1）。

② Woolley J. D.，"Thinking about fantasy: are children fundamentally different thinkers and believers from adults?" *Child Development*，1997，68（6），p. 991.

③ 边玉芳：《同伴对儿童发展的作用——儿童同伴关系系列实验》，载《中小学心理健康教育》，2013（6）。

④ Kara N. C.，Cagiltay K.，"Investigating the activities of children toward a smart story telling toy"，*Educational Technology & Society*，2013，16（1），pp. 28-43.

⑤ 李青、周艳：《智能玩具：助推教育创新的新技术》，载《远程教育杂志》，2016（1）。

识别其学习过程中的情绪状态；有的结合语音识别和自然语言处理技术，实现与使用者的对话，解答其学习过程中遇到的问题。同时，有些智能机器人还集成了各类应用程序，提供全面的功能，以满足学生和教育工作者的日常需求。

案例4-21 北京师范大学未来教育高精尖创新中心智慧学伴机器人

智慧学伴机器人是北京师范大学未来教育高精尖创新中心基于中心的智慧学伴在线学习平台研发的智能机器人。针对中小学的学生，智慧学伴机器人设计了以下五个主要应用场景和功能。

一是智能学习：结合智慧学伴平台，智慧学伴机器人可以良好地支持辅助学生进行学习。通过集成学科知识图谱与个人知识状态，智慧学伴机器人可以支持个人知识图谱的可视化（图4-42），从而使用户可以看到中小学九大学科每个学科的知识图谱，以及用不同颜色标记的掌握情况，帮助用户对自己的学科知识状况有一个清晰的了解。同时，基于用户当前的知识掌握状态，智慧学伴机器人可以智能地为用户推荐适合的学习资源。根据资源的目标，当前资源主要分为三类：问题改进——针对当前学习中的薄弱点；优势增强——针对学生的当前优势进一步增强；其他资源——可以辅助学生自主学习的资源。这些资源的类型包括视频微课、课件教案、阅读材料等。智慧学伴可以为用户播放其中的视频微课并通过机器人内嵌的投影仪进行投影。

图4-42 智慧学伴机器人——个性化知识地图

二是报告分析：为了更好地分析了解学生的学习情况，智慧学伴机器人还集成了报告分析查阅功能。结合智慧学伴平台对学生的学习全过程进行数据采集，智慧学伴机器人可以分析学生在每个学科上的能力素养表现，以及对所有学科的优势分析。具体而言，学科能力素养报告会包括学生的考试成绩概况、能力水平表现、学科能力具体表现以及学科素养各个方面的表现。而优势分析报告主要是横向比较九大学科，分析比较学生各个学科能力水平的表现，然后针对当前中高考改革推荐相应的学科组合。

三是学习提醒：学习是一个连续的行为，为了更好地督促协助学生学习，智慧学伴机器人实现了基于学生历史学习行为的自动学习提醒功能。根据学生的当前知识掌握情况，以及学生的历史学习记录，智慧学伴机器人会自动地计算学生需要复习学习的时间，并推荐相应的学习内容。

四是知识问答：学生在课下复习功课自主学习时，经常会遇到某一个知识点遗忘了或者是遇到一个新的不熟悉的知识点，当有同学在一起学习时，学生经常会互相询问得到答案，而当学生自主学习时，缺少了这种可以互相帮助问答的同伴。针对这种情况，智慧学伴机器人开发了关于学科知识的问答的功能，从而使学生可以像咨询同伴那样直接询问机器人，如"光合作用的产物有哪些？"

五是交流对话：学生可以与机器人进行聊天倾诉，当学生在学校遇到不开心的事情后，可以倾诉给机器人，如"我这次考试没考好"，此时机器人会有感情地安慰学生并鼓励他以后努力，而当学生开心想与人分享时，还可以告诉机器人，如"今天老师表扬我了"，机器人就会表示开心。

针对这些场景及特色功能的实现，智慧学伴机器人主要利用了以下几种人工智能技术。

（1）基于图像识别技术的情绪识别：为了更好监测识别学生在学习过程中的动态，智慧学伴机器人利用图像识别的技术，可以实时推测出学生的疑惑表情（图4-43），从而进行针对性的辅导。

图4-43　智慧学伴机器人——智能表情识别

（2）基于语音识别和自然语言处理的交互：利用语音识别技术，可以识别转化用户的命令或语音成自然语言文本，然后再利用自然语言处理对用户的命令进行理解和执行。

（3）基于学科知识图谱的智能问答：基于知识图谱对学科知识进行系统的结构化梳理及表示，然后利用自然语言处理技术分析理解学生的问题，并利用深度学习的算法自动在知识图谱寻找相应的答案。

（4）基于深度学习的对话系统：通过深度学习模型对学生的话语进行情感的分析判断，然后结合对话模型生成符合学生当前情感的回应。

案例4-22　科大讯飞的阿尔法蛋机器人

阿尔法蛋机器人，是由科大讯飞旗下合肥淘云科技有限公司倾力打造的一款教育陪伴智能机器人。集成教育内容、超级电视、视频通话、智能音箱和自然语言交互机器人的阿尔法蛋是一款功能聚合的机器人，功能与服务面向家庭所有成员。阿尔法蛋机器人基于科大讯飞人工智能技术，搭载讯飞淘云TY OS智能系统，拥有"类人脑"，其理解能力、表达能力、智商都会随着深度自我学习，不断成长①。

阿尔法蛋机器人集成了智能对话系统，可以与孩子进行有情感的聊天，在父母工作繁忙的时候，它作为孩子的小玩伴，可以陪孩子聊天、唱儿歌、讲故事，成为孩子们无话不说的小伙伴。如图4-44所示，当孩子遇到高兴的事，想要与他人分享时，可以和阿尔法蛋说"小蛋，今天老师表扬我了！"而阿尔法蛋也会说"真棒，要继续加油哦！"对孩子进行鼓励。如果孩子心情低落，想要与人倾诉时，可以说"小蛋，我今天不开心"，此时阿尔法蛋会对孩子安慰说"不开心的时候，要露出牙齿晒晒太阳哦"。同时，孩子也可以通过唱儿歌功能让阿尔法蛋播放想听的儿歌。

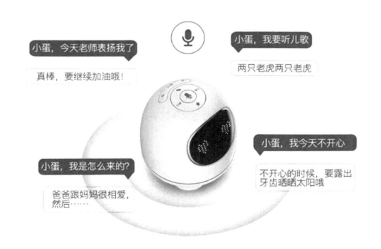

图 4-44　阿尔法蛋机器人

阿尔法蛋机器人集成了智能问答系统，基于互动式教育理念，通过教与学相结合，阿尔法蛋机器人利用一问一答的方式辅助学生学习知识。通过集成语文学科的相关知识数据，阿尔法蛋机器人可以在不同方面辅助孩子进行语文学科的学习。通过集成诗词歌赋及其他国学知识数据，阿尔法蛋机器人可以回答孩子关于这些方面的问题，如"《登鹳雀楼》的作者是谁？"或"包含有'花'的诗句都有哪些？"等。同时，阿尔法蛋机器人还集成了汉语字典、近义词词典等工具书数据，用以支持相关的查询，如"慷慨的'慨'如何写？'狐假虎威'是什么意思？'平易近人'是什么意思？"等问题。针对英语学科，基于语音识别和语言翻译的技术，阿尔法蛋机器人可以回答类似"'明天我要上学了'用英语怎么说？""'苹果的英文单词'是什么？"等问题，从而辅导孩子对英语学科

① 雷锋网，https：//www. leiphone. com/news/201611/dJnHPugTnIHqkNQH. html，2018-05-19。

的学习。同时，阿尔法蛋机器人还集成了百科知识库，从而回答孩子生活中遇到的"十万个为什么"类的问题，如"蜘蛛是昆虫吗？"

通过对话聊天和智能问答功能，阿尔法蛋机器人可以对孩子进行陪伴以及辅助孩子的学习。

案例4-23　美国麻省理工学院的 Tega 机器人

Tega 旨在支持与儿童进行长期的互动，应用于从词汇到故事讲述的早期教育，是麻省理工学院媒体实验室个人机器人小组集合了工程师、软件开发人员和艺术家组成的多元化团队设计和建造的最新社交机器人①。

Tega 是一个新的机器人平台，其机械结构坚固且清晰，并且提高了能源效率。Tega 的运动链从头开始设计，体现了一个特意制作的动画角色，以实现独特的物理表现。除了无线摄像头之外，Tega 还利用移动计算技术进行中央处理，控制其物理动作和动画眼睛以及音频输入/输出②。Tega 的动作受到动画"压扁和拉伸"原理的启发，创造自然和有机运动，同时保持执行器数量低。Tega 有五个自由度：抬头/向下，腰部向左/向右倾斜，腰部向前/向后，全身上/下，全身左/右。这些关节是组合的，并允许机器人持续、快速、可靠地表达行为。机器人可以触发各种各样的面部表情和身体动作，如笑声、兴奋和挫败感。可以在机器人的计算机模型上开发附加动画，并通过软件管道将其导出到可在物理机器人上执行的一组电机命令，从而实现新的表现行为的快速开发。语音可以从预先录制的音轨中回放，通过文本到语音系统实时生成，或者通过实时语音流和音高切换界面流式传输到机器人。

Tega 有两个主要应用场景和特色功能：一个是个性化地讲故事，另一个是辅助第二语言的学习。如图4-45所示，Tega 支持个性化地讲故事，在对孩子讲故事的过程中，Tega 会通过感应器及摄像头观察孩子的反应，利用人工智能算法跟踪识别在不同的讲故事的策略下，孩子的反应有什么不同，注意力是否集中，基于这种估计，机器人可以通过调整自己的身体语言来提高或降低自己的表达水平，来适合孩子的需求，从而可以让孩子更加专注于故事③。针对传统第二语言学习过程中缺乏练习语境的问题，Tega 可以通过教育游戏让孩子与目标语言进行丰富的交互式接触，特别是为传统第二语言学习过程中没有涵盖的方面提供技术解决方案，如韵律、基础语音学、通用语言结构等，使第二语言学习体验更像是学习母语的体验。在此过程中，Tega 可以通过机器学习的算法模拟儿童的学习状态和情绪状态从而辅助在与孩子玩游戏时的决策。因此，Tega 可以根据孩子的学习风格、个性以及游戏过程中的学习/情绪状态来决定自己的行为，从而更好

---

① Kory W. J., Lee J. J., Plummer L., et al., "Tega: a social robot", The Eleventh ACM/IEEE International Conference on Human Robot Interaction. IEEE Press, 2016, p. 561.

② Personal Robots Group, http://robotic.media.mit.edu/portfolio/tega/, 2018-05-20.

③ MIT Media Lab, https://www.media.mit.edu/projects/artificial-listener-with-social-intelligence/overview/, 2018-05-18.

地辅助孩子进行学习①。

图 4-45　**Tega** 机器人

案例 4-24　Anki 的玩具 Cozmo

Cozmo 机器人是位于旧金山的 Anki 公司联合卡内基梅隆大学的机器人专家共同开发的一款人工智能玩具机器人，如图 4-46 所示。Cozmo 集成了当前先进的机器人硬件和软件技术，可以为消费者提供人工智能技术的体验。通过 Cozmo，Anki 想让人们在了解人工智能的同时也可以明白人工智能还可以给人们带来欢乐。同时，免费的 Cozmo SDK 也提供了一个开创性的开发和教育相结合的平台。

图 4-46　**Cozmo** 机器人

Anki 针对 Cozmo 开发了情感引擎，从而可以对人类的情感做出反应。当你把它拿在手里随意摆弄时，Cozmo 的蓝色方形眼睛会表现出非常生气的样子，它那形似电梯一样的手臂也会快速地

① MIT Media Lab，https：∥www. media. mit. edu∕projects∕personalized-interaction-for-language-learning∕overview∕，2018-05-18.

上下摆动，以表现它的不快。然而，当你同意与它一起玩游戏时，Cozmo 的眼睛会变成颠倒的 U 形来表示它的高兴。但是，当输掉比赛时，它会发疯并敲打桌子进行发泄。

为了进一步让人们感觉到 Cozmo 是一个鲜活的可以呼吸的机器人，Anki 利用了许多当前先进的人工智能技术。通过人脸识别技术，机器人可以识别出不同的人并说出他们的名字。基于三个玩具立方体集成的传感器的辅助，Cozmo 可以实现复杂的路径规划，可以对周围环境进行监察而避免从桌子上掉落。为了使 Cozmo 保持轻巧且耐用，这些计算的主要部分并不是通过机器人的内部硬件实现的，而是通过 iOS 或 Android 应用程序，连接到 Anki 的服务器进行相应的计算。通过三个立方体，用户可以与 Cozmo 机器人玩许多游戏，如 Whac-A-Mole 游戏，Cozmo 会试图从手中抓取立方体，然后才能将其拉回。通过 Cozmo 移动应用程序的游戏化系统可以解锁更多的技能，但是要完成三个日常目标之一，例如，让 Cozmo 在你的咖啡桌上漫游 10 分钟①。

针对 Cozmo，Anki 还开发并免费开放了 Cozmo SDK，为用户及其个性化的定制开发提供平台。当前并没有哪一个机器人技术平台具有像 Cozmo 这样独特的视觉功能和全面的 API，可以满足新手程序员和资深研究人员的需求，而且所有这些都需要花费在让大众都能接受的水平。此外，Cozmo 紧凑的尺寸和耐用性使其成为只有有限课桌空间的课堂环境的完美选择，并且完成学生和教育工作者的日常互动需求。更重要的是，该 SDK 提供了数百种带有高度表现力的动画，可以更好地辅助用户使用 Cozmo。这些都有助于提高 Cozmo 对学生的吸引力，并且为开创新的实验室和课程提供了可能性。当前，包括卡内基梅隆大学和乔治亚理工大学在内的一些高等教育机构已经开始在官方课程中使用 Cozmo 和 SDK ②。

总体而言，集成了众多先进人工智能技术的 Cozmo 是一个非常有趣的玩具，同时也是一个非常有助于学习的开发平台。

第八节　特殊教育智能助手

特殊教育是对有特殊需要的儿童进行旨在达到一般和特殊培养目标的教育，它的目的和任务是特殊教育使用一般或特别设计的课程、教材、教法、组织形式和设备对特殊儿童（青少年）所进行的达到一般的和特殊的培养目标的教育③。特殊教育起源于欧洲。18 世纪 60 年代法国人列斯贝在巴黎创办世界上第一所聋校，公开招收聋生入学。而我国是在中华人民共和国成立后，长期以盲、聋和智障三类儿童及少年为主要教育对象。随着全纳教育（inclusive education）这种新的教育理念在 1994 年西班牙萨拉曼卡召开的《世界特殊需要教育大会》上通过的宣言中提出后，除盲、聋和智障三种类型之外的其他障碍类型（自闭症、脑瘫、多动症、语言发育迟缓、多重障碍

---

① The verge，https：//www. theverge. com/2016/10/14/13276752/anki-cozmo-review- ai-robot-toy，2018-05-20.

② "Using the SDK in Education"，https：//developer. anki. com/blog/education/using-the-cozmo-sdk-in-education/，2018-05-17.

③ 蒲永馨：《特殊教育学》，5 页，福州，福建教育出版社，1995 年。

等)的孩子们，也得到了平等的受教育权利①。

随着以大数据技术、移动互联网技术、物联网技术等多维技术为代表的生态系统逐渐发展和成熟，人工智能技术及其应用也逐步提速②。智能的价值在于增强，最大限度地满足社会特殊儿童的教育需要，发展他们的潜能，使他们增长知识、获得技能、完善人格，增强社会适应能力，成为对社会有用的人才。

本节的案例中，语音识别技术、手语识别与合成技术、生物模拟技术、感知技术、字符识别技术、脑机接口、眼球追踪等领衔技术，为听力障碍、视力障碍、语言表达障碍、自闭症、肢体残障人群提供了一系列辅助、干预和信息技术解决方案，使他们能够正常生活、学习和工作。例如，利用 OCR 进行物体表面的文字识别，并通过语音合成技术将文本转换为音频，为视力障碍者的阅读提供帮助。具体的应用场景将在下面的案例中详细介绍。

案例 4-25　智能技术辅助听力障碍者"听"见声音

解决听力障碍大部分采用的是语音识别技术，它基本上是通过捕捉人的语音、识别出语音的内容，将人类语音中的词汇内容转换为计算机听得懂的语言，甚至理解人的特定意图。例如，意大利 Pedius 解决了听力障碍者手机沟通问题，利用语音识别与合成技术，为用户提供电话语音转化成文本、文本转换成语音的服务。美国国家公共广播电台研发的字幕广播(Subtitle broadcast)经由特殊的广播接收器，广播内容直接转换成字幕，展示在屏幕和笔记本电脑上。

解决听力障碍也可以通过调动其他感官功能实现声音互动，例如，日本 Ontenna 振动发卡利用生物模拟技术帮助耳聋人士进行声音交流，它在头发上发出不同种特别的振动频率来表达不同的声音(图 4-47)。Facebook(脸书)Building 8公布了皮肤听觉技术，该系统能够让皮肤模拟耳朵的耳蜗，从而把声音转换为大脑可以接受的特殊频率③。

人工耳蜗(Cochlear Implant)还可以让耳聋人士恢复听力，它是一种电子装置，通过佩戴在体外的言语处理器上的传声器收集声音，通过处理器编程，将信号传递给体内的植入体，再通过耳蜗内的电极将信号传递给听神经纤维，传递到大脑，最终形成声音(图 4-48)④。在过去 30 年中，全球已有近 20 万人装上了它。植入后的耳聋人士可以配合治疗学习说话，迅速赶上听力健全的同龄人⑤。2015 年夏天由波士顿儿童医院和哈佛医学院组成的研究团队利用基因治疗技术成功恢复了遗传性耳聋小鼠的基本听力。他们将含正常听力基因的 Anc80 注入 25 只患 Usher 综合征(遗传性耳聋-色素性视网膜炎综合征)的小鼠体内，其中 19 只能对低于 80 分贝的声音起反应，有几

---

①　吴浩：《我国特殊教育的转型：从残疾人教育到特殊需要教育》，载《绥化学院学报》，2018(4)。

②　张坤颖、张家年：《人工智能教育应用与研究中的新区、误区、盲区与禁区》，载《远程教育杂志》，201(5)。

③　Facebook：《最新黑科技：人脑打字，皮肤听觉》，https：//baijiahao. baidu. com/s? id = 1565287971457621&wfr = spider&for = pc，2018-05-16。

④　人工耳蜗产品主页，http：//www. medel. com. cn/，2018-05-15。

⑤　《我血肉相连的机器》，http：//news. sina. com. cn/w/p/2010-01-19/153019500516. shtml，2018-05-17。

图 4-47　Ontenna 振动发卡

只甚至可以听到 25 分贝左右的声响，这意味着这几只小鼠已经恢复到正常的听力水平。这项技术未来有望帮助先天失聪患者恢复正常听力①。

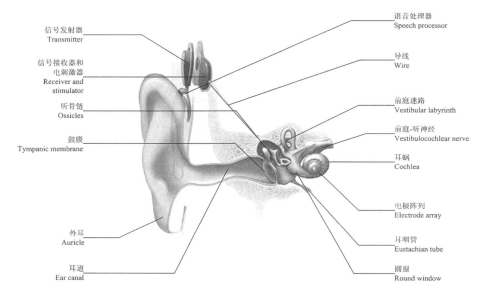

图 4-48　人工耳蜗结构

案例 4-26　智能技术辅助视力障碍"阅读"信息

让机器代替人眼，对纸上的印刷及打印文字字符进行识别，将识别结果以文本方式存储在计算机器中，较成熟的技术当属 OCR（Optical Character Recognise）。目前的印刷及打印文字字符识别软件及设备能阅读各类中西文字符，且准确率可超过 90%。通过字符识别软件及设备可将书面

---

①　" Vector "，https：//vector. childrenshospital. org/2015/07/gene-therapy-restores-hearing-in-deaf-mice，2019-09-10。

上不可编辑的文档及图片转换为可编辑内容①，也可以通过语音播报，辅助视力障碍者阅读信息。

对于盲人和视力不好的人来说，以色列 OrCam 公司研发的 Orcam-MyEye（目前为 2.0 版）可以帮助他们正常阅读（图 4-49）。这是一款带有轻巧智能相机的人工视觉设备，可以立即从任何表面识别并朗读文本，并实时识别人脸、产品和钞票。MyEye 采用计算机视觉技术，基于数百万张文本和产品图像，使用深度学习算法进行训练。同时，它的设计者正在考虑将语音识别和手势识别集成在一起，这样用户就能够进行更自然的人机对话。

图 4-49　佩戴 Orcam-MyEye 的盲人能够"阅读"报纸

美国麻省理工学院研究院开发出了一款名为手指阅读器（FingerReader）的可穿戴设备，这款设备装配了一个可以扫描文本的摄像头，以及一个专门识别文本的软件，能够通过合成语言技术把文字转换成声音（图 4-50）。这款设备的智能之处在于当 FingerReader 偏离正在阅读的一行文字时，这款设备就可识别出来，并提醒用户调整手势。当一行文字结束后，也可以监测到。这款设备可以帮助盲人阅读书上的印刷文字，甚至电子书上的文字②。

亚马逊盲文阅读器"BARD Mobile"可以接入美国国会图书馆内的盲文读物和有声书，还可以与 iPhone 相连，通过 BARD Mobile 接入的文本内容会在阅读器上显示为盲文（图 4-51）。这些文字能够随着手机上的文本内容实时刷新，盲人们触摸阅读器表面就可以读书了③。

继耳蜗装置之后，生物电子眼很快问世。1998 年美国能源部牵头组织了数家实力雄厚的国家实验室和大学，共同创建了一个叫做第二视界（Second Sight）的公司。眼科专家马克·胡马云开发出一套系统，命名为 Argus（图 4-52），该系统由视频眼镜、视频处理器、发射器、接收器、视网膜植入装置组合构成④。2006 年秋，胡马云和他所供职的"第二视界"公司联合一支国际团队，

---

①　《人工智能行业研究报告》，http：//36kr. com/p/5064125. html，2018-05-09。

②　BGR：《印刷盲文不算什么 智能指环让盲人读电子书》，http：//digi. tech. qq. com/a/20140420/003364. htm，2018-05-20。

③　社会堂：《盲文阅读器——科技的人文关怀》，http：//www. ifanr. com/393333，2018-05-15。

④　"Secondsight"，https：//www. secondsight. com/discover-argus，2019-09-10。

图 **4-50**　佩戴 **FingerReader** 的盲人享受顺畅"阅读"

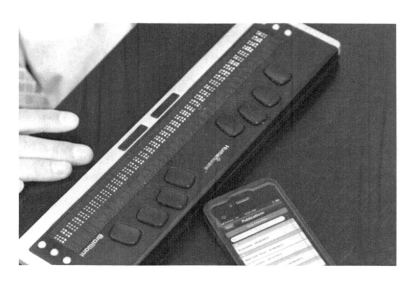

图 **4-51**　盲文阅读器"**BARD Mobile**"将文本转化为盲文

把阵列中的电极增加到 60 个，新阵列能产生更清晰的图像。最早获得新阵列的患者之一，来自得克萨斯的路易斯表示能看出树的轮廓和四面八方伸出的树枝了①。

---

①　《我血肉相连的机器》，http：//news. sina. com. cn/w/p/2010-01-19/153019500516. shtml，2018-05-02。

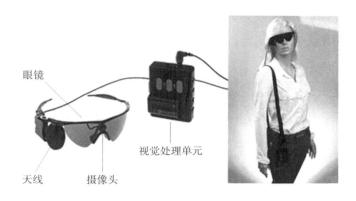

图 **4-52** 生物电字眼 **Argus** 装备及该系统组成

案例4-27 智能技术辅助语言交流、输出信息

语言交流障碍首先要解决语言转化问题，感知技术、手语识别与合成技术能够为聋哑人与正常人顺利沟通提供智能解决方案。华盛顿大学的学生研发了 SignAloud 智能手套（图 4-53），可以感应和记录穿戴者双手的动作，通过蓝牙和无线技术将数据传输到处理中心，处理中心在收到数据后进行分析，匹配相关的手语，并将对应的词语和短句子转换成文本或者语音通过显示屏和扬声器输出出来。加州大学圣地亚哥分校的研究人员研发的智能手套不仅成本低至100美元，而且可以自动将美国手语翻译成能够显示在智能手机或电脑上的数字和文本。使用这种手套的时候，佩戴者只需要在 ASL 手语字母表中标记字母，然后通过不同的电阻差异来识别字母。这些差异能够使计算机识别出不同的字母，然后通过蓝牙将信息传输出去，整个过程根本就不需要用到摄像头。

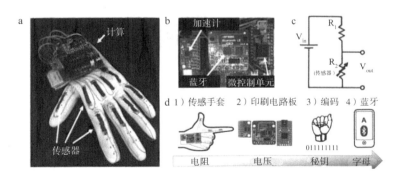

图 **4-53** 智能手套可以自动识别美国手语 **ASL**

微软亚洲研究院与中国科学研究院合作的项目——基于 Kinect 的手语翻译系统和语音到语音翻译系统①。Kinect 是微软在2010年6月14日对 XBOX360 体感周边外设正式发布的名字，Kinect

---

① Microsoft Research Blog，"Digital Assistance for Sign-Language Users"，https：//www. microsoft. com/en-us/research/blog/digital-assistance-for-sign-language-users，2019-09-10.

为 kinetics（动力学）加上 connection（连接）两字所自创的新词汇，它颠覆了游戏的单一操作，使人机互动的理念更加彻底地展现出来。基于 Kinect 的手语翻译系统能够帮助聋哑人与计算机及世界更加方便的沟通。如图 4-54 所示，当一个手语词汇被分析时，这些词语先通过 Kinect for Windows SDK 的手部动作轨迹生成，然后规范化，继而计算匹配分数，最后识别出最相关的候选。这一系统包括两个模式。第一是翻译模式（单向），将手语翻译成文本或者语音，包括对单词或单句的识别。第二是交流模式（双向），通过使用虚拟形象使正常人和听障人士的沟通变成可能，以键盘输入的文本为引导，虚拟形象可以表现出相应的手语，而听障人士通过手语进行回应，系统会将其转换为文本进行回答①。

图 4-54　微软研究院研发的手语翻译项目演示视频

英国物理学家史蒂芬·霍金（Stephen William Hawking）生前患上肌肉萎缩性侧索硬化症（俗称"渐冻症"），全身瘫痪，不能言语和行动，从青年开始就在轮椅上度过。1997 年，英特尔公司重新设计了霍金的轮椅，将计算机集成在轮椅上，为他设计制作了一副眼镜，装上"cheek switch"的装置，能用红外线检测霍金右脸颊的这一块肌肉的活动，霍金用这块脸部肌肉，替代手指继续打字，每分钟 5～6 个单词（图 4-55）。随着脸部肌肉的萎缩，英特尔公司想到了用眼深当光标，利用眼球追踪技术和智能输入法提升霍金打字速度。英特尔联合智能手机输入法领域备受好评的 SwiftKey 公司，采集了霍金的大量文档，分析词频以及上下文关联，在输入时会给出最合适的预测词，解决了逐个输入字母的难题②。2017 年 4 月 20 日，Facebook 旗下 Building 8 公布了人脑—计算机交互系统最新的研究成果，无须植入任何侵入式设备或器官，瘫痪的人可以直接通过大脑的想法输出信息，该研究利用光学成像技术以每秒 100 次的速度扫描人脑，检测我们在脑海中默

① 《谁说 Kinect 只是玩物？微软研究院使用它实现口语手语实时翻译》，https：//www.csdn.net/article/2013-10-31/2817349-microsoft-research-uses-kinect-translate，2018-05-03。

② 王心馨：《只有三根手指能动的霍金，是如何靠轮椅实现发音写作自由的？》http：//www.thepaper.cn/newsDetail_ forward_ 2029002，2018-05-05。

念的信息，并将其翻译成文字。这项技术的终极目标将使人能够只通过思维意念来操控增强现实（AR）和虚拟现实（VR）体验，不再需要触摸屏或控制器①。

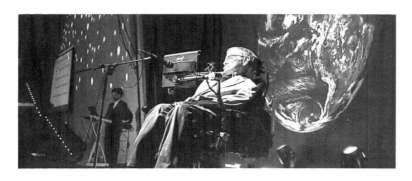

图 4-55　霍金在轮椅上打字

案例 4-28　意念控制技术增强智能假肢

智能假肢，又叫神经义肢，生物电子装置，是指医生们利用现代生物电子学技术为患者把人体神经系统与照相机、话筒、马达之类的装置连接起来以嵌入和听从大脑指令的方式替代这个人群的躯体部分缺失或损毁的人工装置②。Segway（体感车、平衡车）发明者狄恩·卡门 2012 年公布了旗下科研公司 DEKA 的智能义肢 DEKA Arm System，也被称为卢克手臂（Luke arm），如图 4-56 所示。这种义肢具备近真实的控制能力，能够让佩戴者使用意念控制，可用于帮助失去手臂的人员恢复生活能力，让残障人士也能轻松做出翻书、喝水等各种日常生活中的动作。Luke arm 由复杂的感应器和马达组所驱动，通过采集肌肉上的肌电信号，再通过内置的微型电脑分析解读动作信息并转化为行动，能执行诸如拿起信封、鸡蛋甚至硬币的细微动作③。

韩国首尔大学生物机器人实验室的科学家研发了一种可穿戴聚合物手套 Exo-GlovePoly 帮助患者恢复手部功能。这个手套是依靠筋线驱动的材质的柔软性使它能嵌入特氟龙管来装置线路，这些筋线与一个控制器和马达相连就能实现对不同形状和大小的物体进行抓握。如图 4-57 所示，内置的控制器可以接收使用者脑部发出的电信号，然后通过马达驱动机器手套的三个手指完成一些简单动作，辅助生活自理④。

2014 年，德国慕尼黑工业大学的研究人员首次成功展示了脑控飞行；2015 年，美国约翰·霍

---

① Facebook：《最新黑科技：人脑打字，皮肤听觉》，https：//baijiahao. baidu. com/s？id＝1565287971457621&wfr＝spider&for＝pc，2018-05-07。

② 《我血肉相连的机器》，http：//news. sina. com. cn/w/p/2010-01-19/153019500516. shtml，2018-05-17。

③ 黄思俊：《用思想控制智能义肢》，http：//www. ifanr. com/419038，2018-05-09。

④ 智黑 inHeater：《黑科技！这个智能假肢仅为市价的百分之五，这回终于给中国科技界长脸了》，http：//www. sohu. com/a/167147949_ 451545，2018-05-11。

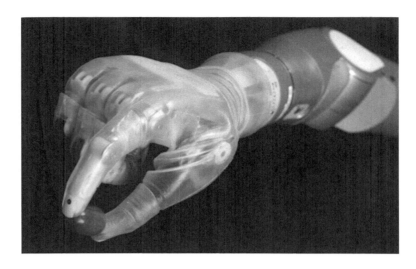

图 **4-56**　**Luke arm** 智能义肢用意念控制取物

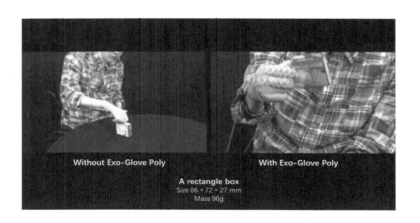

图 **4-57**　**Exo-GlovePoly** 手套辅助手指完成简单动作

普金斯大学的研究团队开发出新一代智能义肢，其拥有 26 个关节，能像正常的手臂一样由人的大脑控制，可以抓举 20 千克的重物。同年 6 月，俄罗斯"未来研究基金会"表示，以思维控制机械的脑机接口研发成功。美国匹兹堡大学的研究项目在一位颈部以下瘫痪的女患者脑运动皮层植入传感器，使其单凭意念即可操作机械手臂将一块巧克力送入口中①。

案例 4-29　智能技术干预基因改造、攻克自闭症早期预测

自闭症（autism），又称孤独症或孤独性障碍（autistic disorder）等，是广泛性发育障碍（pervasive developmental disorder，PDD）的代表性疾病②。其特征是情绪、言语和非言语的表达困

---

① 吴勤：《颠覆未来作战的前沿技术系列之人体增强》，载《军事文摘》，2016（1）。

② 互动百科：《自闭症》，http：//www. baike. com/wiki/% E8% 87% AA% E9% 97% AD% E7% 97% 87，2018-05-11。

难及社交互动障碍，常见限制性的行为与重复性的动作，有明显的特定兴趣。患者不能进行正常的语言表达和社交活动，常做一些刻板和守旧性的动作和行为。如图 4-58 所示，Origami Robotics 的毛绒智能机器人 Romibo 适用于残障人士沟通，会说 48 种语言，教育工作者或治疗师可以控制它的声音和动作，帮助自闭症儿童治疗和进行语言学习，练习沟通和社交能力①。Romibo 安装有众多传感器，包括光线传感器以及加速度传感器，能够对其运动轨迹进行控制，以实现机器人自动躲避前方障碍物②。

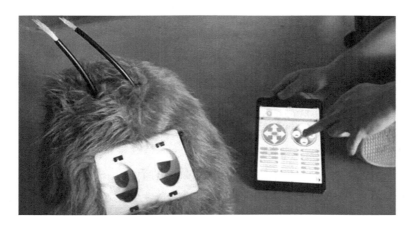

图 4-58　毛绒智能机器人 **Romibo** 通 **iPhone** 控制眼睛反映心情变化

据 The Verge 报道，北卡罗来纳大学的研究人员已经开发出了一套深度学习算法，可以预测婴儿的自闭症。与此同时，这套算法会在不断"学习"脑部数据的过程中，自动判断婴儿的大脑生长速度是否异常，以此来获得自闭症的早期线索③。

---

① Shick A., "Romibo robot project: an open-source effort to develop a low-cost sensory adaptable robot for special needs therapy and education", *ACM SIGGRAPH* 2013 *Studio Talks*, ACM, 2013: 16.

② 唐菲：《丑得遭嫌弃吧　Romibo 毛绒智能机器人》，http://bb. zol. com. cn/568/5689922. html，2018-05-11。

③ 《预测准确率高达 81%，人工智能可能将成为孩子摆脱自闭症的关键发现》，http://36kr. com/p/5064787. html，2018-05-19。

第五章

智能教育评价

　　提到评价，人们往往会想到通过试卷进行考试。诚然，纸笔测试仍旧是现下评价的主流方式，很多基于计算机的测试，如 TOEFL，也仅仅是评价形式的转变而非评价内容的转变。然而，随着技术的发展，评价可应用的手段正在产生巨大的改变。

　　人工智能技术在教育领域的应用使得教育研究者们不再仅仅满足于利用问卷的形式对学生的知识掌握程度进行定点静态的测量，而是利用各种不同类型的计算设备以及人工智能技术对学生的高阶认知、元认知、心理以及身体健康等进行多角度的综合评价。技术手段的应用，也使得评价不再局限于某些固定时间点，如期中、期末，而是可以持续性地对学生表现进行追踪，使评价更加客观公正。随着人工智能技术的发展，其在智能教育评价中的应用方面变得逐渐广泛。例如，设计并开发具有相应评测功能的软件和平台，并记录学生在其上的各类交互行为数据，通过人机交互和数据分析技术对学生的能力进行评价；利用机器学习等技术对社交网络中的用户数据进行建模分析，从而探测出潜在危险并给予适当的预警和干预；借助智能硬件监测学生的各项体质指标是否存在问题；将虚拟现实和增强现实技术运用于虚拟课堂环境构建，使学生身临其境地体验在传统教室中无法体验到的场景。此外，运用语音识别等技术辅助口语教学，也是人工智能在教学评价环节的重要应用；而在学生成长规划中，深度学习、智能推荐等技术也起到了至关重要的作用。这些都是智能教育评价中的应用热点，也是技术和研究领域与教育领域结合的关键点。

　　本章详细阐述了人工智能技术在学生综合素质评价中的应用（图5-1）。其中，学生问题解决能力的智能评价形成了对学业水平和社会实践评价的支撑，心理健康检测、预警形成了对身心健康和思想道德评价的支撑，体质健康检测形成了对身心健康评价的支撑，学生成长与发展规划形成了对个性发展和艺术素养评价的支撑。

　　本章所涉及的案例，包括实际问题解决能力诊断评价、心理健康监测、预警与干预、体质健康监测与提升、智能课堂评价、学生成长与发展规划、口语自动测评六个方面。这些评价方面也符合政策层面对评价改革的要求：教育部颁发的《关于加强和改进初中学生综合素质评价工作的实施意见》和《关于加强和改进普通高中学生综合素质评价的意见》中，指出了综合素质六个方面的评价内容分别为思想道德、学业水平、身心健康、艺术素养、社会实践和个性发展。这与本章案例中的应用场景十分符合。

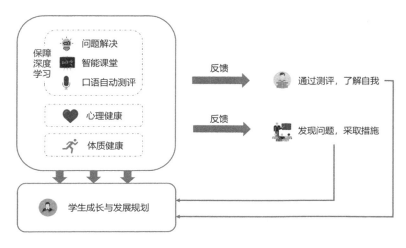

图 5-1 智能教育评价框架图

第一节 实际问题解决能力诊断评价

实际问题解决能力,是指学生获取新知识,并运用新知识解决陌生问题的能力。教育部在2014年发布的《关于加强和改进普通高中学生综合素质评价的意见》和2017年发布的《中小学综合实践活动课程指导纲要》中,多次强调了对学生实际问题解决能力教学与考察的重要性。不同于传统的评价,实际问题解决能力的测评,需要基于学生问题解决的过程而进行。鉴于纸笔测试仅能捕捉问题解决的最终结果,而不能记录问题解决的过程信息。这种测评方式,不再能够满足实际问题解决能力测评的需求。而基于计算机技术的交互测评环境,则可以实现对学生问题解决过程的记录,并基于这些信息,对其实际问题解决的过程进行诊断评价。

本节以四个系统为例,对实际问题解决能力评测的具体实现进行阐述。基于计算机技术的测评系统一般包含六个模块:客户端交互环境,行为记录器,行为分析器,反馈生成器,学生模型,以及诊断测评生成器,六个模块的关系如图5-2所示。学生通过对客户端交互环境的操作,产生交互事件。交互事件由行为记录器存储到数据库中。同时,行为分析器对该交互事件进行分析,并依据分析结果,由反馈生成器产生相应系统行为,并对学生模型进行相应更新。在测试完成之际,由诊断测评生成器依据学生模型产生相应的测评报告。

案例 5-1 MicroDYN 动态问题解决能力测评系统

MicroDYN 动态问题解决能力测评,又称为复杂问题解决能力测评[1],为 Programme for International Student Assessment(PISA) 2012 问题解决能力测评模块的重要组成部分。其着重考查学生通过交互、观察,获取变量间关系内在关系的能力。下面以一个例子来具体说明这种问题解

---

① Greiff S. , Funke J. , "Measuring complex problem solving:The MicroDYN approach", 2009.

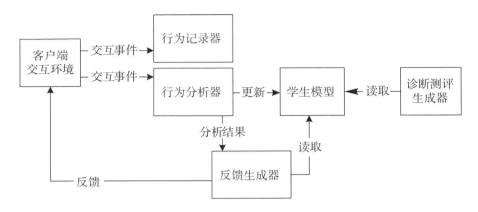

图 5-2 智能评价系统基本框架

决能力是如何测试的，示例测试项目如图 5-3 所示。该测试项目提供了两个自变量：运动、阅读，以及两个因变量：毅力、力量。受测者的任务是通过交互找出这两个自变量与因变量之间的联系。如图 5-3 所示，受测者可以调节每一个自变量增加或减少的幅度，然后点击"应用"。系统则会按照自变量与因变量之间的关系，对因变量的数值进行更新。点击"应用"后的结果如图 5-3（右）所示。问题解决能力比较强的学生可以通过比较少的调节次数，有策略地准确找出自变量与因变量之间的联系。而问题解决能力比较差的学生则可能进行大量无序的尝试。此类问题的难度会因自变量以及因变量的数量，和二者之间的关系复杂程度而改变。同一个自变量可能影响着多个因变量，而同一个因变量也可能同时受多个自变量的影响，这种情况下，学生需要通过多次不同的变量调整，并综合多次调整的变化趋势，才有可能观测出所有自变量和因变量之间的关系。

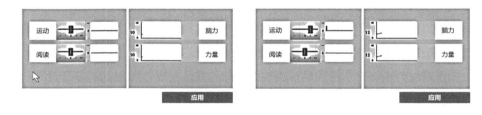

图 5-3 MicroDYN 变量关系探索界面

在 MicroDYN 的后续研究中，其团队通过对日志文件的分析，发现了一种解决动态问题的有效策略，起名为 VOTAT(vary one thing at a time)①。VOTAT 可以简言之为控制变量法，即问题解决者每次只对一个变量进行改变，并记录所改变的变量对可观测变量的影响。这种策略的合理应用，成了 MicroDYN 对于学生问题解决策略评价的重要标准。

在学生完成所有测试之后，MicroDYN 将会根据学生的表现，对学生知识获取、知识应用、解题策略三个维度进行报告，报告的样式如图 5-4 所示。

---

① Molnár G. , Csapó B. , "Exploration and learning strategies in an interactive problem-solving environment at the beginning of higher education studies", 2017.

Test results
Representative norm sample

Test Variable	Raw score	PR
MAIN VARIABLE(S)		
Complex problem-solving ability	8	66 (42-84)
Knowledge acquisition	4	64 (38-86)
Knowledge application	4	64 (31-90)
SUBSIDIARY VARIABLE(S)		
Strategy score	7	61 (50-73)
ADDITIONAL INFORMATION		
⏱ Working time 0:10:51[1]		

图 5-4　**MicroDYN** 报告

MicroDYN 的系统模块实现，基本符合本节所提出的基于计算机技术测评系统的一般架构。学生的交互行为首先被行为记录器存储下来，提供了离线分析的基础。实际上，VOTAT 策略的发现与确认，正是依靠离线分析得出的。而在离线分析成熟之后，分析的逻辑则被移植到了在线的行为分析器上，使得行为分析器能够检测出学生的问题解决策略，并根据学生答案的正确性，对学生的知识获取、知识应用和解题策略三个方面的掌握程度进行更新。学生在这三方面的程度水平，也就构成了学生模型的内容。MicroDYN 并没有特别的反馈生成器，系统并不会因为学生作答的不同而有所改变。MicroDYN 的诊断测评生成器，基本通过套用模板的方式，根据学生模型的内容生成，其报告亦包含了个体成绩与平均成绩的比对，所以需要对学生的整体情况进行读取。

案例 5-2　Crystal island 虚拟 3D 游戏化测评

Crystal island 是一个基于游戏化场景，为中学生科学课程教育而设计开发的学习测评环境①。在这个游戏中，学生将扮演一个医疗队中的角色，对岛上所发现的一种神秘传染病展开调查。

Crystal island 为学生创设了引人入胜的学习背景，让学生能够更深层地理解科学知识。学习的科学内容与北卡罗来纳州八年级微生物学课程标准一致。游戏活动强调下一代科学标准要求的科学探究的本质和实践，同时也符合北卡罗来纳州英语语言艺术共同核心的标准。课程让学生使用深度学习能力和读写能力理解疾病爆发的症状、携带者和趋势，解决这个科学之谜。

从沉浸式学习中主人公的视角探索岛上研究营，学生使用批判性思维解决疫情的来源和影响问题，使用虚拟实验室测试研究假设，完成诊断工作表并记录他们的发现。在整个游戏过程中，

① Taub M., Mudrick N. V., Azevedo R., et al., "Using multi-channel data with multi-level modeling to assess in-game performance during gameplay with Crystal Island", *Computers in Human Behavior*, 2017(76), pp. 641-655.

学生还会发现另一个科学家的研究笔记，他们要将这个笔记扩展以评估疾病的传播。虚拟角色提供的线索还要与包括合成、应用阅读复杂信息文本等在内的读写能力相联系，并整合来自关于微生物学概念的复杂信息文本。

4000多名来自北卡罗来纳州学校的学生使用了Crystal island。其融合了探究式学习和直接教学的元素，旨在作为课堂教学的补充。游戏为解决科学问题和阅读复杂信息文本提供了一个有意义的背景。学生解决问题后，能够通过完成额外阅读相关的挑战来获得奖杯。

除了教学资源外，Crystal island也是智能辅导系统研究的实验平台，可以对基于游戏的学习环境对学生学习成果和科学阅读的影响进行实证研究。Crystal island支持的研究成果已在40多个期刊和会议上发表。

Crystal island的客户端交互环境为3D仿真环境，让学生能够在一个虚拟的岛上进行自由的探索[1]，如图5-5所示，较其他系统更为复杂，但基本功能是一致的，同样是提供一个图形接口，使学生与仿真环境交互并产生相应的交互事件。Crystal island的行为记录器和行为分析器并无特别之处。其学生模型会对学生在岛上探究问题的状态进行跟踪。反馈生成器则需要根据学生模型中学生所处的状态，在3D虚拟环境中产生对学生的相应反馈，而这种反馈则通过3D环境中的虚拟人物进行传递。虽然Crystal island团队基于学生在虚拟场景中的解题行为做了许多研究方面的诊断分析，但该系统并没有形成一个完整的诊断报告，而是将诊断以反馈的形式传递给学生。

图5-5　**Crystal island** 交互界面

案例5-3　Betty's Brain 开放式环境下的建模能力测评与教学

Betty's Brain是基于计算机的学习环境，让学生使用"教—学"范式学习科学主题[2]。在Betty's Brain中，学生需要通过建构组成科学主题(如生态系统、气候变化或温度调节等)的系统或过程的因果关系模型来教授一个名叫Betty的计算机角色。学生要做一个负责的学习者和教师。系统包括描述研究课题的超文本资源，学生需要阅读这些资料并根据自己的理解进行建模。要想成为

①　Crystal Island，http：//projects. intellimedia. ncsu. edu/crystalisland/，2018-05-22.

②　Biswas G. ，Segedy J. R. ，Bunchongchit K. ，"From design to implementation to practice a learning by teaching system：Betty's brain"，*International Journal of Artificial Intelligence in Education*，2016，26（1），pp. 350-364.

一个优秀的教师，学生首先需要知道 Betty 有多少知识。他们可以让 Betty 回答问题并进行测验来了解她的先备知识。例如，在图 5-6 中，学生让 Betty 解释低温环境如何影响人体的体温①，Betty 使用学过的因果关系图来回答问题。

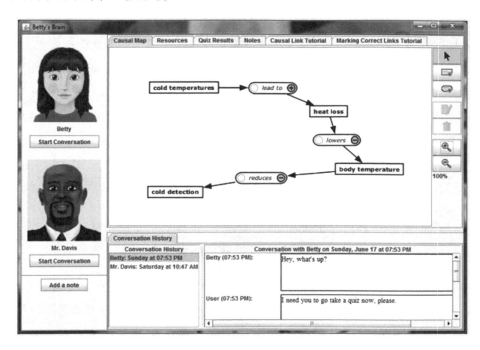

图 5-6　Betty's Brain 界面图

Betty's Brain 中的每个主题都包含一个与资源信息相对应的专家模型。学生在使用该系统时的总体目标是学好科学主题，以便能够教会 Betty 这个专家模型。为了评价 Betty 的理解能力，可以让 Betty 参加测验，测验是由名为 Davis 先生的代理动态创建的系列问题。Davis 先生为 Betty 的测验打分并了解她的表现。此外，他还监控学生在任务学习和教学中的行为，并利用这些信息来指导学生的工作。测验是为了为学生建构的模型提供正确性和完整性的反馈，学生可以据此明确他们在教授 Betty 时可能犯了什么错误，他们可能需要在哪里添加或者纠正现存模型的链接。

Betty's Brain 为学生呈现了一个开放性的学习任务：学生可以自由选择学习内容、学习方式以及教学方式。一些学生更喜欢在阅读资料前为自己当前的理解建模，而另一些学生则更喜欢在将自己建立的模型教授给 Betty 前进行全面阅读。学生在搜寻信息时的表现也是不同的。一些学生采用顺序的方法，他们一次只阅读一页资料并从中找到因果关系模型；另一些学生则是系统地将整体学习任务划分为不同的子任务，他们一次努力完成总任务的一个子目标。与之相似，学生用于检验自己建立的因果关系图是否正确的方式也有很多。在大量的选择中，学生界定了学习任务的开放性特征。为了取得成功，学生必须控制自己的学习活动并找到调节学习的方法，以免被任务压垮。研究表明，通过探索和建模能够进行更深度的学习。

① Betty's Brain, http://www.teachableagents.org/research/bettysbrain.php, 2018-05-23.

　　然而，由于各种原因，学生很难管理自己的学习过程。为帮助学生在 Betty's Brain 环境中成功学习，我们设计了为学生提供脚手架和反馈的系统，帮助学生了解、练习并掌握阅读、建模、规划和监控对成功学习的重要性，这些不仅仅是在 Betty's Brain 学习环境中，而且是在未来的学习中都需要的。

　　Betty's brain 的客户端让学生能够自由构建模型，描述生态环境中各个现象或物质间的关系。学生与客户端的交互行为同样被采集，传送至行为记录器和行为分析器。其行为分析器包含认知和非认知两个方面。在认知方面，其通过学生构造的模型，对预设的问题生成相应答案，并通过诊断报告生成器以简明报告的形式呈现给学生。在非认知方面，其通过对学生解题策略的分析，对学生不合理的策略加以制止，通过反馈生成器由代理 Davis 先生告知学生。Betty's Brain 的学生模型比较特殊，其学生模型不是对真实学生的水平进行刻画，而是对系统中虚拟学生水平的刻画，而虚拟学生的认知水平，恰恰是真实学生认知水平的反映。同样，诊断报告生成器生成的报告，也是对虚拟学生认知水平的报告。

案例5-4　PSAA 问题解决能力测评系统

　　PSAA 是由北京师范大学未来教育高精尖中心开发的学生实际问题解决能力测评系统[①]。其是通过设置资料中心、工具中心等支持学生问题解决的通用工具，观测学生在不同问题情境中利用通用工具解决实际问题的过程，进而对学生不同维度的能力做出相应评判。该平台目前已经汇集了 20 余套跨学科真实问题解决项目。

　　学生登录系统后，可以自由选择系统中的任意测评任务进行测评。学生同样也可以通过多次进行相同测评任务来提高自己的成绩。

　　平台上的测评任务《千里之行 始于足下》如图5-7 所示。在该任务中，学生需要依据左下方的父亲、母亲、孩子三个人的需求，以及右上方的路程信息制定旅游路线，并计算总路程。学生通过移动鼠标到相应图标来显示所需信息，通过拖拽旅游景点来制订旅游计划。在制定旅游路线的过程中，学生可以通过点击右侧的资料中心，对旅游景点进行详细了解。而学生的这些操作，也将成为其能力测评的重要依据。

　　当学生完成了测评任务后，系统会根据学生解题的过程和结果为学生进行多维度的评价，让学生对自己的情况有一个全面的了解，报告的片段如图5-8 所示。系统通过雷达图刻画学生本次测试在各维度上的表现，通过折线图刻画学生每一个维度的能力的变化趋势。

　　学生通过浏览器访问 PSAA 系统，所以该系统的交互客户端即为 PSAA 系统的网站。其行为记录器将学生在网站上的交互动作记录在服务器端。其行为分析器在网页端以 JavaScript 语言实现，并把行为分析的结果传送到服务器端，用以更新学生各个维度的能力，即学生模型。系统大部分的测评任务在学生解题过程中并不会给学生任何反馈，但有少部分的测评任务会以反馈的形

---

① Zhang L., Yu S., Li B., et al., "Can Students Identify the Relevant Information to Solve a Problem?", *Journal of Educational Technology & Society*, 2017, 20(4), pp. 288-299.

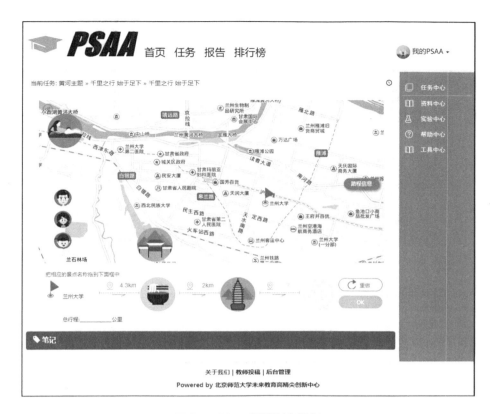

图 5-7 **PSAA** 测评任务示例

式指导学生系统通用工具的使用方法。在学生完整地完成了一个任务之后，诊断报告生成器会依据学生模型的数据，产生如图 5-8 所示的测评报告。

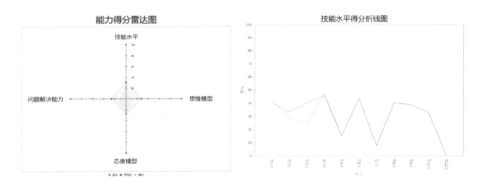

图 5-8 **PSAA** 测评报告示例

PSAA 系统由出题系统、能力测评游戏、行为数据采集器、行为意义分析器等模块组成，具体如图 5-9 所示。教师通过出题系统生成能力测评游戏，行为数据采集器对学生在能力测评游戏中的动作进行采集，并将动作存储至相应数据库中。行为意义分析器和评测进程控制器对所采集行为加以分析，并调控测评游戏的进程，在学生完成测评游戏后，系统自动生成分析报告。

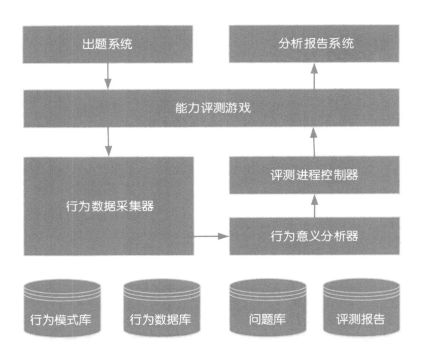

图 5-9　PSAA 系统设计图

　　表 5-1 对上述 4 个案例中的系统在 6 个模块上的实现行为进行了对比。可以看出，所有系统都具有行为记录器，以利于对学生交互行为的离线分析，然而各个系统对学生行为记录的标准各异，在一定程度上妨碍了不同系统间分析方法的迁移。行为分析器则都具有对于学生解题策略的分析，这也正是基于计算机技术的测试最优于传统纸笔测试的地方。依据各个系统的应用场景，其学生模型也各不相同。反馈生成器以及诊断报告生成器，每个系统基本只会取其一进行实现。偏重测试功能的系统会实现诊断报告生成器，而偏重教学的系统会实现反馈生成器。这种系统设计的决定实际是在即时反馈（immediate feedback）和滞后反馈（delayed feedback）上的选择。

表 5-1　四个系统的横向比较

系统	交互客户端	行为记录器	行为分析器	学生模型	反馈生成器	诊断报告生成器
MicroDYN	图形化界面程序	有	对解题策略进行分析	知识获取、知识应用、解题策略三个维度刻画	无	有
Crystal island	3D 虚拟场景	有	未特别描述	刻画学生探究问题的状态	通过场景中的虚拟人物	无
Betty's Brain	图形化界面程序	有	对解题策略进行分析	对虚拟学生的认知正确性刻画	通过虚拟导师给出	无
PSAA	互动网页客户端	有	对通用工具的使用策略进行分析	出题者可自定义学生模型维度	部分任务有系统提示	有

第二节　心理健康监测、预警与干预

随着社会经济变革日益加剧，人的心理行为也随之受到冲击，而与之伴随的心理健康问题也就成为当今世界所面临的巨大挑战。世界经济论坛（World Economic Forum）的健康经济成品估算显示，2010 年全球心理疾病已经消耗了 2.5 万亿美元，到 2030 年将达到 6 万亿美元，心理疾病负担将大于糖尿病、呼吸系统疾病以及全部癌症，位居全球非传染性疾病负担之首[①]。而我国的情况也不容乐观，据世界卫生组织推算，中国神经精神疾病负担到 2020 年将上升至疾病总负担的 1/4[②]。因此能够更好地检测、预警并干预潜在人群，是维护国民心理健康的重要任务，除了引导人们主动科学地寻求专业帮助，如何能够在早期识别潜在问题人群并提供预警和更有针对性的帮助是重中之重。

在过去的传统研究中，对于人群的活动、情绪、心理健康的测量，基本是需要自我报告或者专门组织，整体来说评估大规模运用成本耗费较大，时效性有所欠缺。很多时候，这种主动寻求的检验不够及时，且依赖自我报告的评估和筛查方法难以找到一些抑郁、情绪不稳定，甚至隐藏的具有自杀风险的个体。随着社交网络飞速发展，人们越来越多地在虚拟集群中吐露感受和观点，微博等平台成为社会媒体用户自我表达的主要途径，尤其是高等学历人群，拥有大学以上学历的人群占微博用户的 76%，其中 17～33 岁的在读人群高达 79%[③]。由于高学历人群的压力增多，在他们所活跃的社交媒体中也包含了许多与心情不良、自杀有关的自我表达。因此研究人员开始关注社交媒体上的公开信息，并通过社交媒体收集个体的心理状态信息。对收集后的信息进行社交行为、语言使用上的差异分析，形成群体和个体的行为模式分析、情绪变化的分析以及防自杀预警系统。

本节案例中，研究者基于大量社交网络数据，训练机器学习模型从而甄别社交媒体上用户的语言、行为和情绪是否存在风险。在校园举行大型活动时，GPS 技术也被应用于监测和预警，通过分析学生群体行为轨迹和模式，预防重大事故的发生。同时，通过心理素质测评工具，采集、存储和共享学生的心理测评数据，并借助适当的数据分析算法对这些数据进行深度剖析，也能够起到提示高危问题和潜在风险的作用。

案例 5-5　基于社交网络的人格与情绪分析[④]

随着社交网络的兴起，很多人会在社交网站实名发布与自身相关的内容，这些内容多涉及自

---

①　Bloom D. E., Cafiero E., Jané-Llopis E., et al., "The global economic burden of noncommunicable diseases", Program on the Global Demography of Aging, 2012.

②　卫生部、民政部、公安部等：《中国精神卫生工作规划（2002—2010）》，载《上海精神医学》，2003（2）。

③　今日报告：《新浪微博数据中心：微博用户发展报告. 新浪微博数据中心》，http：//www.imxdata.com/archives/1818，2018-06-07。

④　张维晨、张婧、王淑娟等：《大学生社交网络行为与大五人格的相关研究》，载《中华行为医学与脑科学杂志》，2013（1）；汪静莹、甘硕秋、赵楠等：《基于微博用户的情绪变化分析》，载《中国科学院大学学报》，2016（6）。

己的具体行为和感受。在国外人们习惯于使用 Facebook 和 Twitter 来进行表达，而国内也有与之对应的微信朋友圈和新浪微博。在新浪微博上，每天能产生多达 2.5 亿条的微博信息①，通过对于这些信息的分析能够做到对个体人格与情绪的分析与检测。

在人格上面，国外的研究者 Gosling②，Ross③，Hamburge④ 等人，国内中国科学院心理研究所心理健康重点实验室，通过分析 Facebook 和人人网的用户数据研究发现五大人格得分不同的用户会有非常明显的不同行为表现。高外倾的用户倾向于拥有更多的社交网站好友，更频繁地使用社交网站更新；高开放性的用户更热衷于更换头像；低宜人性的用户在社交网络上隐私开放程度较低；高尽责性的用户倾向于更积极地跟踪与回复社交网络的交流信息；高神经质的用户更多地在社交网络抒发不良情绪，公开暴露自我也更依赖网络社交方式。由于高神经质会与个人的情绪稳定性低，负面情绪体验，抑郁、焦虑等负性情绪相关，一般也是心理健康需要格外关注的个体。

而对于格外要关注的个体，通过社交媒体的内容也可以进行个体乃至群体情绪的实时观察与分析。通过对新浪微博数据进行九个月的爬虫分析，中国科学院心理研究所行为科学重点实验室对微博用户的积极和消极情绪表达进行统计，分析用户在不同时段（季节/周/天）的积极情绪和消极情绪的变化。研究发现一般个体在以天为单位的时间内，活动时间比休息时间情绪好；在以周为单位的时间内，周一和周二的情绪较为低落，尤其是对比周末的情绪结果，这与大家常说的"周一综合征"不谋而合（图5-10）；在以季节为周期的时间内，负向情绪在夏季最轻而在冬季最重，这与季节性情感障碍的发病也非常统一，这种抑郁疾病常见于冬季和寒冷地区。从性别分析，能够发现男性对消极情绪的调节更好，而女性在情绪暴露和表达上的波动性更高。通过这些分析，说明微博表达与个人的情绪感知是相互吻合的，也就是通过对微博数据的监测可以达到心理健康的预警，对于负性密集和多发的时间段和个体可以多加注意，达到及时预防的效果。

案例5-6　基于定位技术的学生行为分析⑤

为了保障校园安全，对学校学生的校园行为模式进行分析也变得十分重要。在过去传统的行为模式分析研究中，一般采用的是调查法让学生回忆并记录自己的活动行为，并对采集来的数据进行分析，但这种方式无法保证数据的真实有效，随着 GPS 定位系统的出现，通过 GPS 和校园局域网定位就可以方便地实现学生行为监测和预警。

北京师范大学教育信息技术协同创新中心以某高校大学生为例分析了学生每天的教学活动时

---

① 国务院：《2013 年中国人权事业的进展·第四部分"言论自由权益"》。

② Gosling S. D. , Gaddis S. , Vazire S. , "Personality impressions based on facebook profiles", *Icwsm*, 2007(7).

③ Ross C. , Orr E. S. , Sisic M. , et al. , "Personality and motivations associated with Facebook use", *Computers in human behavior*, 2009, 25(2).

④ Amichai-Hamburger Y. , Vinitzky G. , "Social network use and personality", *Computers in human behavior*, 2010, 26(6).

⑤ 刘臻、周靖、赵子莹：《信息化环境下的大学生校园行为时空特征研究》，载《中国高等教育学会教育信息化分会第十二次学术年会论文集》，2014(11)。

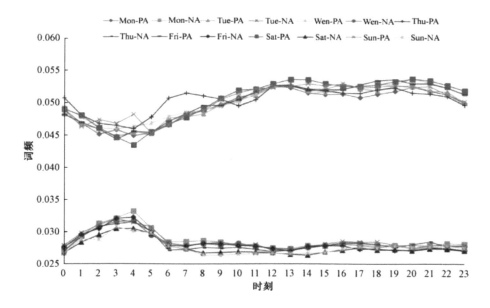

图 5-10　微博用户情绪在一周之中的变化

长、宿舍活动时长、体育运动时长及校外活动时长，通过统计软件分析了学生的行为模式及不同群体间行为模式的差异。记录不仅可以发现群体的特征，例如，课程周期在教学楼附近活动和非课程周期的宿舍活动趋势，同时还能解释个体的行为轨迹，可以对异常行为值进行标定和分析。例如，对于逃课行为的分析，以及对于危险场所出入的记录。同时还能帮助学校对人员拥挤时候进行群体安全的监测，例如，在重大活动，或者每日午间和晚间食堂附近进行监控，防止人员集中造成拥挤或者意外发生。

案例 5-7　微博用户的行为和语言特征预测自杀风险①

中国科学院心理研究所行为科学重点实验室朱廷劭研究组与香港大学防止自杀研究中心以及北京大学人口研究所合作，针对自杀预防与当前国内外自杀风险评估研究的现状，开展了与新浪微博平台的个体自杀风险评估研究，建立微博自杀风险特征体系，并通过机器学习训练自杀风险识别模型，探索了对大规模微博用户的自杀风险实时监测的可能，充分发挥互联网大数据分析的优势。

朱廷劭团队自 2014 年就开展自杀相关研究，利用计算机数据分析去了解用户的自杀意念，建立机器学习模型，然后给甄别出的、存在自杀意念和自杀倾向的人进行私信推送以提供及时的干预。建模结果表明，对于自杀可能性分为 4 个维度（敌意、自杀意念、负性自我评价、绝望），

---

① 管理、郝碧波、程绮瑾等：《不同自杀可能性微博用户行为和语言特征差异的解释性研究》，载《中国公共卫生杂志》，2015（3）；管理、郝碧波、刘天俐等：《新浪微博用户中自杀死亡和无自杀意念者特征差异的研究》，载《中华流行病学杂志》，2015（5）；中国科学院行为科学重点实验室朱廷劭研究组：《心理所研究设计有效的微博私信帮助有自杀意念的微博用户》，http：//www. psych. ac. cn/xwzx/kyjz/201712/t20171222_ 4922034. html，2018-05-02。

运用简单逻辑斯特回归（Simple Logistic Regression）和随机森林（Random Forest）两种分类器可以实现召回70%以上的高风险标记用户，与填写量表进行筛查相比，使用分类模型进行初筛可以普遍降低25%～50%的筛查工作量。通过对100多万用户数量的微博数据库进行筛查，他们发现有自杀或抑郁倾向等心理健康情况不佳的微博用户活跃程度比较低，言语中对于死亡或宗教的表达比较多，并且在夜间更加活跃。这些有自杀意念群体的年龄分层大多集聚在20～35岁年龄段的用户，职业多为年轻白领或大学生。一旦发现微博上有用户出现自杀意念，系统就会自动识别并主动发送信息，告诉对方可以寻求的帮助。并且如果有被推送者回复，后续将由专业志愿者与其进行沟通。

根据判断自杀意念的标准，利用计算机对"走饭"微博下近6个月约7万条评论进行了初步筛选，朱廷劭的团队最终确定了4 222位具有自杀风险的微博用户。团队利用微博账号"心理地图PsyMap"向他们发送私信，同时提供了北京市心理危机干预中心的电话，以及一个问卷调查的邀请链接。心理地图微博截图如图5-11所示①。最终，问卷调查的整体回复率15%，有600多人填写了问卷。

图5-11 心理地图微博

目前的心理危机干预还停留在"被动等待"的情况，比如干预热线，必须等到对方打过去才能提供帮助，如果通过网络数据的分析，能够主动找到那些有自杀意念的人并提供帮助，这样时效性就会比较高，自杀高危人群中有将近60%的人期待这种针对心理危机的自助服务。朱廷劭团队的心理危机自助服务在线系统将是全球首个可以为心理危机提供自助型干预和服务的系统，也给在现实世界中不愿意暴露自己真实心理状态的人们带来了一丝希望。

---

① 心理地图微博：《心理地图 PsyMap》，https：//weibo.com/u/2721210291，2018-05-20。

案例5-8　人工智能标记社交媒体中的高危人群①

利用人工智能在社交媒体上抓取有自杀意念者的研究在国外也开始进行。2017 年 3 月起，美国 Facebook 也宣布开始利用人工智能对美国用户在该网站上的自杀帖子进行快速检测测试。2017 年 11 月，该公司已经可以通过计算机筛选帖子或视频，标记出一个人可能会在什么时候自杀。

在过去 50 年中，医生们试图从抑郁症的药物滥用中找到自杀的预测指标，研究表明，它们只比投掷硬币的概率稍好一点，但人工智能则可以提供更准确的识别性。佛罗里达州立大学的研究显示，机器学习后分析田纳西州 200 万患者的匿名电子健康记录，能够 80% ~ 90% 地识别未来两年的自杀可能性。该技术已经开始应用到 Facebook 的帖子识别中，一旦用户的帖子被系统识别有自我伤害的风险，Facebook 社区团队会对帖子进行审核，确认后会与有潜在自我伤害风险的人联系，建议他们寻求帮助。Facebook 的"自杀或自我伤害"报告如图5-12所示②。同时，人工智能会针对用户亲友突出显示"自杀或自我伤害"报告，让亲友们意识到可能存在的问题。当用户帖子被标记出来，而且他们愿意与他人对话时，Messenger 可作为连接"危险用户"与专业人士的桥梁，美国自杀求助热线、美国饮食紊乱协会、危机热线等组织都将提供相关帮助。

图 5-12　Facebook 的"自杀或自我伤害"报告

Facebook 的下一步将是使用人工智能来同时分析视频、音频和文本注释。但这是一个更棘手的工程。当人们用文字表达自己的心情和状态时，研究人员能够很好地处理人们的文字语言。但在直播中，唯一的文字来自评论者，更难准确地进行评估。这种视频识别分析应该对人的面孔表情识别，但现如今软件工程师仍在使用检测枪支或刀子存在的技术，这种技术对药物滥用中的药片都很难识别，对人的皮肤和表情就更难判定了。

除此之外，2014 年法国蒙彼利埃大学计算机技术领域学者阿玛亚斯·阿伯特（Amayas

① Molteni M.，"Artificial Intelligence Is Learning to Predict and Prevent Suicide"，https：// www. wired. com/2017/03/artificial-intelligence-learning-predict-prevent-suicide/，2018-05-01；杨智杰：《心理地图：人工智能是怎样救助自杀者的》，载《中国新闻周刊》840 期，http：//news. inewsweek. cn/news/life/ 2515. html，2018-02-05。

② "Facebook suicide report"，http：//www. facebook. com/，2018-05-10。

Abboute)等人发表论文提出通过自动语言处理和学习的方法可以获取社交平台 Twitter 上有自杀风险的帖子，他们的研究也得到精神科医生的初步肯定。2013 年，涂尔干项目的研究人员通过与当地退伍军人事务部门合作开展了一个项目，跟踪美国退伍军人的 Facebook、LinkedIn 和 Twitter 的帖子，试图预测哪些语言最有可能反映用户的自杀意念。

案例 5-9　人工智能帮助教师关注潜在问题学生

在传统的中学教学中，家长和教师往往只关注学生的考试成绩，但其实中学生正处于青春期，生理和心理方面都正在发生剧烈的变化，面对快速发展且日新月异的社会，内外的巨变往往会让他们受到冲击，从而表现出自卑、叛逆、抑郁、焦虑、网络成瘾等心理特点。如何才能更快地识别学生的潜在问题，及时发现并解决，让学生快速安全地通过这一时期呢？北京师范大学未来教育高精尖中心开发了高水平的中小学生综合心理素质测评理论模型、测评工具和应用系统。该系统通过收集各个层级的、各年龄段的、各学段的、各人口学变量分类的等各类学生群体的常模，搭建了数据采集系统、数据传送和共享系统、数据储存和分析系统。

目前该综合心理素质测评已经构建六大模块，分别为心理健康、青少年发展潜力、教育环境、学习品质、人格发展和认知能力，共 42 个测验，已经研发完成并在智慧学伴上可自由测试的有 18 个测验(图 5-13)。

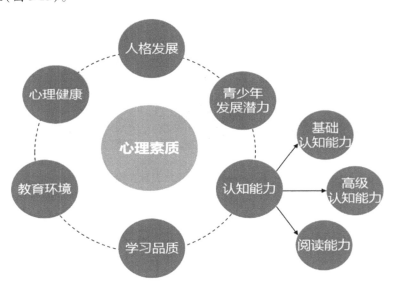

图 5-13　综合心理素质模块示意图

2016 年 9 月至 2017 年 11 月，北京师范大学未来教育高精尖中心在某两区共组织了基于智慧学伴素质测评的 3 次大规模测评，参与学校 40 多所，参与学生近万人。测验在网上发布之后，学生可以自主使用手机、平板、电脑进行作答，作答完成后自动得到个人报告(图 5-14)，班级和学校 2/3 的学生作答之后心理教师可查阅班级报告及学校报告。学生报告中会提示出学生可能存在的高危问题和潜在风险，指导学生发现和改善自身的问题，同时也会提示学校心理教师，关注可能有风险的学生，加强辅导。

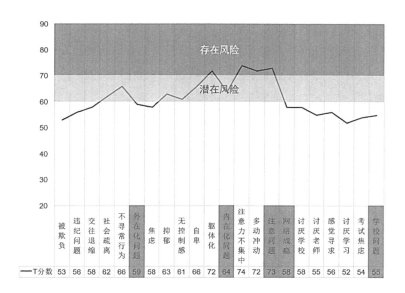

图 5-14　心理健康个体反馈报告

　　根据报告结果对比学生成绩，分析可以发现心理问题与学生的成绩成反比，也就是说，学生成绩越差个体的心理风险也越高，这说明教师之前不关注学生心理健康只注重成绩的做法有失偏颇。很多学生都是因为无法正确处理生活和心理问题从而影响了学业发展。在得到报告与反馈之后，学校都有针对性地对存在风险的学生进行了单独访谈，并在北京师范大学未来教育高精尖中心的指导下积极开展心理课程的筹备。

　　心理健康是中学生德、智、体、美诸方面全面发展的基础和保证。没有健康的心理，特别是在性格方面存在缺陷的学生，很难形成良好的品德。意志薄弱、厌学、自卑、粗心、神经衰弱等心理行为问题，也是影响学生学习的主要原因。因此通过智慧学伴的测评有效且及时地发现学生问题、解决学生的问题，才能让学生更好地在校园中全面发展。

　　无论国内还是国外，在网上利用人工智能进行心理健康的预警和干预还有很长的路要走。对于自杀信号的识别和心理问题的发现不仅仅是需要智能系统的分析和优化，更重要的是在互联网上如何以不侵犯用户隐私的方式进行干预。美国康奈尔自杀行为研究计划主任贾尼斯·惠特洛克提到机器学习系统可能会让一些用户受到惊吓，这对于有自杀倾向的敏感人群来说，可能会阻止他们未来寻求帮助的行为①。而且人工智能可以将你的信息提供给你的任何亲朋好友，甚至是你想要隐瞒的人，而学校的大规模测试也可能会导致学生掩饰自己的问题进行社会程序性作答。这些都是人工智能在心理健康检测和干预中仍要解决的问题，心理健康的检测、预警与干预从来都不仅仅是技术问题，也需要更规范化的指导和法律完善。

---

　　①　Molteni M. "Artificial Intelligence Is Learning to Predict and Prevent Suicide", https：//www. wired. com/2017/03/artificial-intelligence-learning-predict-prevent-suicide/，2018-05-01.

第三节　体质健康监测与提升

随着人工智能的发展和技术手段的革新，人们对体质健康的检测也从传统的测量手段到利用人工智能的手段对人体的生理数据进行监控，并且通过大数据分析和云平台计算给出更加精确、及时的提升策略方案。

心率是人体活动情况的重要指标，静息心率以及运动状态下的心率都能反映出个人的身体状态。对于各个年龄段的人群来说，对心率的监控都有着相当重要的意义；对于青少年来说，心率可以检测出其运动状态；对于成年人来说，运动心率和静息心率都是监控身体的重要指标；而对于老年人来说，心率和生命是息息相关的。

睡眠也是人体健康的重要指标，对于睡眠质量的监控也是目前人工智能领域研究的方向，睡眠的监控难点在于睡眠状态是由大脑的不同脑波决定的，过去，对于脑电波的监控常常使用大型设备进行，较为复杂以及缺乏及时监控，因此目前许多公司以及研究机构都在研究可穿戴式的设备，来监控睡眠质量。学生睡眠质量的监控对于教师来说非常重要，教师可以通过查看睡眠质量来查看那些前一天睡眠出现问题而导致学习不集中的学生。

本节案例主要介绍了利用智能穿戴设备，如 Zone 手环、北京师范大学未来教育高精尖创新中心的智能手环、Sleep Shepherd 智能睡眠头套、京师云橙校园足球的心率带、无人机等，追踪采集用户的身体指标数据，并借助人工智能算法进行数据分析，从而完成体质健康监测。各类传感器和 AI 摄像头的介入，使得数据的采集比传统测量方式更加全面和持续，能够更加准确地反映学生的体质健康状况。

案例 5-10　阿迪达斯与 IHT 共同研发的"Zone"①

阿迪达斯与 Interactive Health Technologies（IHT）合作推出 Zone，这是一款专为儿童设计的新型耐用健身追踪器，适用于体育课堂（图 5-15）。

图 5-15　阿迪达斯可穿戴手环

Zone 跟踪器是手腕穿戴式的活动跟踪器，通过数字显示器提供实时反馈。它的主要数据是反馈实时心率，这是孩子在移动过程中一项重要的指标。Zone 将显示孩子的心率，并且会有一个颜

―――――――――――――――――

① "Adidas brings fitness tracking to school-children"，http：//gadgetsandwearables. com/，2018-05-28.

色来显示正在进行的活动水平(分为低、中及剧烈)。

跟踪器还将数据发送给 IHT 的系统,称为 IHT 系统。体育老师可以利用这一点来查看学生的活动和心率,找出哪些孩子需要额外关注才能达到他们的目标。

根据 IHT,在 2015 学年期间,有 60 万名儿童参加了 IHT 系统。目标是在今年年底前在全国范围内达到 100 万名学生。

"IHT 的阿迪达斯专区让教师可以轻松跟踪学生表现,提供个性化学习机会,并衡量 K12 体育课程的有效性。"IHT 网站解释说。

这绝对是一个非常重要的工作,对解决儿童肥胖将起到重要作用,美国的学校从 2016 年的秋季开始使用这种设备。不仅在美国,在全球范围内,儿童肥胖问题日益严重。统计数据显示,在过去的 30 年里,肥胖儿童增加了一倍多,肥胖青少年增加了四倍。美国 6~11 岁儿童肥胖的比例从 1980 年的 7% 上升到今天的 20% 左右。同样,在同一时期,12~19 岁的肥胖青少年比例从 5% 上升到 20% 以上。今天,超过 1/3 的儿童和青少年超重或肥胖。

案例 5-11　北京师范大学未来教育高精尖创新中心智能手环与体育教学的结合

伴随着我国科学技术的发展,各类信息技术的不断创新,在这样一个大数据时代背景下,教育理念和教育模式受到的改革推动作用尤为明显。所以,在"互联网 + 教育"基础上,学校体育教学的改革,既可以促进体育教学的信息化发展,又可以为构建终身体育的学习习惯提供条件。《国务院办公厅关于强化学校体育促进学生身心健康全面发展的意见》指出,要建立健全学生体质健康档案,加强学生身体健康的过程数据汇聚,为学生的健康成长提供保障,该文件也建议学校建立中小学体育课程实施情况监测制度,鼓励各地运用现代化手段对体育课进行监测。

智能手环项目由北京师范大学未来教育高精尖创新中心郭俊奇博士研究团队自主研发,实时采集学生体育课上的运动生理数据,进行智能化数据处理和分析,生成体质评估结果并实时反馈给手环佩戴者与体育老师。作为在青少年体测和运动评估中的一种创新应用案例,尝试为传统模式下的青少年体质监测引入新理念和新方法,实现学生体质健康水平的实时反馈与评价,有效辅助体育教师开展日常教学活动。

为提升体育教学效果,使教师获得的学生体质健康信息更具时效性,高精尖中心与北师大信息学院郭俊奇博士于五月份前往通州区第六中学,在那里和通州教师研修中心体美艺处张金玲主任及六中学校领导、教师们共同开展了体育学科教学研讨会。会后六中体育教师王赛男老师协助组织了智能手环辅助体育教学活动课,利用智能手环对学生体质健康进行实时监测(图 5-16)。

智能手环通过采集学生运动过程中的心率和血氧等指标,通过大数据分析,构建学生的运动数据及身体监控指标数据,通过体质健康模型,可以监控学生的身体素质和健康状况,并根据学生的个人身体状况给出个性化身体素质增强方案;图 5-17 为手环数据上传及处理界面。图 5-18 为体质测评数据分析结果。同时,学校的体育教师和学校管理员也可以通过班级整体数据,了解学生群体的身体情况。

图 5-16　学生佩戴智能手环进行 600 米跑测试

图 5-17　智能手环数据上传及处理界面

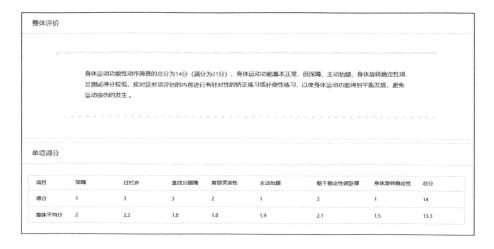

图 5-18　智能手环数据处理及分析结果

案例 5-12　Sleep Shepherd 的智能睡眠头套①

多项研究表示晚间良好的睡眠能改善记忆并促进细胞再生。现在人们的生活压力越来越大，导致越来越多的人患有失眠症状。数据公园观察到通过智能设备等高科技产品协助睡眠正在成为新的趋势。

根据 DataPark 消费者调查，有 11% 的手机用户会用 App 去记录、追踪及辅助他们的日常生活，另外 35% 的用户对于这种 App 感兴趣，这就为助眠的 App 提供了机会。

Juvo Labs 公司开发出辅助睡眠的光纤垫 Juvo，采用无源光技术以及与手机蓝牙配对的检测器来监测睡眠，通过振动频率和时间来判断用户的睡眠状态和具体的阶段，通过和各家居设备连接，营造更好的睡眠氛围，如图 5-19 所示。

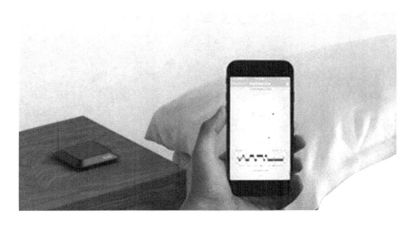

图 5-19　Juvo Labs

这些数据除了可以被 Fitbit 以及 Jawbone 等个人设备利用于记录外，Juvo 获得的睡眠数据将直接控制灯光、电视、恒温器等智能家居设备（比如，通过飞利浦 Hue 以及 Lifx 这类智能灯泡、Nest 恒温器或是贝尔金 WeMo）的功能，这样的"睡眠系统"会根据用户状态主动做出调整，比如关闭灯光和电视，温度调节到适宜水平。

案例 5-13　京师云橙校园足球智慧解决方案②

京师云橙校园足球智慧解决方案是由北京师范大学音像电子出版社与云橙体育联合推出的面向校园足球的智慧解决方案（图 5-20），包括教学、训练和比赛三方面解决方案。它能够解决教师足球教学备课的需求，在不增加课堂教学负担的前提下，轻松解决足球训练和比赛数据采集的问题。通过心率带、无人机和 AI 摄像等科技手段，采集每个学生的身体情况，以及进攻、传球、

---

① 《穿戴设备的下个方向 国外睡眠可穿戴设备一览》，http：//wearable. ofweek. com/，2018-05-23。
② 北京市朝阳区教育研究中心附属学校：《北京市朝阳区教育研究中心附属学校成为全国首家"京师云橙"校园足球智慧解决方案示范基地》，http：//www. bjjyf. cn/index. php/home/article/index/id/35606，2018-04-13。

防守、拼抢等精准数据，通过对数据分析和对球队做出的技术数据报告（图5-21），教练可以精准地调整战略战术，并掌握球员体能训练的侧重方向，使校园足球教学借助数据和科技，提供科学的训练依据。此外，京师云橙智慧训练装备可同步用于校园的体育项目，成为学生体质体能健康档案，建设校园全体育大数据。目前，该解决方案已被列为国家新闻出版广电总局出版融合发展（北京师范大学出版社）重点实验室2017—2018年度重点课题，同时入选了新闻出版广电总局改革发展项目库2018年度入库项目。

图 5-20　北京市朝阳区教育研究中心附属学校的学生穿戴
"京师云橙校园足球智慧解决方案"的设备进行足球比赛

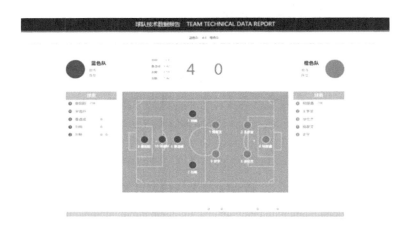

图 5-21　比赛过程中的实时数据

第四节　智能课堂评价

　　随着计算机视觉、自然语言处理等技术的发展，人工智能在课堂评价方面也扮演着越来越重要的角色。本节案例介绍了计算机视觉和自然语言处理技术在课堂教学中的应用。以好未来魔镜系统和盈可视实验实训系统为例，利用人脸识别技术，不仅能够实现对学生的识别，起到自动签到的作用，而且可以通过学生的表情，识别学生的情绪，帮助教师了解学生的学习兴趣是否饱满，从而适时地调整自己的教学模式。自然语言处理技术则可以对学生的开放性答案进行自动识别和标记，从而给出即时反馈，或将学生的作答情况反馈给教师。WISE 虚拟学习系统和批改网英语写作智慧课堂均反映出这种技术在问题驱动的教学中作用明显，使得教师可以掌握学生在课堂上解答问题的情况，及时调整自己的教学策略。

案例 5-14　魔镜系统

魔镜系统①是好未来开发的，基于图像识别技术，借助摄像头捕捉学生上课时的状态和情绪数据，生成属于每一个学生的情绪报告，辅助老师掌握课堂的动态，让老师能对每个学生施以充分关注。该技术对每一帧影像首先进行分割，识别出每一个学生的头像，并进一步利用深度学习的算法，根据学生的表情进行分类，从而判别出学生的情绪状态（图 5-22②）。魔镜系统既需要软件的支持，同时也需要硬件的支持。教室至少需要配备一个高清摄像机，并且放在合适的位置，从而能够拍摄到每个学生的面部情况。魔镜系统会将学生情绪的汇总提交到教师端，以使得教师能够实时监测学生的变化，并让教师以及学校管理者能够获得课堂教学的过程数据，以利于课堂教学的改进。

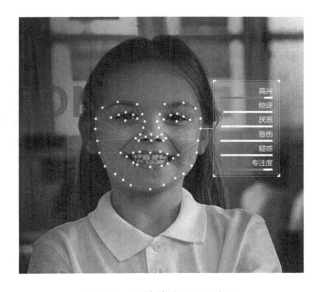

图 5-22　表情情绪识别示意图

在魔镜系统得到许多赞誉的同时，也受到许多的批评，引起了人们对于该系统所带来影响的担忧。许多教育研究者担心教师会过多地依仗魔镜系统对学生的上课状态进行评价，而学生为了获得更好的课堂评价，会故意做出比较积极的表情，这些行为反而会妨碍学生的课堂学习。另外，魔镜系统对学生的每一个表情都实施检测，可能会对学生的学习造成无形的压力。从隐私伦

---

① 好未来教育，http：//www.sohu.com/a/197375117_130148，2018-05-29。
② 人脸分析，http：//ailab.100tal.com/product/face.html，2018-05-22。

理的角度来看，这种强行对学生表情的监控行为是否符合伦理道德也是一个值得考虑的问题。魔镜系统的实用性和有效性尚未得到证实，但已经引起了多方面人士的关注。

案例 5-15　实验实训系统

盈可视的实验实训系统可以拍摄 40 路的学生操作画面，让教师能够实时监测每一个学生做实验的情况，给出反馈。另外，教师也可以通过该系统将自己的实验过程，以高清影像的形式，实时传输到每个学生终端，解决学生围观教学的问题。如图 5-23 所示①，系统通过全景摄像机捕捉课堂的整体情况。在教师处，配备教师特写摄像机，高清拍摄教师的实验过程。在每一个学生位置，配备学生实训特写摄像机，实时采集学生做实验的情况。教师和学生的实验实时数据通过

图 5-23　智慧教室布局示意图

---

① 盈可视，http：//www.ncast.com.cn/shiyanshixunxitong/show/1542.html，2018-05-25。

交互式实训课堂点评软件进行汇聚，教师可以通过点评软件对学生的实验步骤进行点评，让学生得到即时反馈，从而改正错误的实验步骤。

交互式点评软件如图 5-24 所示，教师可以通过图 5-24(左) 所示的多视频界面，对学生总体的实验情况有所了解。然后可以通过点击个别视频捕捉画面，对具体学生的实验过程进行评价，给予学生鼓励或是纠正学生的错误。同时，教师也可以调取任意一路学生的操作画面进行回放，以此来展示学生实验操作中可能遇到的雷区，基于实例组织开放式课堂讨论，增加师生的互动性。在课后，教师也可以通过回放视频更加详细地了解每一组学生的实验情况。特别是当发生实验事故时，可以通过回顾视频了解实验事故发生的原因。

图 5-24　实时视频点评软件

案例 5-16　WISE 虚拟学习环境

WISE(Web-based Inquiry Science Environment) 是一个功能强大的在线学习平台，主要用于探究学习的教学实施。项目从 1997 年启动至今，已有超过 15 000 名来自世界各地的科学教师、研究人员利用 WISE 开展教学研究工作，惠及了超过 100 000 名中小学生。

在 WISE 平台上，学生可以自主学习平台提供的课程单元，以解决自身在学习中遇到的困难。课程单元均经过精心设计，作为教师课堂教学的知识巩固和补充，并基于课堂研究中的反馈进行迭代完善。如图 5-25 所示，WISE 界面简单，功能丰富，集成了认知提示、反思笔记、评价和在线讨论等功能[1]，学生可以在其上进行绘图、注释、概念映射等操作，还可以使用互动模拟功能对模型进行仔细观察。平台的笔记本工具帮助学生在学习过程中整理想法，组织思路，为自己的研究报告收集素材。同时，WISE 应用现代网页技术开发制作了系统建模绘画系统，使得学生能够将自己的系统性思维外显。WISE 的协同反思模块和教师反馈功能，则可以帮助学生自我审查所建立的科学探究活动环节。

下面对 WISE 的系统建模绘制模块以及探究活动模板进行详细介绍。

WISE 的系统建模绘制模块允许学生建立自己的想法与观点，并引导学生收集证据来支持所提出的想法与观点。学生的证据可以是文本资料、多媒体视频、音频等多种不同的形式。在过程中，系统也会指导学生将自己的观点转化成各种不同的形式，从而最终形成学生的演讲。

---

① 　WISE Features，https：//wise. berkeley. edu/pages/features. html，2018-05-11.

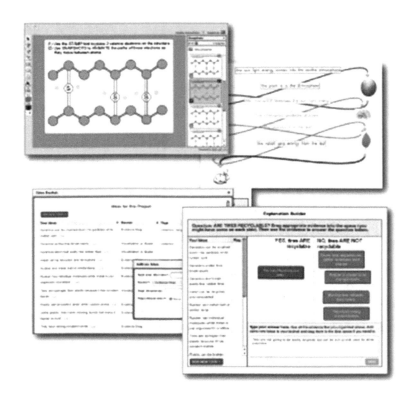

图 5-25　WISE 系统建模工具示意图

　　证据和观点间往往需要一系列的事件相连。WISE 的系统建模工具则让学生能够轻松地建立一系列顺序事件，描述所收集的证据是如何一步步地支持自己所提出的观点的，并允许学生具体描述这种转化的动词以及名词。

　　总之，WISE 的系统建模模块可视化了学生提出观点，收集证据，并用证据支持自己观点的思维过程。而学生每一步的进程，也得以被系统所记录，并反映到教师的终端上。

　　如图 5-26 所示，教师可以通过 WISE 的探究活动模板建立自己具体的探究活动，而所建立的探究活动可以轻松地分享给其他教师①。这种分享的模式极大地增加了教师之间的交流，使得优秀的教学设计可以得到迅速的推广。探究活动模板提供大量组件，包括选择题、填空题、简答题、交互题等，让教师能够方便地建立属于自己的探究活动。最新的英文版 WISE 集成了短文本答案自动批阅功能，让学生的短文本答案能够得到即时反馈。

　　①　WISE Authoring Tool，http：//wise. berkeley. edu/author/authorproject. html？projectId＝20089，2018-05-20.

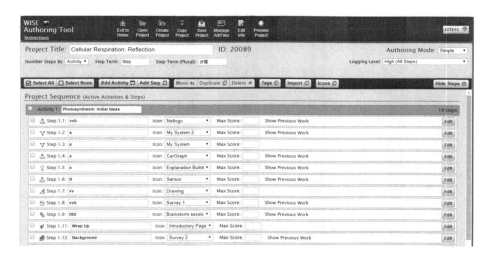

图 5-26　根据探究活动模板建立探究活动

案例 5-17　批改网英语写作智慧课堂

写作是语言输出的重要途径，它能客观反映学生的综合语用能力。但长期以来，传统英语写作教学模式过于重视写作结果，忽视了学生参与写作评价的过程，造成学生写作兴趣不高，写作水平停滞不前。批改网①英语写作智慧课堂（以下简称批改网"智慧课堂"）为了突破英语写作教学困境，提升学生英语写作素养，将智能写作批改系统和传统写作教学结合起来，实现写作教学的智能化、实时化、互动化，从而调动学生写作的积极性，提升写作教学的效率。基于大数据的实时反馈及智能分析，教师和学生双方可在课堂实时查看作文诊断结果、成绩排名、互评表现、个性化任务等，使得师生能够充分互动，每一个学生都有存在感和参与感，既实现了规模化，也实现了个性化。

简单而言，批改网的英语作文批改技术原理如下：研究人员设计了有 192 个独立可测量参照指标的打分公式，最终系统会选择十几个和作文分数相关性最高的指标来打分。具体的指标包括了词汇的丰富度、词汇的难度、语法是否有使用错误的地方等（图 5-27）。当理论上的打分公式建构完成之后，批改网会选择足够大的用户样本来训练打分引擎，比如选择某次考试中 2 000 个学生的作文，计算这两千篇作文机改和老师批改结果的相似度有多高，如果差别在上下一分的区间之内，则认为机改的结果是有效的。

批改网"智慧课堂"主要包括同写、共评、分学三部分，如图 5-28 所示，由老师布置题目，学生当堂写作；作文批改由师生共同完成，在阅读他人文章过程中划出好词好句，作为自身的积累；整个过程的数据会被实时分析和展示，班级层面的统计结果将指导教师调整教学策略，而学生个人的数据则会成为因材施教、个性化学习的重要参考。由于紧密结合英语写作教学中的痛点和难点进行设计，批改网"智慧课堂"已经积累了大量的教学设计案例。

---

① 批改网：批改网——秒批作文，两千万人使用的在线英文写作平台，https：//www.pigai.org/，2018-09-13。

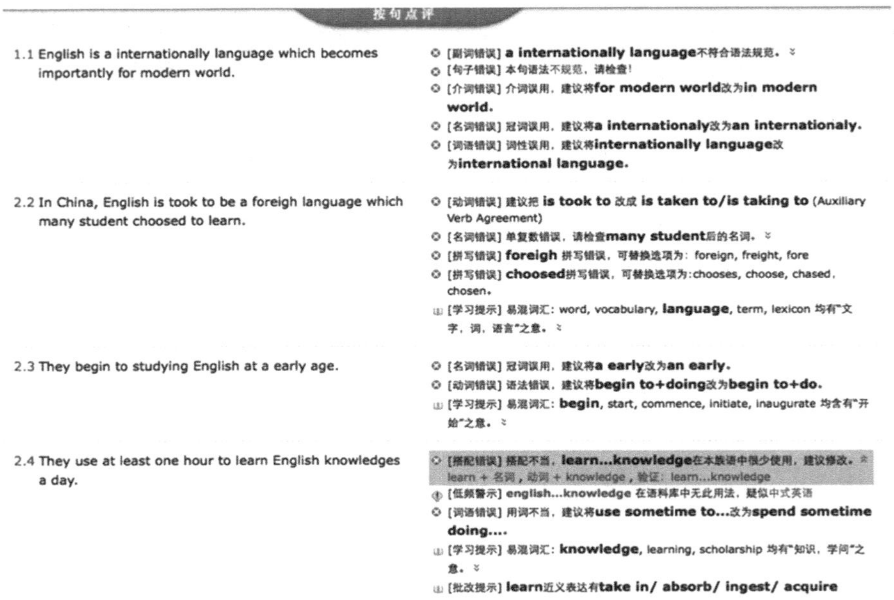

按句点评
1.1 English is a internationally language which becomes importantly for modern world.
[副词错误] a internationally language不符合语法规范。
[句子错误] 本句语法不规范，请检查!
[介词错误] 介词误用，建议将for modern world改为in modern world.
[名词错误] 冠词误用，建议将a internationaly改为an internationaly.
[词语错误] 词性误用，建议将internationally language改为international language.
2.2 In China, English is took to be a foreign language which many student choosed to learn.
[动词错误] 建议把 is took to 改成 is taken to/is taking to (Auxiliary Verb Agreement)
[名词错误] 单复数错误，请检查many student后的名词。
[拼写错误] foreigh 拼写错误，可替换选项为：foreign, freight, fore
[拼写错误] choosed拼写错误，可替换选项为:chooses, choose, chased, chosen。
[学习提示] 易混词汇：word, vocabulary, language, term, lexicon 均有"文字，词，语言"之意。
2.3 They begin to studying English at a early age.
[名词错误] 冠词误用，建议将a early改为an early.
[动词错误] 语法错误，建议将begin to+doing改为begin to+do.
[学习提示] 易混词汇：begin, start, commence, initiate, inaugurate 均含有"开始"之意。
2.4 They use at least one hour to learn English knowledges a day.
[搭配错误] 搭配不当，learn...knowledge在本族语中很少使用，建议修改。
learn + 名词，动词 + knowledge，验证：learn...knowledge
[低频警示] english...knowledge 在语料库中无此用法，疑似中式英语
[词语错误] 用词不当，建议将use sometime to...改为spend sometime doing....
[学习提示] 易混词汇：knowledge, learning, scholarship 均有"知识，学问"之意。
[批改提示] learn近义表达有take in/ absorb/ ingest/ acquire

图 **5-27** 英语作文批改过程示例

①
同写
②
共评
③
分学
SCORE
打分
划词
润色
• 老师布置题目 进行指导
• 学生当堂答题 一同写作
• 数据实时分析 同步展示
• 对同一作文进行打分
思考体会作文要点
• 在同一作文中划选好词
取人之长为己所用
• 对同一作文进行修改
好作文是改出来的
• 班级整体数据 指导教学
• 学生个性数据 因材施教

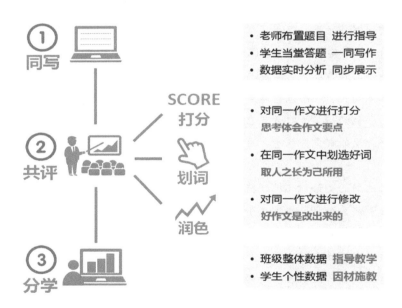

图 **5-28** 英语写作智慧课堂主要模块

第五节 学生成长与发展规划

通常将人工智能的进化划分为递进式的三个层次：感知、认知、决策。在感知层，如人脸识别、语音识别等技术快速发展，应用也越来越普及；在认知层，如智能客服、智能医疗助手逐渐被大众熟知；而决策层的应用仍比较缺乏。IBM 中国研究院研究总监、大数据及认知计算研究方向首席科学家苏中认为：人工智能最有价值的部分就是帮助人类做个性化的决策①。当前世界各国教育对学生个性化、多样化发展的强调越来越多，学生成长的自主性越来越高，面临的发展选择越来越多。学生，尤其是青少年学生，无论是数据信息处理能力，还是计划决策能力都还在发展过程中，仍不成熟。利用人工智能辅助学生进行成长与发展的规划，实现学生适应性和个性化发展是人工智能在教育应用中的重大挑战和机遇。

本节以美国高校计分卡、Admitsee 入学申请共享平台、学生成长发展智能推荐系统为例，介绍了大数据在学生成长发展规划中起到的辅助决策作用。基于不同的指标，将学校、学科和学生的海量数据进行建模分析和分类，并利用智能推荐算法为学生推荐最合适的择校方案和选课方案，或在申请高校的过程中匹配与其背景相似的申请者及申请策略作为参考，合理规划自身发展。

案例 5-18 美国高校计分卡（College Scorecard）

2015 年 9 月，美国内政委员会（Domestic Policy Council）、经济顾问委员会（the White House's Council of Economic Advisers）、管理和预算办公室（Office of Management and Budget）、美国数字服务部（the U. S. Digital Service）、教育部（the Department of Education）、财政部（the Department of the Treasury）的专家组成特别工作小组，建立向社会发布教育信息的公共网络平台。由政府机构推出的可靠性数据被视为学生优化择校决策的重要信息来源。通过公开高校办学水平的关键信息，帮助学生和家庭选择大学和专业。

用户可在网站查询超过 7 000 家经过认证的高等教育机构信息（图 5-29）。获取目标学校的详细信息，如专业、地理位置、学生规模、学制、办学性质（公、私立）和 SAT（美国学术能力评估测验）和 ACT（美国高考）成绩及授位人数最多的前五个专业等。除此之外，还提供有关高校的可支付能力和价值（affordability and value）方面的信息，尤其是三个核心数据指标：年均学费（average annual cost）、学生毕业率（graduation rate）和毕业后薪水（salary after attending），此外还能看到不同家庭收入水平的花费（by family income category）及获得的经济援助和债务（financial aid and debt）等信息（图 5-29），帮助学生依据自己的情况做出决策。

作为交互式平台，高校计分卡支持基于不同指标的分类处理，包括学校收费、毕业率、毕业生收入、学生负债水平和就业前景，并对筛选出的学校进行比较和设置排序。系统向用户推荐排名前 10% 的"低学费、高收入"的 4 年制高校名单（23 所）、"高毕业率、低学费"的四年制高校（30 所）、"高毕业率、高收入"的 4 年制公立高校（15 所）以及各州"毕业后高薪水"最高的两年制

---

① IBM 科学家：《人工智能最有价值部分是帮人类做个性化决策》，http：//www. xinhuanet. com/tech/2016-03/27/c_ 1118454808. htm，2018-05-23。

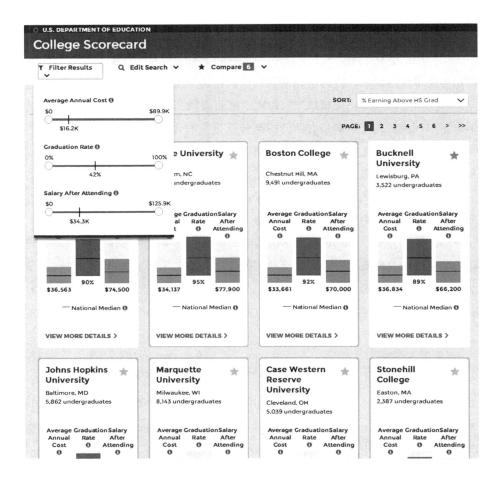

图 5-29　大学信息

学院名单(45 所)。使学生、家长和社会能够对学校和相关专业一目了然，从而起到比较甄别、评价筛选的作用，它被认为是"选校神器"(comparison-shopping tool)(图 5-30)①。

案例 5-19　Admitsee 入学申请共享平台

Admitsee 是 2013 年由宾夕法尼亚大学两名学生创建的教育技术公司和社交网站②。通过分享成功申请大学的学生案例，为高中生提供基于真实数据的择校信息和相关服务。目前已收集了上百所美国高校的学生入学申请资料，资料覆盖了他们的 SAT 考试成绩、申请时的个人陈述、入学申请书等。用户可以在网站搜索这些学生的信息，如过去成绩的平均绩点、入学考试分数、参加过的课外活动和完成的某篇论文。从而找到与自己背景相似的人，并进一步获得他们申请了哪些学校，被哪些学校录取了，被哪些学校拒绝了等信息。学生也可以通过上传自己的申请文章来寻找数据库中最相似的文章，并查看匹配学生的数据(图 5-31)。

---

① 蒋华林、金鑫：《美国高校计分卡：目的、内容及其启示》，载《重庆大学学报(社会科学版)》，2017(1)。

② Wikipedia，"AdmitSee Inc"，https：//en. wikipedia. org/wiki/AdmitSee_ Inc. html，2018-05-11.

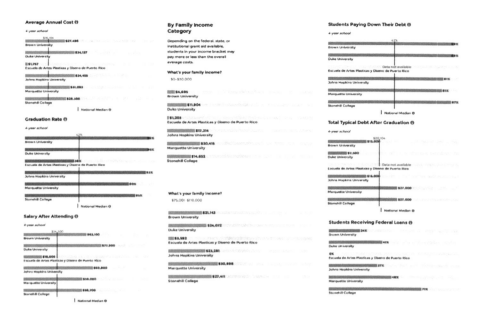

图 5-30　目标高校比较

图 5-31　案例查询及匹配界面

同时，Admitsee 与智能写作批改工具 WriteLab 合作，对学生入学申请文书进行自动地分析，并给出相应的修改建议，如推荐更合适的单词、更好的表达方式和句子结构（图 5-32）。同时，基于对成功申请学生文书材料的定量分析，发现不同学校的特征，从而为学生量身定制特定学校的申请文书，提高成功申请概率。例如，他们对 539 篇斯坦福大学和 393 篇哈佛大学入学资料的研究显示，被成功录取的学生所提交申请书的主题甚至措辞上有明显的相似特征。在对父母的称呼上，"mom and dad"被斯坦福大学录取的概率更高；"father and mother"更易获得哈佛大学的录取通知①。哈佛大学更倾向于文字中带有悲伤色彩的入学申请书，"癌症""困难""艰辛"等词语常见。斯坦福大学的招生人员则更喜欢具有创造性或激情的故事，常见词语有"快乐""激情""更好""提升"等②。

①　张燕南：《大数据的教育领域应用之研究》，博士学位论文，华东师范大学，2016。

②　"Using these words in your admission essay may secure you a spot at Harvard"，http：// college. usatoday. com/2015/08/11/admitsee-essay-words-harvard-stanford. html，2018-05-23。

图 **5-32**　大学申请文书指导系统

案例 5-20　学生成长发展智能推荐系统

　　新的考试招生制度改革的背景下，传统的文理分科被取消，学生的选择空间扩大，决策时间提前。而高中生的理性思维能力、决策能力不够成熟，社会经验也欠缺，容易在有限因素的影响下做出不符合自身特长的选科决策和专业决策。北京师范大学未来教育高精尖创新中心，开发了基于学生特征的选科推荐系统。这一系统可以帮助学生认识自己、发现自己的特长、兴趣，协助完成学生成长发展的智能推荐，适应中考、高考改革，给予学生越来越大的选择权。通过采集学生各阶段的学业成就和心理、能力发展特征、测评学生整体特征和能力、识别学生个体、特长和优势，给出关键期的学科选择和专业选择及未来发展建议。学生的成长发展推荐不仅基于分数，还涉及能力特征、心理状态、学习行为、传感数据以及国家招生与录取政策、学科专业特点。在这些基础上建立数学模型，以此推荐最适合学生个性特征及能力和分数段的报考专业和方向，及其个人生涯发展规划。

　　系统的实现路径如图 5-33① 所示，它通过学生测评系统，采集学生的个人特征、学科能力，建立学生模型，形成对学生全面准确的数字描述；再通过对大学专业的文本分析和特征提取，建立专业网络关系，形成科学的专业发展推荐。该研究设计比较周全，不光考虑分数，还考虑专业能力、各专业对能力的需求及学生的学科素养要求。

　　用数据发现学生的兴趣、能力、个性特征，帮助学生认识自我、发现自我，对自己的成长和发展做出理性的规划和决策。在这些方面人工智能教师可以发挥重要作用。一些大学已经开始采取措施，为学生提供人工智能指导的培训，以缓解大学和高中之间的过渡。

　　未来，大学的选择过程可能最终会像亚马逊或 Netflix 一样，有一个系统为学生根据其兴趣推

---

① 　余胜泉：《人工智能教师的未来角色》，载《开放教育研究》，2018（1）。

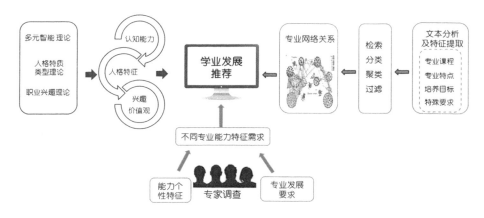

图 5-33　学生成长发展智能推荐系统

荐最好的学校和专业①。

第六节　口语自动测评

　　随着时代的发展以及相应考试的改革，中高考越来越重视实际应用能力的考查，具体反映在对学生英语听说能力的测评上。长期以来，中高考这类大型考试长期缺乏对学生口语能力的测评，主要原因在于口语的测评需要耗费大量的人力时间。随着人工智能技术的发展，机器对于学生口语能力评分的可靠性大大提高，中高考也逐渐采用机器评分的方式来评测学生的口语水平。另外，机器口语测评也被广泛应用于普通话测试当中评测应试者的普通话口语水平。本节将使用英语口语测评以及普通话测评等多个案例介绍人工智能技术在口语测评中的应用。

　　本节以科大讯飞 E 听说、普通话水平测试、先声教育智慧 AI 系统为例，介绍语音识别、自然语言处理等人工智能技术在口语测评中的应用。语音识别技术能够完成语音到文本的转换，在此基础上，借助深度神经网络提取语音音频中的声纹特征和朗读文本中的语法语义特征，并以专家评分为标签，通过机器学习训练打分模型，以实现对学生口语的自动评分。

案例 5-21　科大讯飞 E 听说

　　在 2009 年，江苏省中考首次开展人机对话听力口语考试。2011 年，广东省高考将听力和口语考试合并为英语听说考试，并计入高考总分。2016 年，上海市高考新增英语听说考试，计入高考总分。可见，英语听说考试正在逐渐成为高考重要的组成部分。英语听说考试，尤其是口语考试，则主要以人机对话的形式展开。这也就为人工智能技术提供了用武之地。

　　口语的机评主要通过提取三类语音特征来进行评分：语音的完整性、语音音段的质量以及语法语义。科大讯飞 E 听说通过其语音转文字技术提取语音的完整性特征，通过对语音模型中声纹等特征的提取来刻画学生的音段质量特征，最后通过深度神经网络技术提取出学生语音中的语法

　　① TeachThough Staff，"10 Roles For Artificial Intelligence In Education"，https：//www.teachthought.com/the-future-of-learning/10-roles-for-artificial-intelligence-in-education.html，2018-05-01.

语义特征。学生语音特征的提取如图 5-34 所示①，其基本过程是将基于时间序列的语音波纹转化为一系列数学向量。

通过语音转文字技术
通过语音模型分析技术
通过深度神经网络技术
完整性特征
音段质量特征
语法语义特征

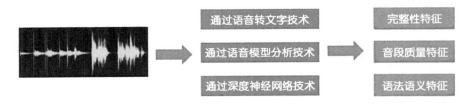

图 5-34 学生语音特征提取

在完成特征提取以后，科大讯飞 E 听说采用监督学习的方法，对自动评分标准进行学习。具体来讲，其机器学习过程以专家评分为标签，寻找各类特征合适的权重值，以实现自动评分。在自动评分产生之后，则可以通过对权重值的分析，来解释语音得到相应评分的原因。这个过程的实现如图 5-35 所示。

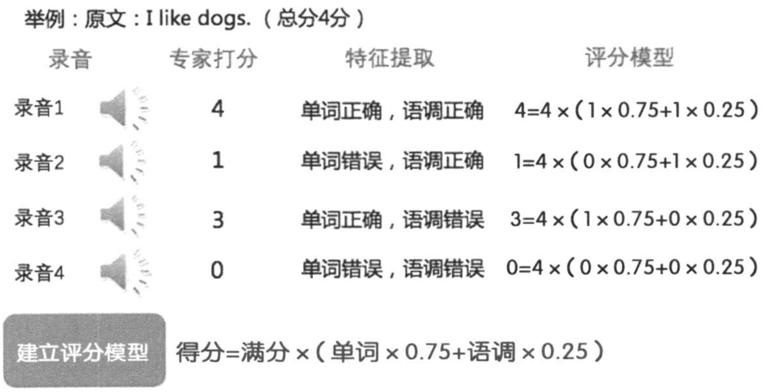

举例：原文：I like dogs.（总分4分）
录音
专家打分
特征提取
评分模型
录音1
4
单词正确，语调正确
4=4×(1×0.75+1×0.25)
录音2
1
单词错误，语调正确
1=4×(0×0.75+1×0.25)
录音3
3
单词正确，语调错误
3=4×(1×0.75+0×0.25)
录音4
0
单词错误，语调错误
0=4×(0×0.75+0×0.25)
建立评分模型
得分=满分×(单词×0.75+语调×0.25)

图 5-35 学生语音评分模型

目前，科大讯飞 E 听说是国家语言委员会权威认定，唯一可用于大规模语言测评的技术。并且实现了对语音准确度、流畅度和完整性的多维度测评。

案例 5-22 计算机辅助普通话水平测试

计算机辅助普通话水平测试利用计算机语音识别技术，部分代替人工测评，实现普通话水平测试。具体来讲，普通话水平测试分为四个部分：读字、读词、读章以及主题说话。在读字环节，应试者需要对屏幕所呈现的 100 个单字进行依次朗读。主要考查应试者对字声调以及声调曲折的把握。在读词环节，应试者需要对 100 个词语进行依次朗读。主要考查应试者对不同声调相连、儿化韵、轻声词、重音、次重音等的把握。朗读短文则需要应试者带有感情地朗读给定文章，语速适中、咬字清楚，并注意相应标点符号的停顿。主题说话则是需要应试者在给定的两个

① 讯飞易听说：《E 听说——中学英语智能网络学习空间丨2018 广州学生 AI 大会》，http://www.sohu.com/a/232805563_681047，2019-09-10。

题目中任选一个，并围绕这个主题进行 3 分钟的描述。这四部分的答题界面如图 5-36 所示①。

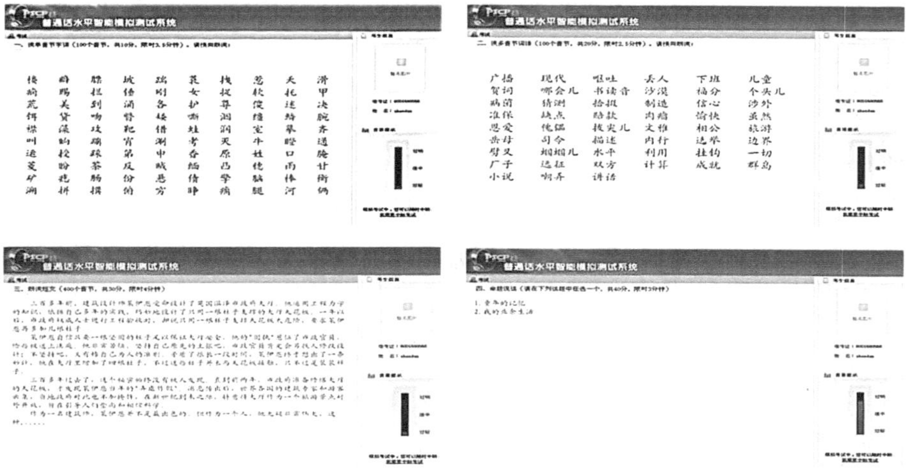

图 5-36 普通话测试界面

由于前三部分的答案是给定的，所以可以通过构造计算机算法对应试者的读音进行自动评价。而第四部分具有非常强的开放性，现在仍旧由人工完成评价。除了减轻人工评审的工作负担，机器自动评审也更加公平公正，具有更高的信效度。为了进一步保证评审的质量，每批次测试还会组织相应的人工抽查复审，原则上复审的概率不低于测试总数的 1%。

案例 5-23　先声教育智慧 AI 系统在英语教学中的应用②

先声教育公司基于语音识别、自然语言处理等核心技术，自主研发智能口语测评、智能写作批改、自适应学习、智能对话以及情感识别技术解决方案。先声教育智慧 AI 系统在教学中的应用如图 5-37 所示。

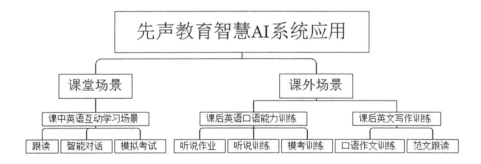

图 5-37 先声教育智慧 AI 系统应用图

先声教育口语自动测评技术，主要涵盖了中文普通话自动测评以及英文口语自动测评两大块。中文普通话，目前主要支持字、词、句子、短文的自动测评。英文口语，基本覆盖了全题

① 科大讯飞：《普通话模拟测试与学习平台》，http：//www. isay365. com，2019-09-10。
② 先声教育，http：//www. singsound. com/index. html，2018-07-27。

型，包括音素、单词、句子、短文、选择题、翻译题、短问答题、口语作文题等。除此之外，英文口语学习过程中，小功能的自动测评技术也能给予支持，包括音素发音检错、重读音节检测、重读检测、连读检测、升降调检测、意群停顿等。

口语自动测评技术，可以概括成三大块，如图5-38所示。第一大块主要是语音识别，完成语音到文字的转换，并且获取具体的单词、音素的边界信息，为后续模块做准备；第二大块是特征提取，提取相应评分特征，包括发音特征、韵律特征、流利度特征、语调特征，以及自然语言处理相关特征，如内容特征、用词特征、语法特征、连贯性特征、离题特征等；第三块是打分模块，根据人工专家评分训练集，训练出相应的打分模型。图5-39为课外英语口语训练。

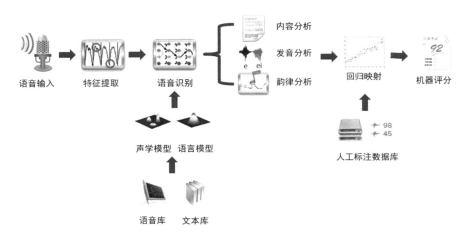

图 5-38　口语自动评测系统

课外听说训练

图 5-39　课外英语口语训练

先声教育在口语作文训练技术方面采用基于神经网络算法的自动作文评分（Automatic Essay Scoring，AES）系统，现有的基于神经网络算法的 AES 系统，大都是先通过嵌入得到词向量来表征文章中各个词的语义，然后采用循环神经网络或者卷积神经网络或者两者结合的方法进行深层的特征提取，最后通过前面提取的特征来分类或者回归对文章进行评分。近年来，自注意力机制与协同注意力机制也被引入到基于神经网络的作文评分系统中①，并取得了很好的效果。此类方法比传统 AES 系统能够更好地表征深层的语义信息，从而在一些标准数据集上取得了更好的效果。

---

① Dong F. , Zhang Y. , Yang J. , "Attention-based Recurrent Convolutional Neural Network for Automatic Essay Scoring", Conference on Computational Natural Language Learning, 2017, pp. 153-162; Zhang H. , Litman D. , "Co-Attention Based Neural Network for Source-Dependent Essay Scoring", Proceedings of the Thirteenth Workshop on Innovative Use of NLP for Building Educational Applications, 2018, pp. 399-409.

第六章

智能教师助理

人工智能技术的发展推动了教育领域的变革，而教育中业务处理、内容分析等各类任务的智能化转变，必然会对教师的角色和工作产生影响。

传统的教学和学习中，教师作为内容的讲授者、知识学习的引导者，承担了学习者学习过程中包括内容设计、课堂讲授、辅导、评价、改进的绝大多数工作，同时在自身职业发展过程中，教师也面临着复杂的学习、教研问题。这些业务主要以内容获取、推荐和总结评价为主，目前的人工智能技术在其他领域中对内容生成和方法评估方面做出的工作，已经可以为教师工作中主要业务的完成提供重要的辅助。另外，人工智能还可以将教师从烦琐、机械、重复的脑力工作中解脱出来，成为教师有价值的工具和伙伴：一方面，人工智能可以替代教师完成批改作业等日常工作，把教师从重复性、机械性的事务中解放出来；另一方面，人工智能会为未来教师赋能，成为教师工作的组成部分，由人机协作完成以前无法完成的智慧性工作。因此将人工智能技术融入到教育领域，建立智能教师助理以辅助教师的工作是本章的重点议题。

利用人工智能技术对教师的工作进行辅助是本章探讨的重点。未来教育的特点是关注每个个体的需求，发现、发掘和培养学生的个性，而实施个性化教学的基础是全面采集、分析学生学习过程数据，这一任务对于人类教师而言是几乎不可能完成的。依靠人工智能作为外部智力支撑，教师与人工智能协作教学，才能够既对整个班级学生有规模化支持，又实现适应每个个体发展的个性化教学。人工智能教师助理主要实现三方面的工作（图6-1），即辅助教师完成日常教学；辅助教师完成教研；辅助教师完成专业发展和学习。在此过程中，需要对学习者的个性化学习情境和教师的个性化教与学情境进行分析，建立有关教与学的情境库，形成基于不同情境的业务需求。针对这些需求，智能教师助理背后的云服务平台汇聚了海量的教师教与学、学习者学习的数据、知识库、规则库、本体库，并利用数据分析技术、自然语言处理技术、个性化推荐技术和机器学习技术实现对不同需求下服务的智能输出，以辅助教师的工作、教研和专业发展。

本章的案例主要从智能辅导、智能答题、智能出题与批阅、个性化作业、个性化评价报告生成、精准教研报告生成、教学设计生成、学期/年度总结生成、AI育人好教师九个方面，体现人工智能时代教师角色的转换以及智能技术对教师工作的辅助作用。这些案例不仅展现了人工智能技术目前在辅助教师工作、减轻教师负担中的具体实现方式，还为未来智能教师助理的解决方案设计提供了基本方向。

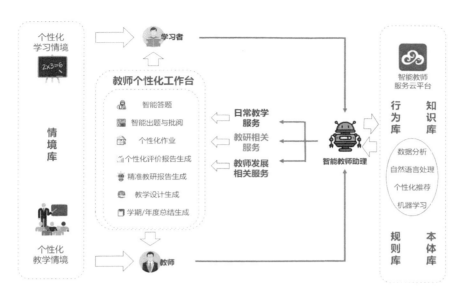

图 6-1 智能教师助理模型图

第一节 智能辅导

　　智能辅导是一种自动化、智能化的辅导技术，它的思想是利用计算机模拟教师的辅导角色，或者模拟教师辅导角色的一部分，以实现在基本不需要教师干预的条件下，为学习者提供即时和定制的指导与反馈。教师的时间精力有限，很难实现对不同学生的疑难点进行深入传授和解答，智能辅导的优势则在于能对每位学生进行一对一的训练和答疑解惑。

　　题目信息的检索是学生利用网络进行学习的主要行为之一。对于复杂的题目描述，如数学公式、长文本题目等，信息的键入会占用较长时间，从而影响学生的学习效率。此外，搜索引擎根据题目描述匹配到的内容通常只有简单的答案呈现，无法帮助学生真正学习到该题目中所包含的知识。因此，评价一款拍照搜题辅导软件是否合格，一方面需要衡量其信息输入的速度，另一方面还要看它是否能够真正提供帮助学生学习的解析资料，如果拍照搜题变成了作业抄袭的神器，那就适得其反了。

　　本节案例展现了多种智能技术在智能辅导中的运用。信息检索方面，OCR 技术的推广改变了传统键盘输入的方式，更加高效快捷；答疑解惑方面，借助深度学习方法，基于大量数据训练而成的人工智能助教不仅能够减轻人类助教重复性答疑工作的负担，同时也可以提高课程论坛上答疑的效率；传授知识方面，通过设计有趣的机器人学伴，并借助各类人机交互技术，可以增强学生学习的积极性和趣味性。同时，在辅导过程中引入大数据分析技术的支持，可以统计和分析学生学习时的各类行为，并给予针对性的指导和建议。

案例6-1　阿凡题智能拍照搜题①

　　智能拍照搜题于2014年推出，并在教育行业掀起了人工智能赋能教育的热潮。阿凡题是最早能够支持大规模并发用户进行拍照搜题的几家企业之一，目前已经构建了1亿道题目的巨型题库，并实现0.4秒内实时返回搜索结果。智能拍照有效解决了学生做作业的难题，对于不懂的作业题目，学生只需拿出手机将题目拍下，通过阿凡题APP将题目上传，瞬间即可得到题目的解题思路和步骤。同时，阿凡题还将拍照搜题与"举一反三"相结合，在返回题目解答过程的同时还给学生推荐相类似的题目，有利于强化训练学生的薄弱知识点。

　　阿凡题的核心竞争力在于OCR识别和先进的搜索技术，目前技术团队已经研发出针对光线影响、手写污染、拍照模糊等问题的有效解决方案，并利用深度学习技术建立有效的训练模型。阿凡题的智能拍搜服务部署于拥有几百台服务器的云平台中，对用户查询实现实时响应，并通过自主研发的弹性服务技术，能够动态根据流量的变化自动加入或者删减服务器，在保证服务质量的前提下大大降低了运营成本。

　　智能拍搜的不足之处在于依赖题库的精准匹配，对于没有出现在题库当中的题目显得束手无策。另外，在现实场景中，教师在布置作业时可能是随手写在黑板上，这时只能识别印刷体的应用就会显示出极大的局限性。为解决这一难题，阿凡题于2015年推出"阿凡题-x"（图6-2），采集128万个真实的手写字符样本并建立数据库，如此大规模的手写字符集以及其多样性保证了阿凡题-x的识别精准度。阿凡题-x支持数学科目的常用运算，如四则运算、二次方程组以及方程组变形的求解。无论手写体还是印刷体，阿凡题-x给出解题步骤和答案的时间都在1秒以内。

图6-2　阿凡题-x界面功能描述

　　阿凡题的拍照搜题技术除了满足公司各项业务线的需求之外，目前还与腾讯、魅族、搜狗等公司展开合作，帮助更多的中小学生解决难题，实现高效学习。

---

① 阿凡题官网：《中小学人工智能教育先行者》，https：//www.afanti100.com/，2018-09-13。

案例 6-2　使用 Photomath App 拍照解数学题

当作业中出现烦琐的数学公式和计算，学生需要详细的解题步骤辅导时，通常会选择求助搜索引擎。虽然网络资源十分庞大，但由于数学符号和公式的输入不便，通过网络搜索题解显然存在键入方面的难度。如果能够对数学公式直接进行拍照扫描，并解析照片中的公式内容，即可在帮助学生解答数学问题的同时大大节省搜索时间。

Photomath 就是这样一款能够拍照解答数学题目的应用软件①。它于 2014 年由位于克罗地亚萨格勒布的 Microblink 公司②发布。该应用通过文本识别技术，利用手机的摄像头扫描识别数学方程，并直接在屏幕上显示分步解题方案和相关学习内容（图 6-3）。

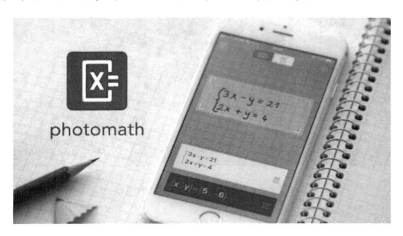

图 6-3　Photomath App 的拍照解数学题功能

用户在使用 Photomath 时，只需要扫描有疑问的数学问题或公式，稍等片刻就能在手机屏幕上得到答案。同时，为了防止学生只是想快速得到作业答案而无法通过题目进行知识的学习和巩固，软件还会详细展示被搜索问题的原理步骤，以及与之有关联的图像解释。目前，软件支持四则混合运算、不等式、分数运算、指数与根式、方程与方程组、三角函数、微积分等各种数学概念的题目搜索和解答。

案例 6-3　佐治亚理工大学 AI 助教 Jill Watson③

佐治亚理工大学计算机学院的 Ashok Goel 教授（图 6-4）有一门名为"基于知识的人工智能（KBAI）"的课程，该课程论坛每学期都会收到来自大约 300 名学生的 10 000 余条提问信息。这个答疑工作量对于 Goel 和他的八个助教来说无疑非常大。"在线课程的秘诀之一是：如果学生的数

---

①　Photomath，"Photomath Camera calculator"，https：//photomath. net/en，2018-03-16.

②　Microblink，"Fast OCR for easy data input in mobile and web apps"，https：//microblink. com，2018-03-16.

③　Jason Maderer，"Artificial Intelligence Course Creates AI Teaching Assistant"，http：//www. news. gatech. edu/2016/05/09/artificial-intelligence-course-creates-ai-teaching- assistant，2018-03-16.

量增加，问题的数量也就会相应增加；但是问题的种类和所涵盖的知识点实际上并没有真正增加。"Goel 说，"因为学生倾向于一遍又一遍地问同样的问题。"因此，为了减轻助教重复性答疑工作的负担，同时也为了提高课程论坛上答疑的效率，KBAI 课程引入了第九名特殊的助教——Jill Watson。课程团队采用 IBM Watson 平台的部分技术，并以 2014 年秋季以来该课程论坛上的 40 000 余条答疑数据为基础，训练 Jill Watson 学习如何解答学生提出的问题。

图 6-4　**Ashok Goel** 在教室中授课

在 2016 年 1 月的最初训练过程中，Jill Watson 的表现并不尽如人意。"她"经常给出与问题不太相符的答案。例如，某位学生在论坛中邀请同学一起观看课程视频来复习课程内容时，Jill Watson 回复了一本与视频有关的参考书，然而，该参考书名的关键字虽然和视频名称相符，但书的内容却和视频中讲述的不同。针对这些问题，Goel 和他的学生团队一起调整了模型，使 Jill Watson 的答疑准确率上升到 97%，并参与到真正的在线论坛答疑中。到 3 月份，Jill Watson 已经不再需要人的协助，可以进行完全自主的答疑了。

值得一提的是，该门课程的许多学生最初并未发现 Jill Watson 是一个虚拟助教。直到 4 月 26 日，Goel 公布了 Jill Watson 的真实身份后，大多数学生都对此给出了积极的反应。一位学生指出，自己一开始就有这方面的想法，认为助教中可能有 AI 之类的存在："毕竟这是一门 AI 相关的课程，我认为自己这样的猜测并不疯狂。"一些学生组织了 KBAI 校友论坛，以了解 Jill Watson 的新发展，还有学生甚至在课程结束后组建了团队，打算尝试搭建开源项目复制 Jill Watson。

如今，Jill Watson 已经为 KBAI 课程服务了两年多。"她目前更像是处于青少年早期。"Goel 教授幽默地评价这位两岁多的人工智能助教。虽然设计 Jill Watson 的初衷是减轻人类助教的工作负担，但它为 KBAI 课程带来了意想不到的帮助：学生的平均提问数量由以前的 32 增加到了如今的 38。此外，KBAI 课程逐渐迎来了几位新的人工智能助教：Ian Braun、Stacy Sisko、Noelle King 等。Stacy Sisko 在课程之初鼓励学生进行自我介绍，并对其中一些信息进行了简短的互动回复。她还能够撰写每周总结，在课程论坛中找到有价值的讨论内容，并鼓励学生多做类似的思考和讨论。

Goel 指出，目前只有大约 1/5 的人类能够负担得起高质量教育。"那么，我们如何把优质教育的普及率从 20% 提升到 50%，甚至更高的水平？这就是我认为像 Jill Watson 这样的人工智能将发挥作用的地方——帮助人类教师以一种他们以前无法做到的方式接触到整个社会。"

案例 6-4 助教式 AI ＋ 英语视听说教学模式①②

基于人工智能技术的"口语 100"平台③旨在为每所学校带来一个英语智慧学习环境和一位能说、能听、能看，能纠正、能评价、能聊天的英语"老师"。系统基于语音识别、图像识别、语音合成、自然语言理解、人机对话、机器翻译等一系列一流的人工智能技术，支持课堂教学、作业、考试、结果数据分析和学业管理等环节。具有智能教练、人机对话、自制听力、影视配音、听说考试等多项功能（图 6-5、图 6-6）。

图 6-5 学校英语教学网络空间

① 黄志红：《信息技术与英语教学有效融合的基本原则与案例剖析》，载《中小学数字化教学》，2018（1）。

② 黄志红、刘晓斌、严铁根、张凝等：《智慧学习环境下深度融通的中小学英语视听说教学模式探究》，载《第四届全国中小学英语学科教学与信息化教育深度融合高级研讨会》，2018。

③ 《口语 100》，http：//www.kouyu100.com/zh/index.html，2018-10-11。

图 6-6　口语 100 人机对话平台

教学过程中如何应用人工智能与教学融通，有研究者基于口语 100 智慧学习空间设计的助教式 AI＋教学流程，如图 6-7 所示。"助教式 AI＋视听说教学模式"，在现实、虚拟和泛在智慧学习环境相互交替融合中，借助人工智能语音识别、图像识别、人机交互、语言处理、自适应（学习、作业、评价系统）、智能搜索等技术功能，通过人人交互与人机交互，多种教学方式交替，改善语言学习环境，达到增加互动频率，增加口头交流机会，改进评价方式，提高反馈时效，减轻教师负担，提高课堂教学成效的目的。课堂教学中，现实教师为主，人工智能教师为辅，人工智能教师的功能恰当地运用和融入于课堂教学的全过程，各项教学活动由现实教师与 AI 助教共同合作完成。

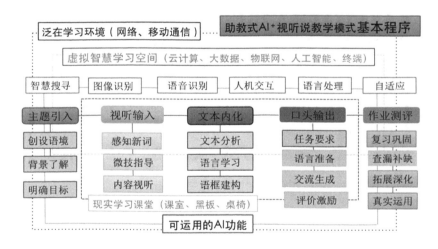

图 6-7　助教式 AI＋视听说教学模式基本程序

模式的教学基本程序是：主题引入（创设语境、背景了解、明确目标）——视听输入（感知新词、微技指导、内容视听）——文本内化（文本分析、语言学习、语框建构）——口头输出（任务要求、语言准备、交流生成、评价激励）——作业测评（复习巩固、查漏补缺、拓展深化、真实运用）（图 6-8）。

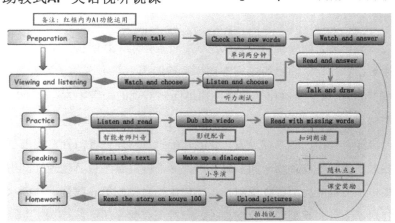

图 6-8　助教式 AI + 教学流程图

AI 助教 Aryn 在该节课承担的教学活动如下。

（1）"单词两分钟"，帮助扫清新单词障碍；

（2）"听力测试"，通过大数据分析，提供实证；

（3）"影视配音"，帮助学生进行角色扮演；

（4）"抠词朗读"，帮助记忆课文（尝试回忆）；

（5）"小导演"，帮助创编对话；

（6）"随机点名"，帮助集中注意力（激发学习兴趣）；

（7）"课堂评价"，精准反馈，激励改进；

（8）"拍拍说"，帮助学生巩固拓展已学语言。

本节课教学目标明确，课堂结构完整严谨，过程流畅有层次，教学活动实操性强，在保持传统教学方式优势的基础上，采用助教式 AI 教学模式弥补了传统视听说教学的不足：在智慧学习空间中，多模态资源辅助教师创设视听情境，有效地帮助学生感知视听文本语境，理解主题，获取信息；在课堂教学中，现实教师和 AI 助教始终围绕教学目标进行合作。在现实教师的主导下，AI 助教发挥了范音、正音、纠音功能，在学习新语言时帮助学生解决发音难点；在语言内化过程中，学生与 AI 助教的交互对话，提高了学生掌握语言的效果；AI 助教提供的口语活动和即时评价功能，很好地激励学生积极参与，促进学生敢于交流表达，提高了学生语言生成的质量。教学全过程体现了人工智能技术与英语教学融合需要遵循的目标性、必要性、适恰性、互动性、创新性和有效性等原则，教学成效高。

除了正式课堂中的知识学习，人工智能助理还可以胜任更加个性化的学习者个性化课程的私人教练的职能。尤其是在一些流程化明显的技能传授领域（如学习弹琴）中，智能技术将成为直接面向每个独特个体的专业或智力技能教练，代替人类执行技能培训的任务。作为教练，智能技术首先要明晰学生当前的学习状态，找准问题的起始点，发现知识的薄弱处，然后根据内在计算和推荐机制，建立技能提升的实施方案，引导学生攻坚克难，掌握技能。其主要完成以下两方面的功能。

一是诊断学习状态。结合相关自测题测试及学习过程记录，智能技术能够自动汇聚和分析每位学习者的过程性数据，并比对内置的专家知识库，诊断当下学习者的学习状态（已掌握、未掌握），对于未掌握的状态则进一步对比知识库，找出问题出现的关键因素，帮助学生对自我学习状态有一个清晰的认识。

二是提供学习服务。找出问题关键点后，智能系统将自动提供专门针对当前学习状态制订的技能提升计划和相关服务。计划持续时间、服务类型等都可由学生自行选择，其中服务既包括提供分阶段课程、模拟练习等能力训练资源服务，也包含能力检测等自我测评诊断服务，还包括过程性的心理鼓励与对话服务，帮助学生攻克难关，坚持完成学习任务。

人工智能使得每一位学习者能够拥有就像专门为自己定制的教练一样，使得教练能够随时随地把握学生的学习状态，精准找到学生出现问题的关键点，恰当提供问题解决的最佳实施方案，从而帮助学生更好地了解自己，突破自己，实现最近发展区的飞跃提升，不断提升知识技能。

案例6-5　Find 钢琴结合人工智能打造新型智慧音乐课①

当钢琴遇上人工智能，会弹奏出怎样的乐曲呢？Find 智慧钢琴集传统钢琴制造工艺和互联网信息技术、智能自动化控制技术为一体，并融合了云平台、大数据、人工智能等多项前沿科技，为无生命的机械组件赋予了可以思考的大脑、可以对话的窗口、可以交互的动作，使之不仅是音乐生产的工具，更是音乐学习的一流导师和施教平台，从而打造新一代音乐素质教育的新模式，提升音乐教学效果。智能技术支持下的 Find 钢琴将在多方面超越人类教练，体现独特优势。

其一，Find 智慧钢琴能够打破音乐教育资源不足困局，普及钢琴教育。首先，Find 钢琴库中含有海量紧扣教材大纲的主流教材曲目、多媒体联动课件和随堂测验题库等，为学习者提供了丰富且专业的学习资源库，类似于教练的专业知识。其次，Find 的内置训练教程和智能陪练纠正功能（若弹错指谱线就停滞不前，以此来纠正错音）能够有效缓解师资难题，为学习者打造自主学习的环境，类似于教练的陪练指导。最后，Find 智慧钢琴提供了开放式的资源整合平台，音乐教师可以利用平台提供的课件制作工具，根据自己的教学计划和教学安排，充分利用琴键兼具操作键的技术，自主制作所需的互动式多媒体课件，最大限度发挥教师智慧，解决教育资源不均衡问题，普及钢琴教育。

其二，Find 智慧钢琴注重培养学生的创造性思维和发散性思维，使学生成为真正的音乐"创客"。一方面，Find 智慧钢琴能够对弹奏行为进行完整记录，并自动生成乐谱（图6-9），不断激发学生的创作欲望和发散思维；另一方面，Find 智慧钢琴具有强大的电子音源，可以模拟各种发

---

① Find 钢琴：《Find 智慧钢琴打造新型智慧音乐课》，http：//www.sohu.com/a/142605887_785256，2018-03-19。

声乐器，如小提琴、沙锤、架子鼓等，学习者可以合作集体演奏出一曲复杂的多乐器乐曲，实现在创造中学，同时也培养了团队的协作和交往能力。

图 6-9　弹奏录制自动生成五线谱

其三，Find 智慧钢琴引入大数据分析，学生弹奏和测验时，钢琴会自动判断是否正确，系统通过大数据统计分析，得出每个学生的成绩，并形成班级排名。经过一段时间的积累，针对学生的学习状况出具详尽的总结报告（图 6-10），指导学生查缺补漏，从而跟上教学进度。这一功能超越了人类教练的主观评判，从更客观的角度反映事实本身。

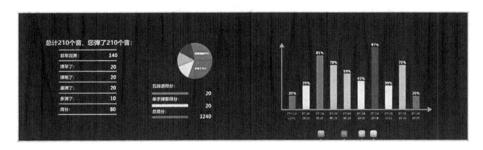

图 6-10　学习情况总结报告

其四，Find 智慧钢琴音乐课模式真正实现了以教师为主导、学生为主体的教学模式。教师可以通过教师用琴全面管控所有的学生钢琴（图 6-11），实现对学生学习状况的随时掌握并通过智慧音乐教学系统，进行现代化、趣味化的钢琴授课。学生可以在学生用琴上即时接收到教师的教学指令，完成标准化、高效率的学习。此外，Find 智慧钢琴与琴键同比例的屏幕设计不仅让每位学生能够达到与教师的即时透明化互动，也让所有学生能够同时根据屏幕示范练习（图 6-12），不仅降低了学习出错率，也让教学更为简单。

图 6-11　教师全面管控学生钢琴

图 6-12　学生在课堂上及时互动

案例 6-6　Sphero 智能小球帮助孩子轻松学编程

说到编程，你想到的是一行行密密麻麻的代码吗？AI 时代，一个小小的精灵球足矣。Sphero 小球是由 Orbotix 推出的首款产品，犹如棒球大小，可使用 iOS 设备和 Android 设备作为控制终端（图 6-13）①，其简单、直觉的操作方式，能够让使用者学习应用各种程序语言来让球形机器人做出如朝向指定方向前进、闪烁不同颜色灯光等指令操作，从而激发个人的创造力与想象力。

Sphero 结合了游戏与程序语言学习，基于手机或平板来学习编程，编排指令（图 6-14）。可以看到，该指令是通过可视化模块拖动来实现的，可以通过调整代码块来让机器人用什么角度、以什么速度、做出什么样的行动，也可以改变机器人的颜色、声音和行动轨迹，甚至可以使用课程中的任务卡，比如，制造一个迷宫并通过编程让 Sphero 机器人从中走出来②。更改模块后的效果

①　"Sphero"，http：//www.gosphero.com，2019-09-12。

②　美国教育漫谈：《美国小学的编程课，大人玩了都会上瘾!》，http：//www.sohu.com/a/208723422_605829，2018-03-07。

图 6-13 **Sphero** 智能机器人

可以实时看到，以便及时做出调整。显然，这一过程是编程学习的试误与纠正过程，也是编程能力的提升过程。

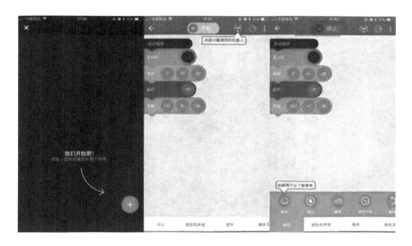

图 6-14 使用 **APP** 对 **Sphero** 机器人编程

基于好奇心和任务驱动，Sphero 使得程序设计变得十分有趣。此外，Sphero 不单单可以自己玩，还可以组成团队一起玩，并搭配各式实体或虚拟场景①，让学习程序设计变成玩游戏。编写好的程序还可以上传至社群中与世界各地的人们一同分享、讨论，汇聚众人之力共创学习旅程。

案例 6-7 机器人教练阿尔法 2 号②

阿尔法号人工智能机器人教练作为一款集人工智能、虚拟现实、大数据、智能传感、互联网

---

① "Sphero"，http：//www. gosphero. com，2019-09-12。

② 黔讯网：《数博前沿｜机器人教练阿尔法 2 号发布 受众多驾校青睐》，http：//news. sina. com. cn/c/2017-05-01/doc-ifyetstt4044584. shtml，2018-03-20。

+等技术于一体的高技术产品，通过在真实的教练车平台上集成部署智能教学系统与主动安全防控系统，将驾校现有的普通教练车打造成本领高超的"机器人教练"，可完全替代人工教练对学员进行训练。而改进后的阿尔法2号优势更为明显。阿尔法2号通过打造全新的智能三维场景，让学员的学车体验更为生动直观；借助全语音智能人机交互，让学员通过语音等自然交互方式发号指令而避免操作；科学植入素质养成训练环节，有效训练学员的安全意识和驾驶习惯；无缝对接机器人教练智能后台服务系统，实现线上线下完美互动并通过手机便捷获取行车轨迹与学车分析报告以获得分析指导。同时，阿尔法2号开发了全球首创抬头显示（HUD）教学界面，使得教学更为人性化。而其安全机制上也得到了更为周密的考虑。

实际上，阿尔法号机器人教练并非一个实体，而是在一辆教练车上装载一套智能系统（图6-15），并通过这台系统的语音、电子显示屏等装置对学员进行教学。学员进入驾驶位后，系统可以自动感知驾驶人是否按规定查看后视镜，用高科技检测学员的位置姿态等。然后，学员在触摸显示屏上通过语音选择自己想要学习的科目，行进过程中，系统根据学员的表现及时给出指导和建议。驾驶结束后，学员可以查看自己的驾驶轨迹报告，出现错误的地方会被明显标出。

图6-15 机器人教练系统

第二节 智能答题

随着人工智能技术在教育领域应用的不断深入，人们不断探究人工智能在教育领域的应用前景，在这一过程中涌现出许多模拟人类智能的智能答题相关研究，期望能够通过现有的人工智能技术，让机器学习相关学科的知识，自动对已有的结构化知识进行理解和加工，对给出的特定题目进行解答。智能答题是"人工智能＋教育"中十分复杂的一个问题，因为智能答题中不仅涉及人工智能领域中的自然语言处理、机器学习、因果推理、知识表示等比较困难的技术，还涉及教育领域学科之间的不同特点和要求，构建既能够让机器充分理解，又能够满足学科知识点之间关系的知识图谱。

　　智能答题研究不仅可以验证已有的人工智能技术在教育领域实际使用中所能达到的"类人水平"极限，还可以通过比较机器与人之间的差距来分析出现有人工智能技术的不足，开辟出新的研究方向和教育中实际应用的场景，同时还能积累数据，为未来人工智能技术在教育领域的应用打下坚实的基础。

　　本节以东大机器人项目、阿凡题自动解题技术为例，介绍了人工智能技术在智能答题方面的应用，借助深度学习方法，通过人工智能系统读取大量的图片和文本数据，深化机器人的学习能力。同时，案例6-9还给出了机器阅读理解在一些著名阅读理解数据集上的表现，反映出机器已经能在阅读理解类题目上达到较高的准确率。

案例6-8　日本高考机器人"todai robot"与中国863计划"类人智能"项目

　　日本国立情报研究所（NII）自2011年开始研究人工智能技术在智能答题方面的应用。该项目被称为"东大机器人项目"（Todai Robot Project），如图6-16所示，其目标是在2021年通过日本顶级学府东京大学入学考试。作为日本首屈一指的东京大学，则要求学生在参加全国大学生招生考试中心的常规考试之外，还要同时参加大学设的超难入学考试。这意味着该项目一旦成功，届时"东大机器人"就有能力被任何一家日本大学录取。"东大机器人"参与了东京大学入学考试的四个学科，分别为数学、物理、英语、历史。

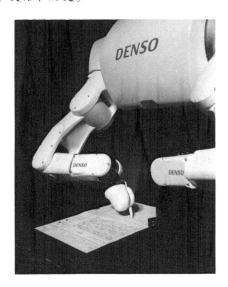

图 6-16　"东大机器人"在东京参加一次模拟大学入学考试，正用机械臂填写答案

　　自2013起，每年"东大机器人"都会参加东京大学入学考试，日本大学入学考试总分为950分，在2013年和2014年的测试中均未超过日本大学入学考试的平均分数线，直到2015年"东大机器人"取得了511分的成绩，而平均分数线只有416分，它可以进入全日本441所私立大学和33所全国性大学就读①。2016年"东大机器人"第一次在模拟考试中取得成功，显示它有80%的

──────────

① 《日本机器人高考获大学录取》，http://tech.qq.com/a/20151119/061635.html，2018-04-20。

概率通过8所较难通过的私立大学的考试，然而在2016年秋季日本国立情报研究所宣布放弃让"东大机器人"参加东京大学入学考试的远大目标。日本国立情报研究所的Noriko Arai教授解释道："人工智能系统无法理解必要的信息，阅读和理解句子含义的能力存在局限。我们发现，现在还没有办法使这一系统获得足够的分数，使它通过东京大学的入学考试。"

其中一个研究团队接受了开发"东大机器人"英语语言能力的任务，他们第一次引入"深度学习"方法，尝试让人工智能在涉及5～10个句子的阅读能力测试中给出更多的正确答案。深度学习是一种创新技术，通过将大量的图片和文本数据反复读取到人工智能系统中，深化其学习能力。然而，"东大机器人"还是无法取得更高的分数，可能是因为数据不足。研究者因此放弃了深度学习方法。对一个想要通过深度学习提高答题成功率的人工智能系统来说，首先必须读取大量的数据。

参与该项目的日本NTT通信公司通讯科学实验室首席研究科学家Ryuichiro Higashinaka说："为了通过（东京大学的）入学考试，最低要求是学习100万套问题陈述和正确答案。准备这些数据就将耗费巨大，并不现实①。"

关于"东大机器人"的实际技术细节公开较少，但是在跨语言评价论坛（Cross-Language Evaluation Forum，CLEF）上，每年都会举办针对日本东京大学英语入学考试中阅读理解选择题的评测。Dominique等人在CLEF2014和CLEF2015年阅读理解评测任务上提出了一种CDS②（Clause Description Structure）的结构，通过分析文章中句子、问题和选项的CDS结构，对三者进行表示，对选项与问题和文章之间的CDS结构吻合程度进行打分。这种方法在CLEF2014和CLEF2015中都取得了第一名，准确率为47%③。论文中提到了当前计算方法的不足，对于逻辑推理性较强的题目，该方法不能进行自动解答。

中国政府也在智能答题领域发力，自2014年起由科大讯飞公司牵头确立了国家863"类人智能"项目，研究周期为三年，主要由数十家一流大学和研究所等单位参与，研究关于类脑计算关键技术和类人答题系统，希望通过"类人智能"项目的实施，研制出能够参加高考并考取大学的智能机器人。该项目参与了中国高等学校入学考试的四个学科，分别为数学、语文、地理、历史。

该项目中公开的技术细节较多，需要结合中文的特点进行研究，项目中主要涉及的难点为自然语言理解和推理技术，因为在对各个学科进行智能答题时，机器首先需要对自然语言表述的题目进行理解，才能实现对后续答案的求解。尤其是自然语言处理技术，几乎涉及了现有技术的各个方面。例如，选择题的智能答题需要对题目中给出的问题或者选项自动分类④，涉及短文本的

---

① 《日本ai机器人Torobo-kun放弃高考计划》，http://tech.sina.com.cn/d/i/2017-01-11/doc-ifxzkfuh6851943.shtml，2018-05-22。

② Laurent D., Chardon B., Nègre S., "English run of Synapse Development At Entrance Exams 2014", CLEF 2014 Evaluation Labs and Work-shop Online Working Notes，2014.

③ Laurent D., Chardon B., Nègre S., "Reading comprehension at Entrance Exams 2015", CLEF 2015 Evaluation Labs and Work-shop Online Working Notes，2015.

④ 谭红叶、段庆龙、陈夏飞：《面向中文阅读理解复杂选项分类研究》，载《山西大学学报（自然科学版）》，2017（1）。

表示和自动分类技术。问答题需要根据问题的内容搜索出与问题相关的句子，涉及单篇文档的句子相似度计算技术。对得到的句子进行融合，生成机器理解后的答案①，涉及文本生成技术。语文作文的写作涉及的技术更多，对于作文题目需要构建大规模的作文句子库，针对题目的要求进行话题的识别，依据话题识别的结果，在已有的大规模句子库中找到话题所对应的句子，在符合句子之间连贯性、主题一致性和篇章结构的合理性等条件下，对句子进行排序，构建出作文②。

经过三年的不懈研究，最终只有数学科目能够超过平均水平，达到 110 分，其他科目都未能超过高考的平均水平。与此同时，国内的许多教育类公司也开始纷纷声称自己构建了关于数学智能答题的系统，并参加了 2017 年的高考数学智能答题。其中比较有代表性的为成都准星云的 AI-MATHS，得分为 110 分③，以及学霸君的 Aidam，得分为 134 分④。值得一提的是目前对于数学题目的几何题目的理解问题比较多，上述的系统答题并未提到读入题目的过程，可信性有待考证。

案例6-9　机器阅读理解能力大比拼

阅读理解是智能答题中比较复杂的题目，近几年，受到智能答题项目及评测的驱动，涌现了一些阅读理解数据集及方法。各大研究机构和公司纷纷发力阅读理解研究，增加自己在"人工智能＋教育"领域中的影响力。

（1）MCTest⑤ 数据集中的题目是面向儿童的单项选择阅读理解题，分为 MC160 和 MC500 两个子数据集，其答案可能是词、实体、片段或句子，数据量较小，较少借助外部知识。为了克服数据稀疏的问题，Wang 等人引入了大量外部信息训练了一个端到端的神经网络⑥，取得了很好的效果。

（2）Facebook bAbi⑦ 数据集由机器自动生成，定义了 20 类涉及不同理解能力的推理问题，答案为一个或多个词，侧重于推理能力。Lee 等人受张量积的启发提出了向量空间模型的方法，完成了知识编码和逻辑推理，该方法在所有类别上都达到了近乎完美的准确率⑧。

---

① 谭红叶、赵红红、李茹：《面向阅读理解复杂问题的句子融合》，载《中文信息学报》，2017（1）。

② Liu J．，Sun C．，Qin B．，"Deep Learning Based Document Theme Analysis for Composition Generation"，*Springer*，2017.

③ 《准星高考机器人 AI-MATHS 将如约征战 2017 高考数学》，http：//www. tsinghuabigdata. com/news/slug-utu3m4，2018-05-04。

④ 《学霸君机器人 Aidam 参加 2017 高考数学考试》，http：//tech. 163. com/17/0607/21/CMC0RT0K00098GJ5. html，2018-05-06。

⑤ Richardson M．，Burges C. J. C．，Renshaw E．，"MCTest：A Challege Dataset for theOpen-Domain Machine Comprehension of Text"，Proceedings of the 2013 Conference on Empirical Methods in Natural Language Processing，2013，pp. 193-203.

⑥ Wang B．，Guo S．，Liu K．，He S．，Zhao J．，"Employing External Rich Knowledge for Machine Comprehension"，Proceedings of the 25th International Joint Conferenceon Artificial Intelligence，2016.

⑦ Weston J．，Bordes A．，Chopra S．，et al．，"Towards AI-Complete Question Answering：ASet of Prerequisite Toy Tasks"，Proceedings of the International Conference on Learning Representations，2016.

⑧ Lee M．，He X．，Yih W．，et al．，"Reasoning in Vector Space：An Exploratory Study of Question Answering"，Proceedings of the International Conference on Learning Representations，2016.

（3）CNN/Daily Mail① 数据集是从 CNN 和 Daily Mail 上摘取的语料，将每篇文章对应的摘要及复述句子去除某个实体后作为问题，因此语料规模较大，答案是一个实体。Seo 等人提出了双向注意流机制的神经网络②，首先根据不同粒度得到每个词的多级层次向量表示，然后使用双向的注意流机制得到有查询意识的词向量表示，最后通过递归神经网络扫描上下文得到问题的答案，在 CNN 数据集上的正确率为 76.9%。

（4）SQuAD③ 数据集是采用众包的形式形成的阅读理解问答题，规模有 100 000＋，答案为原文中连续的片段，包括数字、实体、短语和子句。值得一提的是 2017 年 7 月，科大讯飞凭借交互式层叠注意力模型（Interactive AoA Reader）获得业界权威的斯坦福 SQuAD 评测的榜首，并在同年 10 月进一步优化该模型后刷新纪录。2018 年 1 月，哈工大讯飞联合实验室提交的融合式层叠注意力系统（Hybrid AoA Reader）再度登顶斯坦福 SQuAD④。而微软亚洲研究院自然语言计算组于同年 1 月 3 日提交的 R-NET 模型在 EM 值（Exact Match，表示预测答案和真实答案完全匹配）上以 82.650 的最高分领先，并率先超越人类分数 82.304⑤。

案例 6-10　阿凡题自动解题技术

从 20 世纪 60 年代开始至今，学术界就开始对自动求解数学应用题（MWP）展开持续性的研究，并且吸引着众多研究者的广泛关注。在 MWP 的研究问题中，为了得到最终答案，计算机需要通过理解题目的文字描述来得到相关数学表达，计算机需要具备逻辑推理能力来对得到的数学表达进行算术演算，计算机还需要具有一定的有关现实世界的常识从而能够约束和简化题目。由于通常的模式匹配或端对端分类技术无法理解题目中的语义信息并进行推理，因此，MWP 问题的核心则是如何设计能理解题目语义并具备推理能力的自动求解器。

阿凡题人工智能研究院提出了一种全新的基于增强学习的算术应用题自动求解器。增强学习和人类学习的机制非常相近，DeepMind 已经将增强学习应用于 AlphaGo 以及 Atari 游戏等场景当中。阿凡题人工智能研究院首次提出的基于 DQN（Deep Q-Network）的算术应用题自动求解器能够将应用题的解题过程转化成马尔可夫决策过程，并利用 BP 神经网络良好的泛化能力，存储和逼近增强学习中状态—动作对的 Q 值。该算法在麻省理工学院和微软亚洲研究院提供的公开的数学

①　Hermann K. M., Kocisky T., Grefenstette E., et al., "Teaching Machines to Read and Comprehend", Proceedings of the Advances in Neural Information ProcessingSystems, 2015, pp. 1684-1692.

②　Seo M., Kembhavi A., Farhadi A., et al., "Bi-Directional Attention Flow for MachineComprehension", ar Xiv preprint, 2016, p. 1611, 01603.

③　Rajpurkar P., Zhang J., Lopyrev K., et al., "SQu AD：100, 000 ＋ Questions for MachineComprehension of Text", Proceedings of the 2016 Conference on EmpiricalMethods in Natural Language Processing, 2016, pp. 2383-2392.

④　《哈工大讯飞联合实验室机器阅读理解技术再次登顶 SQuAD 挑战赛》，http：//www.sohu.com/a/218777200_657157，2018-05-11。

⑤　MSRA：《微软亚洲研究院机器阅读系统在 SQuAD 挑战赛中率先超越人类水平》，https：//www.msra.cn/zh-cn/news/features/ai-surpass-human-on-squad-em-score，2019-01-06。

应用题标准测试集的表现优异，将平均解题准确率提升了将近 15%。

进一步地，可以了解到该求解器利用增强学习深度 Q 值网络（Deep Q-Network，DQN）将应用题的解题过程转化成马尔可夫决策过程，将解题过程步骤的选择和递推，当做深度 Q 值网络中的状态与动作，通过 Q 值网络的非线性预测和泛化能力，存储和逼近增强学习中状态—动作对的 Q 值（决策值）。如图6-17所示，该自动求解器在深度 Q 值网络的具体实现中，采用数字策略来识别相关数字作为表达式树的最底层，通过确定数字节点的运算符节点，以自底向上的方式构建表达式树。使用被选中的数字对所构成的特征的实值向量来表示状态，其相关联的动作将为这两个数字确定一个运算符；通过环境反馈的正的或者负的回报来迭代地选择数字对和它们之间的操作符；对于 DQN，构造一个两层前馈神经网络来计算预期的 Q 值；DQN 的参数通过代价函数的梯度下降来学习更新，以减少 DQN 预测的 Q 值和目标最优 Q 值之间的差异。自动求解器的状态被表示为了具有固定维度的实值向量，实值向量通过相互结合函数，被送入到神经网络通过计算来近似 Q 值函数；在每一步动作选择中，代理选择动作来使两个数字获得回报的期望最大化，并决定这两个数字的最小公共元祖运算符（反向减法和反向除法）。

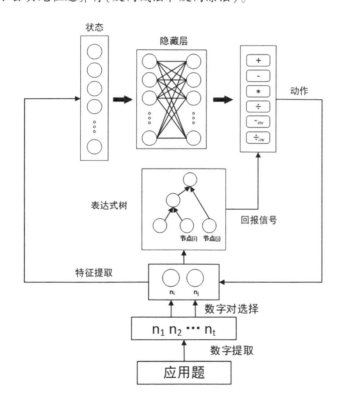

6-17 基于增强学习深度 **Q** 值网络的算术应用题自动求解器

阿凡题将继续沿着深度学习，增强学习这条线去设计数学应用题自动求解器，来避免过多的人工特征提取规则的限制，同时在更大更多样化的数据集上，尝试求解方程组应用题，而这也是未来 MWP 的发展趋势以及可靠的应用场景。

第三节　智能出题与批阅

数量庞大、维度丰富是大数据的一大特点。收集、处理、分析这些庞大且繁杂的数据，离不开智能化分析技术。因此，教育评价的手段要相应地从人工统计、处理考试成绩等相对单一数据的传统方式，转变到用网络和终端收集学生多维数据、利用智能技术来分析这些数据的智能方式，并通过智能化的计算与可视化呈现，实现教育评价的即时性与智能性以及个性化。

目前在教学过程中，教师需要花费较大精力进行出题和批阅，从而对学生的学习效果进行评价，由于教师的精力有限，在批阅过程中无法记录每个学生答题薄弱的知识点，不能针对每个学生提供个性化的题目进行学习。此外，在批改过程中，由于教师所处的环境、批改的时间以及思维方式的不同，极易对同一答案产生不同的批阅结果，造成一些随机性的错误。而使用机器自动进行批阅可以有效防止随机误差的产生，这在一定程度上促进了考试公平公正的原则。不仅如此，由于出题和批阅是重复性较强的劳动，智能的出题和评价方案能运用机器代替教师进行该部分工作，有效减轻教师负担，提升个性化教学的水平。

本节案例向我们展示了 OCR、自然语言处理、深度学习等技术在智能出题与批阅中的应用。首先，对于纸笔作答的试卷，需要通过数字化扫描、格式化处理，将试卷内容转换成机器可识别的信息。然后，利用神经网络深度学习的方式，对学生作答进行批阅。例如，将短文本作答转换成矩阵，并计算学生答案矩阵和标准答案矩阵之间的距离，根据此进行打分；对作文等长文本作答的内容，先让计算机学习专家制定评分标准，再对未打分的文本进行特征抽取和打分，并给出最终的评阅分析报告。

案例 6-11　AI tutor 中的出题与批阅①

自动出题和自动批阅作业是未来人工智能教师的一个重要角色，可以针对不同能力的学生自动生成不同的试题，并对作业、试卷等内容实现自动化的批阅，北京师范大学未来教育高精尖创新中心专门成立了解决上述问题的团队对上述课题进行研究。该研究通过建立某个特定领域完备的知识图谱，实现计算机基于知识库的定义的启发式规则，基于特定领域场景的模板和素材，自动生成各类试题。基于上述方法生成的试题，可以遍历各种知识组合与应用场景，更好地诊断学生对核心知识的掌握程度（图 6-18）。

---

① 余胜泉：《人工智能教师的未来角色》，载《开放教育研究》，2018（1）。

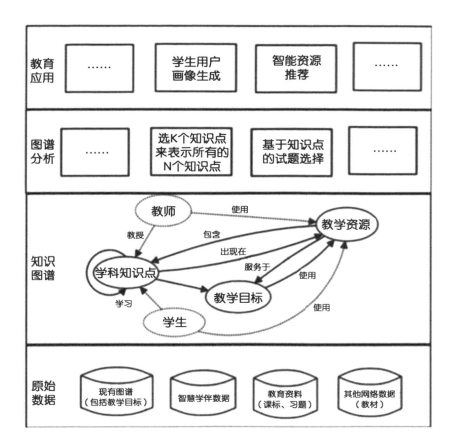

图 6-18 实现自动出题和作业自动批阅的框架

另外，该团队还进行了根据人工神经网络主观题自动批阅研究，包括简答题、文言文翻译题、判断、阅读理解等开放性和封闭性的试题。希望能够把教师从日常批改作业等重复性的工作中解脱出来。但对于简答题、计算题、证明题等需要复杂逻辑推理和文本较短的开放性试题的批阅，非常具有挑战性。目前人工智能还不能实现完全的自然理解，现在自动批阅的核心思路是利用人工神经网络深度学习的方式，通过人工神经网络学习学生作答的特征表示，对答案进行分类，从而提取核心特征，构建合理的分类框架，进而得出它的评价模型，再利用评价模型，评价其他学生的答案。通过这种思路，把自然语言理解的问题转化为数据问题。

机器在学习自动批阅逻辑的过程中，如果人工批阅的结果本身就是错误的，机器也会学习到这部分人工的错误。为了提高对这类答案的批阅正确率，该团队对教师批阅一致性展开了研究，期望通过聚类的方式，将相似的答案组织在一起，让教师进行批阅，从而保证相似答案不会产生过多的随机批阅误差。

案例6-12　SAT、GRE 考试自动批阅

美国教育考试服务中心(ETS)是世界上最大的私营非营利教育考试及评估机构，已经成功将 AI 引入 SAT 和 GRE 论文批改，同人类一起扮演评卷人角色。机器批改和人工批改具有很大的不

同，机器批改将评分标准细分为不同的维度（如拼写、语法、句子结构等），每个维度都有不同的指标，这些指标要依据不同的自然语言处理技术实现，如词性标注（POS tagging）。ETS做了大量的研究和长期的试验，目前各类评分软件的结果与人工评分已经非常接近，这些软件可以用来进行写作练习，也可以用于辅助评分。

ETS为确保批改软件的权威性做了大量的资料收集和电脑语言设计工作，即便如此，在批改的过程中，仍有多个流程保证机器修改的权威性。ETS也提出了现有机器批改的几个无法避免的弱点：一是无法对写作内容进行评定；二是无法发现某些细节错误；三是无法对更高级的写作技巧进行评定；四是无法如评卷人员那样阅读。

ETS也表示机器批改不能取代评卷人员。机器批改的分数必须和评卷人员的分数综合，最后才会成为权威考试的最终结果。国外在针对英语的客观题、主观题的计算机自动评测方面已经做到了在特定领域内可以应用的阶段，国内对于汉语的客观题的计算机自动测评也做到了可应用级别，但是在主观题的计算机自动评测方面尚需努力。

案例6-13　作文自动批阅

语音识别和语义分析技术的进步，使得自动批改作业成为可能，对于简单的文义语法，机器可以自动识别纠错，甚至是提出修改意见，这将会大大提高老师的教学效率。目前教育领域的自动批阅实践中，对于英语口语自动测评、手写文字识别、机器翻译、作文自动评阅技术等已经取得了较高的准确率并应用于全国多个省市的高考、中考、学业水平的口语和作文自动阅卷，其典型代表为科大讯飞。

哈工大讯飞联合实验室于2018年提出了Hybrid Multi-Aspects Model，该模型首先对文本、问题及选项中的深层语义信息进行学习，充分挖掘文本、问题及选项间的内部关联关系，然后进行语义级别的匹配，分别计算各选项是正确答案的概率，最后综合各个因素，给出精准的答案。具体而言，模型首先通过预先训练好的词向量以及LSTM网络得到文本、问题和选项的分布式表示，并通过注意力机制计算文本与选项、问题与选项的匹配程度，过滤掉与解题无关的文本内容，降低搜索答案的难度；接下来，将上述过滤后的文本和问题内容与每个选项分别代入注意力机制的公式进行计算，并对得到的二维结果加权求和，得到该选项的综合得分，从而从文本和问题的角度分别考虑每个选项成为答案的概率，推断最终的正确答案[1]。

在智能教育方面，讯飞基于自己的研究成果开发出了一套智能教学系统。下面以英语学科老师某节作文课的智能教学过程为例，来介绍讯飞智能教学系统的应用，其具体过程如下。

（1）利用AI代理完成英语作文练习作业的批改与数据采集，并通过AI助手自动生成班级与

---

① Chen Z., Cui Y., Ma W., et al., "HFL-RC System at SemEval-2018 Task 11：Hybrid Multi-Aspects Model for Commonsense Reading Comprehension", *arXiv preprint arXiv*：1803.05655, 2018.

个人关于本节课的学情分析报告。其中，学情分析包括各类分析指标，以图 6-19 所示的"作文练习错误类型分析图"为例，该指标可帮助老师全面了解班级作文练习中的薄弱点分布状况。

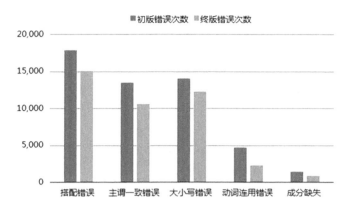

图 6-19　作文中易出现的错误

（2）老师针对全班学情分析报告中出现的低分组高频薄弱点（如拼写错误）和高分组高频薄弱点（如成分缺失错误）进行精准讲评。

（3）学生根据个人学情报告和老师讲评，在线对作文进行修改，包括订正原有错误、修改完善作文表达等。

（4）学生修改完成后，AI 助手再次向老师提供班级和个人报告、向学生提供个人报告，以便双方得到实时反馈和效果评价，便于学生及时更改、教师进一步推送资源。

（5）通过上传、共享等方式，老师将修改后的优秀作文分享至全班，学生利用 AI 助手分组讨论并学习优秀作文的写作、词句表达等来取长补短、精准提升写作水平。借助于 AI 代理和 AI 助手，整个写作的教学过程由此实现精准教学的目的①。据后期统计，在 2016 年 7 月初的月考中，该班的英语作文平均分较 2 月初的月考作文分数提高了 15%。

案例 6-14　Stack 数学自动批阅

数学是一种形式化的逻辑语言，题目的回答方式是一种十分严谨的表达结构，非常适合计算机进行量化建模计算，而其他学科题目，如语文、英语、历史等回答方式必须由自然语言的方式进行表述，相对于数学题目的计算难度要大得多，因此针对数学题目的自动批阅技术较成熟。

Abacus 是由芬兰阿尔托大学发起的研究项目，旨在开发一些方便进行 stem 教育的工具组件，Stack 是 Abacus 下面的一个研究项目，主要研究数学题目的自动批阅技术。Stack 能够对数学中的许多题目进行自动批阅，它使用了 Moodle 框架，Moodle 是一个比较成熟的在线学习框架，不仅

① 吴晓如、王政：《人工智能教育应用的发展趋势与实践案例》，载《现代教育技术》，2018（2）。

为学生提供了答题界面，还为教师提供了一整套题目设计工具，教师能够自己编写一些题目，对学生目前知识点的掌握程度进行分析。Stack 底层调用了 Maxima 数学运算库，使用该库计算用户输入的表达式，并针对每种 Maxima 中给出的结果进行了详细的反馈设计。丰富的错误反馈是 Stack 批阅工具的重要特性。

图 6-20 是 Stack 数学自动批阅工具的一个批阅结果，从图中可以看出，结果是由一个数学表达式进行表述，Stack 能够标记出题目错误的位置，给出正确答案，通过这种方式来对答案进行自动批阅。

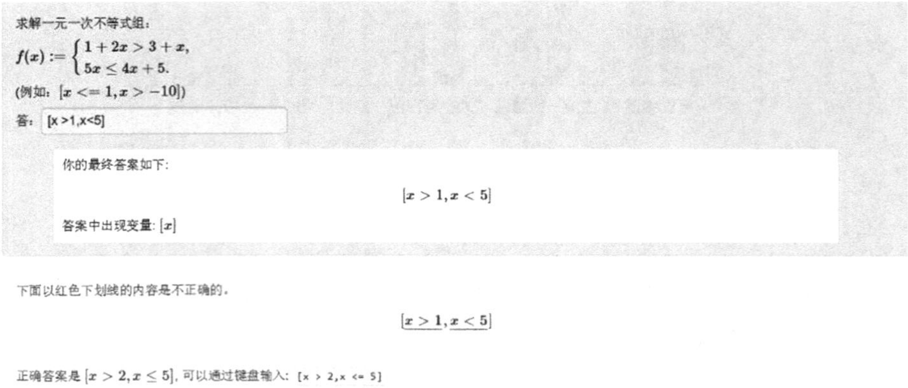

图 6-20　基于 Stack 的数学自动批阅结果

案例 6-15　批改网英语作业智能批改

批改网智能批改系统的原理是：通过对比学生作文和标准语料库之间的距离，并通过一定的算法将之映射成分数和点评。批改网英语作业智能批改系统支持英语听、说、读、写、译等全题型的自动批改，通过对学习者提交的英语作业进行即时的自动批改与评价，并给出修改建议和指导，以提升学习者的学习效果。

批改网能够即时批改学生作业，并通过时间轴的方式记录学习者的成长轨迹，有助于增强学习者的学习成就感和体验感。同时，批改网也支持"自主学习 + 协作学习"的学习方式。通过记录学习者每次修改作文的痕迹（图 6-21），教师和学生均可以对每次修改的内容进行对比分析，细究作文中出现的问题如语法错误、词组搭配错误等。这构建了有利于自主学习的交互式问题解决环境，支持 E-learning 环境下的"做中学"和问题解决，因为自主学习和协作学习是相互促进、相互依赖的网络学习方式。

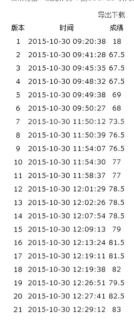

当前位置：浏览作文->第501723号作文->学生:盛锡华(20153859)的历史作文版本

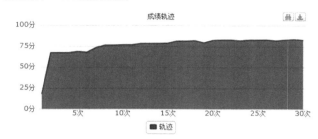

It is reported that, this year,the course service in China will deliver about 12 billion pieces of package. Chances are that China becomes the biggest market of delivery in the world beyond America. The things in most of the package are bought through the Internet. China produces the ~~chance~~ opportunity which ~~allwes~~ allows millions of online shopkeepers to sale their products in ~~the~~ a competitive price. Just in the 11th of November,the customers in China bought the ~~products~~ product which ~~are~~ is worth 9 billion in the biggest domestic shopping platform. There are many special days for shopping ~~days~~ in China. Therefore,there is no surprise that the delievery expands in China.

查看按句点评

说明：
1.显示的内容是本版本跟上一版本的比较，第一版本无比较
2.灰色是删除部分
3.蓝色是增加部分

图6-21 学生作文的修改轨迹

此外，批改网支持机器自动批改、教师人工批阅、同伴互评等多元评价方式，通过"教师点评＋同伴互评"的学习活动方式，有利于提高学习者的迁移能力。教师以学习者的作文被自动批改后的评价结果为参考，进行人工批改、打分、写评语。同时，教师通过"随机分配"和"指定分配"两种方式，发起同伴互评的在线教学活动，要求学习者在规定的时间内完成作文评价的任务。

案例6-16 阿凡题自动批改技术

阿凡题人工智能研究院花费了大量精力对自动批改技术展开研究，并取得了不错的成绩。阿凡题的自动批改技术分为两步。首先，要把语言或手写的文字转化为电脑可以读取、分析的文本。这一步依赖阿凡题储备的高精准手写识别技术。其次，需要对机器识别的文本进行分析。常用的分析方法有两种：一种被称为"隐含语义分析"；另一种则是"人工神经网络"。所谓隐含语义分析，是指把被试的回答转换成数字矩阵，计算与标准答案矩阵之间的距离。这种方法多用于简答题。对于较长的回答，如作文，则更多使用人工神经网络。人工神经网络简单说来就是找出本文的特征，如关键词出现的频率、复杂句式出现的频率、连接词出现的频率等，根据本文的特征来完成打分。让计算机学习已经由专家完成了评分的答案，每一种分值都需要一定数量的案例，从而完成特征的选取。另外，对于更加复杂的数学推理题，需要使用数理推导、机器证明等智能解题技术完成数学题的自动批改(图6-22)。

阿凡题目前已经将自动批改技术应用于阿凡题1V1线上教学和智能学习吧线下教学的整个教学环节，基于点阵笔/拍照的自动批改系统，可以不改变师生原有行为习惯实现课堂实时数字化

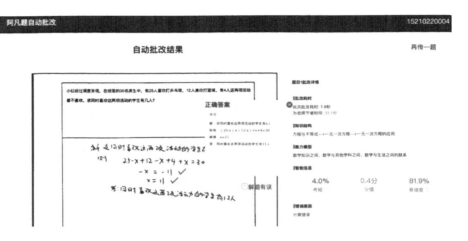

图 6-22　阿凡题自动批改示例

互动，利用手写识别、语义理解、数理推导、机器证明等智能解题技术实现了主观题的自动判题，代替老师实现作业和试卷批改，精准锁定学生学习问题。

第四节　个性化作业

作业是学习者进行知识巩固的重要手段，而传统的作业往往由教师统一布置，对于不同的学习者不具备区分性，难以实现个性化。这就造成了部分学习者疲于应付已经掌握的知识，难以抽出时间进行新的学习，而部分学习者则在解决作业问题中存在困难。因此针对学习者的不同特征为学习者定制个性化的作业，对于促进学习者的知识掌握、巩固、提升，引导他们高效地学习至关重要。而这种工作对于教师来说耗时耗力，依靠智能教师助理解决该问题将更好地辅助教师的工作。

智能教师助理支持的个性化作业主要凭借对学习者对知识掌握情况的分析，个性化地选择涉及不同知识点、不同考查层次的题目为其生成符合其当前认知能力的题目，通过对题目的作答和反思引导其不断提升。北京师范大学未来教育高精尖创新中心对于智能教师助理支持的个性化作业生成服务的思路进行了设计，形成了一套指导应用实践的案例思路。

本节案例主要介绍了个性化作业自动生成案例的技术思路。首先，通过对学习者的知识和学习风格进行建模。然后，基于模型所体现的特征，对题库中的题目进行语义化标注。同时，抽取学习者的特征，依据已有的标注抽取题目组成个性化的作业推荐给学习者，并依据学习者作业作答情况不断迭代更新模型，为下一次的作业生成起到辅助作用。

案例6-17　个性化作业自动生成案例思路

个性化作业的自动生成其基本思路主要分为以下几个步骤（图6-23）。

（1）建立学习者知识模型、学习风格模型，定义每个模型下的具体衡量指标，如知识模型包

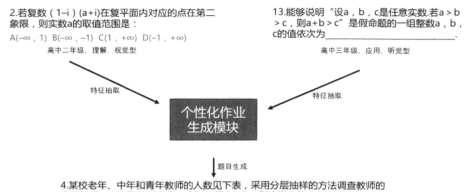

图 6-23　个性化作业生成

括学习者的知识广度、知识深度，其知识广度主要通过学习者历史学习过程中对相关知识点的学习情况进行衡量，如学习者学习了 100 个知识点，其中 90 个达到了了解以上的水平，那么其知识广度为 90；而知识深度代表学习者对所学知识点掌握的层次，如在学习者掌握的 90 个知识点里，30 个为了解、30 个为应用、30 个为创造，那么该层次即针对不同知识的深度。对于其学习风格模型主要通过其与不同类型内容的交互频次来确定，如学习者浏览视频/图像比例在所有的媒体类型中占比最高，其可能是视觉型学习者。

（2）基于学习者模型和学习风格模型中所体现的特征，对题库中所有的题目进行语义化标注，使得题库中的题目可以用知识点、知识层级、适合考查的学习风格进行标记。其中针对适应学习风格的标注可以采用媒体类型进行自动过滤，而针对知识点和知识层级的标注一方面要依赖自然语言处理技术进行自动化标注，另一方面则需要专家对机器不能标注的部分进行人工标注。

（3）基于学习者模型、学习风格模型的作业内容聚合和生成，本环节通过对学习者特征的抽取，从试题库中依据已有的标注进行题目抽取，并将抽取的题目组成个性化作业提供给个性化的学习者。

（4）学习者完成作业后，系统将依据学习者的作答状况对学习者的模型进行更新，从而辅助下一次的作业生成。

通过个性化的作业，学习者可以根据自己的能力水平进行强化和巩固，促进了学习效果的提升，同时可以抽出更多的时间去弥补不足和学习新的内容，提高学习的效率。

第五节　个性化评价报告生成

传统学习中，由于学生较多，教师只能通过考试评分和简单的作业评语延时地为学习者提供其学习状况的反馈。这种方式不利于学习者实时地了解自身情况并进行个性化学习调整和反馈。智能教师助理凭借其对学习者数据的分析和计算，实现了对教师评价工作的辅助。在个性化评价报告生成过程中，智能教师助理能够根据系统的设置获取学习者的实时评价数据和阶段评价数据，通过对知识点覆盖情况、知识点能力层级、个体与班级对比情况的可视化，形成直观的、系统化的报告，并结合系统的诊断库对报告反映出的问题提供诊断和指导，为学习者的学习改进提供帮助。

个性化评价报告生成的典型案例为北京师范大学未来教育高精尖创新中心开发的智慧学伴①，如图 6-24 所示。借助多样化的评价方法和数据分析手段，对学生的知识掌握、核心素养等进行建模分析，并采用数据可视化技术，设计丰富的展示方案，将测评报告图文并茂地呈现给学生、家长和教育工作者，反馈学习中的问题，起到查优鉴短的作用。与此同时，评价报告还会推荐针对性的学习资源，帮助学生增强优势，弥补不足。

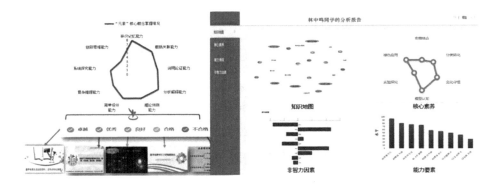

图 6-24　个性化评价报告

案例 6-18　智慧学伴个性化评价报告生成

实现个性化评价报告生成的基本思路包括如下步骤。

（1）个性化评价数据模型的建立，该模型的建立主要建立在多样化的评价方法之上，未来教育高精尖中心对学习者的评价不仅关注知识掌握，还关注学习者的核心素养，因此评价模型一方面包含学习者的知识结构和知识认知能力子模型，另一方面包含衡量学习者核心素养达标情况的子模型。其中知识结构和知识认知能力子模型包含了两个方面：知识结构的描述和知识能力层级的描述，对知识结构的描述通过知识图谱可视化实现，而对于知识能力层级的描述通过高精尖中心自主提出的 3×3 能力模型进行评估②。针对学习者核心素养的达标情况，则主要通过对学习者学习过程中知识点以及测试关联的核心素养指标进行衡量，如学习者完成了测试 A，测试 A 关联了核心素养中自主发展维度的学会学习，那么学习者在该维度的状态即为已达标。

（2）学习者诊断问题对应改进建议和资源库的建立和标注。针对个性化评价模型中各个对应

---

①　余胜泉：《人工智能教师的未来角色》，载《开放教育研究》，2018（1）。

②　王磊：《学科能力构成及其表现研究——基于学习理解、应用实践与迁移创新导向的多维整合模型》，载《教育研究》，2016（9）。

的指标反映出的问题，对相应问题的评价建议、支持问题改进的资源进行标注，从而使得评价报告既能反映问题，又能给出学习指导。

（3）个性化评价报告的自动生成。为学习者提供的个性化评价报告包含两种，实时报告和阶段性报告。其中实时报告反映的是学习者本次学习中的问题反馈，而阶段性报告反映的是学习者长期以来学习出现的问题。其生成主要依据学习者在参与在线学习过程中的学习操作数据、练习测试数据、作业数据，由于系统已经将这些项目与知识点、能力层级以及核心素养指标进行了关联，在学习者完成某个项目之后，系统即可对学习者在该项目中的表现给出个性化、全方位的评价，与此同时针对评价报告中诊断的结果，系统将从资源库中匹配能够对诊断问题的解决起到帮助的资源推荐给学习者，保证了学习的适应性、连续性。

第六节　精准教研报告生成

教研是辅助教师专业能力发展的重要手段，传统的教育教学中，由于教师的教研多线下进行，很多反映教师专业能力的交互性数据难以留存，从而造成了只能凭借主观经验和有限的听评课报告对教师进行评价，难以形成数据驱动的精准教研报告。为解决该问题，北京师范大学未来教育高精尖创新中心借助学习元平台，通过人工智能技术和数据分析技术实现了精准教研报告的自动生成，与此同时科大讯飞在听课中也有类似的案例。

学习元精准教研报告案例中，研究者主要运用数据驱动的方法进行教研报告的生成，并将报告结果通过数据可视化的形式呈现。科大讯飞听评课系统案例中，教师授课的视频和音频均会被记录下来，借助图像处理和语音识别技术，分析课堂互动情况并将其量化，以作为评价教师的标准之一；自然语言处理技术还会将授课音频中的知识点自动抽取出来，以可视化的形式方便在线用户进行总结分析。

案例 6-19　基于学习元的精准教研报告生成

基于学习元的精准教研报告主要包含了对教师在备课、听课、评课、课例分析以及其教学效果五个层面的分析，根据五个层面采集的行为指标与教师 TPACK 能力的对应，综合得到教师的精准教研报告，如图 6-25 所示。其基本过程如下。

（1）反映教师专业能力的评估模型的建立，在学习元中选取了教师专业发展 TPACK 模型，根据其对教师多个维度知识的界定作为衡量教师专业能力的指标。

（2）结合上述评价指标，建立每个评价指标与教师备课、听课、评课、课例分析、教学中行为和数据的关系，如在听课中，其备课方案的某个环节的教学方法被点赞，则相应地认为该环节的教学法知识较好。

（3）数据驱动的精准教研报告的自动生成（图 6-26）。教师完成一次完整的教学后，采集在此

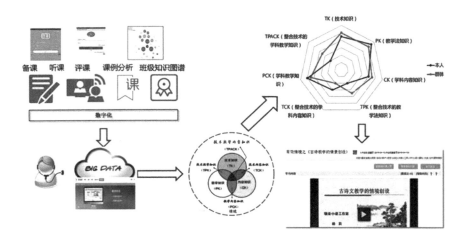

图 6-25　精准教研报告生成

过程中教师的备课行为、教学行为、评课行为、课例研究数据，附加听课教师对教师的评价数据和教授学生的知识掌握数据，形成关于教师 TPACK 能力的整体评估，并对教师每个维度的能力进行可视化，从而使得教师能够从感官上了解自己在教学知识、教学法知识、技术知识等方面存在的优势与不足，对其以后教学、教研起到指导作用。

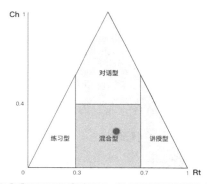

注：Ch表示师生行为转换率，即教师行为与学生行为间的转换次数与总的行为采样数之比。（Ch≥0.4则为对话型课堂教学类型，Ch越高，说明教师学生之间的互动越多）
Rt表示教师行为占有率，即教师行为在教学过程中所占的比例。（Rt≤0.3为练习型课堂教学类型；Rt≥0.7则为讲授型；0.3＜Rt＜0.7则为混合型）
Rs表示学生行为占有率，即学生行为在教学过程中所占的比例。

分析结论与改进建议：
1.T行为占有率为55%，S行为占有率为45%，学生行为和教师行为的分配合理。
2.师生转化率为23%。
3.该节课是混合型教学模式。

图 6-26　课堂教学综合分析报告截图

案例 6-20 科大讯飞听评课系统案例

在人工智能支持教研方面，科大讯飞也开发了智能听评课系统，并在中小学进行了试用。其典型的应用案例为航空新城小学的"人工智能听评课系统"，如图 6-27 所示。该系统通过在教室前后安装摄像头，通过对教师上课视频和音频的分析可以精准识别教室的授课类型。与此同时设定了听课过程中分析的指标，如通过采集学习者每分钟听讲情况、互动情况的数据，采集教师互动情况的数据作为量化的衡量教师授课效果的标准，而通过对教师讲解内容的语音识别和自然语言处理，系统可以抽取出教师所讲授的知识点，以可视化的形式方便在线听课教室进行总结。在上述方式支持下实现了对教师线下授课的数据采集、统计和分析。

图 6-27 科大讯飞听评课系统

第七节 智能备课与教学设计生成

教学设计是教育教学中的重要环节，也是教师能够完成良好授课的基础。即便传统教学情境、模式单一，但教师进行学习者分析、目标分析、内容设计、策略设计以及评价设计等一系列流程形成高质量的教学设计方案，仍然需要花费很大精力。

本节以学习元的教学设计生成和网龙"101 教育 PPT"为例，介绍了自然语言处理、虚拟现实、智能推荐等人工智能技术在智能备课与教学设计生成方面的运用。通过分析学习者、情境、模式特征，针对不同教学情境和教学对象生成个性化的教学设计方案，并提供包括 VR、3D 等形式在内的丰富的教学资源和授课工具，提高教师备课效率，优化学生课堂体验。

案例 6-21 基于学习元的教学设计生成

北京师范大学未来教育高精尖创新中心基于学习元平台探索了辅助教师智能备课和生成教学

设计的方法，如图 6-28 所示，其基本思路如下。

学习情境分析　　授课内容分析　　学习者分析　　教学设计的聚合和调整

图 6-28　教学设计生成流程

（1）教师教学的情境分析，通过该环节确定教师上课的场景及形式，对于情境的分析主要通过对教师常用教学情境数据的采集和分析进行推荐，如果教师本次课程情境不在推荐范围之内，教师可以手动标注情境。

（2）授课内容自动提取，根据教师上课的历史数据，基于学科的教学图谱为教师形成本节课应该讲授的知识。

（3）分析教师教授对象，对教师教授班级的学习者的知识结构、学习风格、能力信息进行抽取，形成关于学习者的整体分析报告，以此为基础确定本节内容讲解的核心目标、知识应达到的能力层级。

（4）根据上述采集和分析的数据，从系统知识库、资源库、练习库、活动库、策略库中抽取相应的内容进行教学设计的自动聚合和排序。

（5）排序后的教学设计方案的输出和调整。

案例 6-22　网龙"101 教育 PPT"

"101 教育 PPT"是网龙华渔教育重点打造的教育旗舰产品，是一款服务教师用户的备授课一体的软件，它支持智能资源匹配、辅助工具以及手机控制课件等功能。首先，对学生上课而言，软件拥有跨多元领域的优质 3D、VR 内容资源，为学生创设接近真实的学习环境，打造可沉浸交互的三维学习环境（图6-29）。其次，对于教师备课而言，软件内含百万个课件、教案、习题等教学资源，帮助老师更轻松备课。最后，对于教师授课而言，软件提供了学科工具、电子白板互动工具等，辅助教师更高效授课。

"101 教育 PPT"的操作简单易学，很容易上手，其主要功能及特点具体如下①。

（1）用户体验极简：软件系统可智能推送与课程相关的教学资源。

（2）教学资源丰富：该软件拥有丰富的教学资源，全面覆盖小学、初中、高中全学段全学科。

（3）备授课一体化：教师在备课过程中可以直接演练和操作授课流程。课件可以直接存到"我的网盘"，在教室打开网盘就能直接开始授课。

（4）趣味性互动：软件中整合了常用的白板教学互动工具。

---

① 盘俊春：《一款实用的备授课 PPT 辅助软件：101 教育 PPT》，载《中国信息技术教育》，2017（Z2）。

图 6-29 "101 教育 PPT"的 3D 及 VR 资源

（5）多样化的学科授课工具：软件提供了一些实用且针对性强的学科工具来辅助教学。

（6）跨平台多终端：软件提供移动端的 APP 软件，可以用手机控制电脑课件播放。

以"101 教育 PPT"信息技术为依托，结合一些教学案例，在学习兴趣、书写能力、自学能力等方面进行有效的运用，能给教师们的教学带来许多帮助，有效地达成课堂教学目标，会为提升教师的整体教学水平以及教育公平化做出很大的贡献。

第八节　学期/年度总结生成

传统教学中，在一个学期和一个学年结束后，教师要对本学期和年度的教学情况和个体发展情况进行总结和反思，但由于涉及内容较多、时间较长，教师难以形成系统化的报告，大多凭借经验进行总结，效果不佳。而计算机通过对过往数据的统计和分析则可以方便、准确地反映教师在过去一个阶段内的优势、问题，并提出改进建议。在互联网公司，如腾讯、淘宝已经可以通过对用户一年中足迹的采集，形成关于用户社交和消费的年度报告，对于教育领域的报告，如果可以完整地采集教师在每个学期和学年的教学、教研等数据，即可通过数据分析和可视化智能地得到其总结报告。其基本步骤如下。

（1）建立教师学期、年度总结的指标，根据学校或者教师自身对其教学能力、教研能力的评估标准，确定影响评估开展应当采集的数据项，如教师进行备课的次数、创建教学设计的次数、反思次数、自主创建资源的次数、听评课次数、本学期或年度教授知识点数量、学习者知识掌握情况等。

（2）数据的分类采集和分析，对教师教学活动、教研活动的数据建立相应的日志，教师在线参与活动过程中即可进行记录，而对于教师相关学习者的数据则主要通过学习者的测试结果进行评价。

（3）评价数据的分类可视化，在所有数据分析完成后，即可将教师的学期、年度总结按照预定义的格式进行输出。

第九节　智能德育教育

近年来教育领域不仅关注学生的成绩和能力发展，随着家长、教师、学校对学生身心健康等方面的重视，科学的、专业的育人方案变得非常重要。党的十八大指出将立德树人作为教育的根本任务。国家义务教育质量监测几年来的结果显示，教师积极的育人行为能显著提升中小学生的主观幸福感、亲社会行为、语文成绩和数学成绩，并明显降低他们的抑郁水平、孤独感、攻击行为和违法行为。董奇教授进一步指出，育人能力是教师教育教学能力的核心。提升教师育人能力不仅能有效解决学生发展的各类问题、促进学生全面健康发展，也是促进教育公平与社会和谐发展的重要举措[1]。而由于学习者的多样性、个体发展的不一致性，当前教师在育人过程中存在诸多问题。例如，①教师在课堂上轻视学生精神层面的教育引导，忽视对学生不当行为的矫正等，忽视育人职责，只是单纯进行知识传授。②师生间的互动交流非常少，且互动内容仅局限于知识上。③对待班级的精神文化和制度建设非常不重视。④忽视学生心理发展的健康与否，轻视学生学习兴趣及良好习惯的养成。⑤育人方法过于强调告知和灌输[2]。在此背景下，挖掘当前育人过程中遇到的核心问题，建立相应的问题库和知识库，并依赖人工智能技术感知学习者的问题，对其进行实时反馈将是解决上述问题的重要方式。"中国好老师行动计划"以提升教师育人能力为根本目标，建立了育人知识库、案例库和策略库，并以此为基础开发了 AI 育人好老师（图 6-30），期望为解决教育领域的育人问题提供指导。

本节以 AI 育人好老师为例，介绍了知识图谱技术在育人问题解决领域中的应用。首先，梳理并筛选优秀育人案例。其次，通过人工标注和自然语言处理的方式抽取高频词，建立育人词库，构建育人知识图谱。最后，利用知识图谱技术建立各实体之间的关系，为教师提供个性化的育人解决方案。

案例 6-23　AI 育人好老师

北京师范大学未来教育高精尖创新中心基于对已有的育人方法的调研和优秀育人案例的梳理，构建了教师育人知识分类框架和教师育人问题知识图谱。在此基础上开发了基于育人知识图谱的育人问题智能问答机器人——AI 育人好老师（图 6-30），旨在针对实际教育过程中存在的育人意识薄弱、育人知识欠缺、个性化辅导答疑缺乏等问题，尝试借助人工智能技术实现对已有经

① 董奇：《育人能力是教师教育教学能力的核心》，载《中国教育学刊》，2017(1)。
② 刘晶：《中小学教师"育人"本职的现状与对策研究》，硕士学位论文，东北师范大学，2011。

验隐性知识的显性化，以为教师解决育人问题提供个性化辅助，帮助教师逐步树立育人意识，掌握育人知识，提升育人能力，以促进学生健康成长。

图 6-30   AI 育人好老师

其基本的实现流程如下。

（1）从教师育人案例库中抽取质量较高的案例作为知识库的支持材料进行分析，其中案例包括问题行为、问题诊断、问题解决策略以及相关案例；

（2）通过人工标注和机器抽取方式获取案例库中的高频词，并建立育人词库；

（3）基于育人词库，以人工过滤的形式抽取育人知识点、策略、行为，形成相对权威的育人知识图谱；

（4）开发 AI 育人好老师，可以基于育人知识图谱的推理能力为教师、家长提供从问题行为到问题案例和问题解决策略的一整套方案，促进学习者的问题解决。

人工智能借助技术手段能够汇聚各方智慧，显性化育人过程中的隐性过程和隐性知识，并基于大数据将育人规律以更精确和明确的形式呈现出来。育人中的人工智能可以被看作是打开"育人黑箱"的强有力工具，它可以帮助我们更深入地理解育人过程是如何进行的。教师和家长可以通过对育人过程的理解来调整各自针对育人实施的策略。此外，显性化的育人知识通过人工智能提供的符合人类自然方式的智能化服务（如自动化诊断、个性化推荐等）可以得到无边界的推广和广泛应用，从而实现知识共享的最大化，帮助教师和家长更好地解决育人问题。在技术的助力下，教师教育学生的方式、家长教育孩子的方式、学生自我诊断的方式都将发生巨大变化，育人模式将被重新思考和定位。

第七章
教育智能管理与服务

人工智能和大数据技术在科学化管理方面显示出自身的优势，同样也在教育智能管理和服务中发挥着重要的价值和作用。

基于数据分析与挖掘的动态教育与质量监测是实现对教学质量过程性监控和大幅度提升的重要手段，也是实现教育职能管理与服务所需要的关键技术手段。在传统的教育管理中，管理者通过组织协调教育队伍，充分发挥教育人力、财力、物力等信息的作用，利用教育内部各种有利条件，高效率地实现教育管理目标。而教育智能化管理的基础是依托各种类型的数据，利用教育信息化系统，通过大数据分析、人工智能、云计算等技术，实现人、财、物更加高效的配置和管理，实现科学、智能、高效的管理、决策和服务。由此可见，各类数据在教育管理中至关重要，例如，采集和分析全国教师教学能力数据，区域学生作业、学业水平及考试分析数据，为提升区域教学质量提供更加精准有效的决策依据。因此，通过数据采集系统汇聚学生学习和教师教学的过程性数据，是教育智能管理与服务的应用关键。

教育智能管理与服务研究和探讨的是人工智能和大数据技术在教育管理和服务领域有哪些应用，这些技术具体发挥着何种作用，以及目前在全球已经成熟的应用案例。本章框架图如图 7-1 所示。具体而言，人工智能技术在教育智能管理与服务中发挥了如下作用：利用深度学习等技术完成对学生在线学习数据的分析诊断，针对学习问题精准匹配教育资源，真正实现因材施教；利用语音识别等技术完成自动答疑，实现在线一对一辅导，从而解决教育资源分配失衡问题；利用多元数据融合和数据挖掘等技术分析教学中存在的问题，提升区域教育质量；利用大数据分析等技术实现定制化的教育服务等。

本章的案例围绕人工智能促进教育公平、基于大数据的教育智能决策、智能技术提升区域教育质量、教育质量动态监测、定制化教育服务以及智能校医助手六个方面展开，具体介绍教育管理因技术的介入而变得更加科学和高效。这些案例从不同层面体现了教育智能化管理和服务对教育产生的影响，教师逐渐实现精准化教学，学生逐渐实现个性化学习，机器人助手也逐渐走进学校开展定制化服务，新的教育智能化管理和服务时代即将到来。

图 7-1 教育智能管理与服务框架图

第一节　人工智能促进教育公平

　　我国城乡、区域之间教育差距较大，优质教育资源总量不足，优质的教学资源往往仅局限在重点学校内，流动性较差，而人工智能科技的发展可以为这一难题带来新的突破口。基于人工智能技术底层支持的互联网，可以逐渐打破地区和学校之间在地理上的资源壁垒，使教育逐渐扁平化。此外，它还可以打破时间限制，使学生可以在任何合适的时间进行查漏补缺和复习①。

　　人工智能促进教育公平的实现途径。

　　（1）利用教育大数据，提供精准诊断分析与个性化服务，扫除扶贫"盲区"。全面采集学生的学习过程数据，并在此基础上借助学习科学、心理学等专业原理和模型，进行描述性、诊断性和预测性分析，对群体的总体趋势、个体的深层问题以及个体的综合素质起到精准的覆盖和判断，从而使学习者能够根据自身状况选择最好的学习方式和学习路径，同时利用互联网手段研发基于教育大数据的智能服务平台，进行优质学习资源的精准推送，有重点、有策略地帮扶学困生，并促进资优生更好的发展，使得教学更具针对性。

　　（2）借助全过程性数据，掌握真实教育状况，实现教育智力资源的流转与精准供给。传统教育数据通常来自检查评估，师生在该过程中存在一定的被强迫和刻意因素；通过教育大数据的分析，能够在一定程度上消除传统数据所反映出的不真实情况，并根据此形成区域性教育质量与教

---

　　① 《人工智能为教育起点公平做支撑》，http：//www.sohu.com/a/235280089_523936.2018-06-12，2018-09-20。

育资源地图，动态监管各种办学条件与资源配置的真实状态，从而有效地解决教师资源分配不均、优质学校分布不合理等问题。同时，借助互联网平台，将区域内的骨干、名师流动到网上，实现了"人岗不动、服务迁移"，克服了传统教师流转中教师主动性差、资金支持大等困难，让偏远山区学生通过大数据平台也能够得到城市优秀教师的指导①。

此外，人工智能技术可以提升教育服务的包容性，破解规模与个性、公平与质量难题。运用人机结合的思维方式，能够使教育既实现大规模覆盖，又实现与个人能力相匹配的个性化发展；运用教育大数据进行分析和决策，并引入互联网平台的使用，使得教育问题得到全面分析，教育资源得到充分流转，为学生提供精准化、个性化、多样化的在线教育服务供给，促使公共教育资源配置得到均衡发展。

本节介绍了"双师服务"在促进教育公平中起到的作用。学生在使用"智慧学伴"智能公共服务平台时，系统会借助人工智能算法分析其学习中的优势和不足，并使用智能推荐技术为其匹配合适的辅导老师，展开双师辅导。在这一过程中，数码点阵笔提供了技术支持，与传统的电子手写输入方式相比，其设备轻巧便携，易于操作，且可以清晰、准确地呈现教师的笔迹，优化了在线辅导的用户体验。

案例7-1　双师服务促进优质师资在线流转

从 2016 年 9 月开始，北京市陆续推行了一项政府主导的"北京市中学教师开放型在线辅导计划"（又名"双师服务"），2018 年 4 月初，新一轮计划正式启动，招募了全市 9 000 多名区级及以上骨干教师"走网"，为通州区、房山区等 6 个郊区 5 万余名初中生提供免费辅导。该计划委托北京师范大学未来教育高精尖创新中心研发管理与服务平台，并统筹协调各项工作有序推进。

双师服务是通过教师走网、在线辅导计划的开展，整合全市优质教师资源，实现精准化资源供给，补充基本公共服务的短板、服务中考改革、打破教师配备的时空界限、丰富课程建设、促进教师教研和弥补学生短板。学生和教师在课余时间，通过使用"智慧学伴"智能公共服务平台和"好双师"软件工具，就可以完成在线预约一对一辅导，非实时问答精准诊断，基于个人知识地图智能推荐双师教师，实现全市优质教师资源和学生个性化需求的跨学校、跨区域的精准匹配（图7-2）。

"智慧学伴"平台提取每位教师的擅长内容，为教师设置标签属性，根据学生精准诊断的结果将教师标签属性与学生的诊断需求进行匹配，实现教师服务的精细化、自动化以及个性化的推送。学生可以与线上教师进行异步或同步的交流，并且对教师的指导情况进行评价反馈，实现师生之间的双向交流互动（图7-3）。

"好双师"软件提供学生和教师实时辅导平台，通过学生推荐或者自主搜索对相应的教师发起服务请求。教师辅导借助点阵笔，以语音、文字或者图片的方式对学生进行一对一在线实时互动

① 余胜泉：《教育大数据扫除扶贫"盲区"》，http：//topics. gmw. cn/2016-10/25/content _ 22905022. htm，2019-01-08。

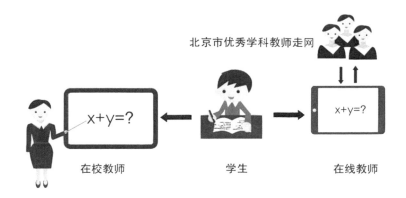

图 7-2　个性化双师服务基本服务形态

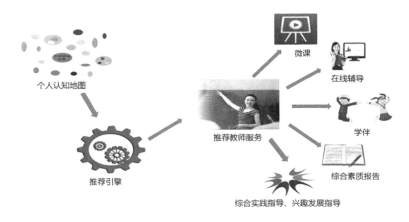

图 7-3　智慧学伴基于个人知识地图诊断推荐双师教师

和辅导，实现对学困生的个性化指导以及资优生的扬长学习。此外，平台会记录学生的在线学习行为，形成辅导录音，教师和学生会对辅导过程进行互评，还有问答广场师生的问答题目和答案数据，这些都会同步计入后台数据库，用于分析学生真实学情和智能推荐教师（图7-4）。

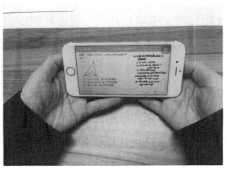

图 7-4　"好双师"软件支持师生在线一对一辅导

基于精准诊断、精细化服务的"教师走网"能够在查优鉴短的基础上充分发掘学生的优势与不足，精确地找到学生所需，准确及时地为学生提供个性化、精细化的服务，实现教师与学生之间需求精准化的多元对应和及时满足。充分尊重学生个性差异，为每位学生提供与其能力、兴趣相匹配的个性化服务，促进其优势的发展，实现"扬长教育"，打破传统教育流水线、标准化的人才培养方式，避免"格式化"人才出现，促进创新型人才的涌现。

第二节　基于大数据的教育智能决策

在传统的教育管理和服务中，很多管理和服务来自经验的总结和判断，如有关教育法律、法规、教育政策、文件等的制定来自各方面的调研和经验的总结与判断，对于重大决策的制定也是基于管理者会议决策和讨论形成文件部署，难以实现科学管理。随着技术的发展和进步，特别是大数据分析技术的成熟，在人工智能的广泛应用背景下，对于教育的智能化管理和服务将呈现新的局面。

教育管理者及老师对于管理及教学经验的判断将走向基于数据的科学判断，基于传统的经验分析将走向未来的智能化分析，基于区域化和系统的管理将由个人和部分人员的经验走向科学、系统、高效的智能化决策方案提示及预警，形成可供决策者进行参考和选择的有效方案，基于大数据分析的教育决策智能化时代即将到来。舍恩伯格认为大数据可以帮助教育决策者全面客观地改善决策的质量，从而"使教育决策从意识形态的偏见中脱离出来"[①]。对于教育智能化决策服务，从应用的层面分析，我们把教育智能决策分为智能化教育宏观性政策、智能化行政决策管理和面向教师和学生的智能化教学决策与管理。

（1）智能化教育宏观性政策。智能化教育宏观性政策主要通过对历史统计数据的分析，形成对国家教育发展状况各方面的趋势分析，并为国家制定长远规划提供数据理论依据，并通过对国内外同类教育综合指标的比较，进行差异化分析，优化国家教育的发展方向。

（2）智能化行政决策管理。智能化行政决策与管理主要是国家教育主管部门及各地方教育行政主管部门借助现代化信息技术，通过人工智能技术和大数据分析技术辅助作用，针对教育系统做出的宏观决策与管理服务。

（3）智能化教学决策与管理。智能化教学决策与管理是教育科学研究院及考试管理部门针对全国及各地区的教学质量及学习质量状况，结合人工智能和大数据分析技术，对全国及地方教育、教学、学习内容及学习质量进行改进和调整，做到科学、有效的教育决策和管理。

本节以国家教育决策支持系统和智慧化教育服务体系为例，介绍了人工智能技术和大数据分析技术在教育决策和管理方面的应用。通过搭建相应功能的数据收集平台，多时段、动态性地收集教育过程中不同方面的教育数据，并对教育大数据进行多维度、多层次、多群体、多因素的分析和可视化，供各个区域的学校查看，以发现区域的共性问题，优化教育资源，提供教育决策支持。

---

① ［英］维克托·迈尔-舍恩伯格、［英］肯尼思·库克耶：《与大数据同行：学习和教育的未来》，赵中建、张燕南译，上海，华东师范大学出版社，2015。

案例7-2　中美两国国家教育决策支持系统

中国教育部为配合国家对教育信息化建设的总体要求，以建设"两级建设、五级应用"（建设国家和省两级数据中心，系统在中央、省、地市、县和学校五级开展应用）为重点，全面建成覆盖全国各级教育行政部门和各级各类学校的国家教育管理信息系统。该系统是教育领域大数据的主要来源，内容涵盖学前、义务教育、高中教育、职业教育、高等教育等各个学习阶段的学生、教师、学校资产与经费的全样本个体数据。

基于全国教育管理信息系统和基础数据库，教育决策支持服务平台提供七大方面的应用。一是教育宏观决策服务，通过对历史统计数据的分析，形成对我国教育发展状况各方面的趋势分析，给国家制定长远规划提供数据理论依据。二是提供教育动态监管、预警服务，根据教育大数据实时变化情况，多平台、多时段、多波段和多源数据实时掌控教育动态，为各种教育专项工程提供全程监管、预警服务。三是提供突发应急事件解决方案，以教育大数据为基础，利用各种常用的分析方法，如优化方法、预测方法、蒙特卡洛方法、矩阵方程求根法等，根据结果比较分析可以得出各种备选方案，对突发事件进行全面智能分析寻找最优解决方案。四是提供舆情分析服务，通过对教育舆情数据进行深度挖掘，得到影响舆情的主要因素和强相关性变量数据，结合教育大数据，科学规范地制作图表与列表，进而清晰、直观、简洁、深刻、形象地表现舆情事件，并提出相应的分析报告和应对策略。五是国内外教育综合比较分析，通过对国内外同类教育综合指标的比较，进行差异化分析，优化我国教育的发展方向。六是提供教育个体综合评价、教育管理、教学质量评价服务，通过教育大数据挖掘产生的知识与信息，传递给知识库管理系统，使系统智能化、知识化，实现对教育规律、决策规律以及模型、方法、数据等方面知识的存储和管理，进而对教育个体、教育管理、教学质量进行评价，促进教育综合改革的进一步深化。七是提供公众数据服务，教育大数据来源于教育群体，也服务于教育群体，通过对公众需求的调研和对教育大数据的挖掘、分析，形成可供公众查询的成果，打造"阳光政府"①。

教育大数据也为美国政府、教育管理部门、学校与教师做出合理的教育教学决策提供了可靠的证据。美国有由教育部与各州教育管理部门及一些企业协同创建与发展的教育数据机构EDFacts，建设了"教育数据快线（ED Data Express）"。美国国家教育统计中心（National Center for Education Statistics）的主要任务在于与教育部内部各机构、各州教育管理部门、各地教育机构合作提供可靠的、全国范围内的中小学生学习绩效与成果数据，分析各州报告的教育数据以整合成为联邦政府的教育数据与事实报告，为国家层面的教育规划、政策制定以及教育项目管理提供了有力的数据支持。另外，美国建立了包括国家级、州级（State-level）、学区级（District-level）以及校级（School-level）在内的各级各类教育数据系统（Educational Data System）服务于教育问责体系，包括利用州教育问责系统（State Accountability Systems）对各州教育发展情况进行全方位评价，借助于学区级评价系统（District-level Evaluation Systems）评价各学区、各学校的整体教育质量，并要求

---

① 张鹏高、罗兰：《基于大数据的教育决策支持》，载《中国教育信息化》，2014（19）。

学校与学区要对学困生进行基于数据的支持性学习干预（Data-driven Interventions）。这些数据系统之间相互关联，数据互通，形成立体化数据网络，为基于大数据获取的美国教育评价提供了基本的依托。

美国联邦政府以及各州政府基于对教育大数据的分析结果评价各州或州内学区的教育进展水平，并以此作为教育投入的依据以及教育政策制定的根据[①]。

案例7-3　北京师范大学未来教育高精尖创新中心智慧化教育服务体系

2017年，北京师范大学未来教育高精尖创新中心与北京市教委、通州区和房山区政府多方进行深度融合，持续架构智慧化教育服务体系。该智慧化教育服务体系目前包括了"智慧学伴"平台、"双师服务"平台、区域教育质量地图以及评估数据质量的核查系统等几个部分，对于学校的教育管理决策来说，产生了革新性的作用（图7-5）。

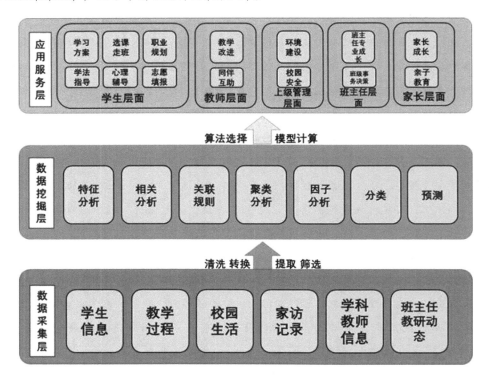

图7-5　"智慧学伴"基于大数据的精细化班级管理模型

其中"智慧学伴"平台在教育管理的层面上，主要呈现学生个体发展和教师教科研两大方面的数据。平台可以收集全区域各校，全校各学段、各年级、各班级、各个学生的历次测评数据，形成大小不同、区域性的个性化学习诊断报告、能力素养报告，过程性动态建立各区域特有的学生管理档案。该动态的个性化学生管理档案，既是当下教育管理体系的即时成果，又可以作为信息反馈于学校教育管理者和学生本人。"智慧学伴"平台还能收集教师用户的管理数据、双师资质审

---

① 张燕南：《大数据的教育领域应用之研究》，博士学位论文，华东师范大学，2016。

批等数据，汇集"称号、职称、执教科目"等信息，建立各学校、各学段、各年级的教师个性成长档案，形成各校独特的师资配置分析报告。学校教育管理层可以借助科学的师资配置分析报告，调配各学段、各年级的物资比例，调拨相宜的财务、服务管理，权衡学校教科研管理的重点，发挥各学段、各年级的优势和特色，扬长避短，减少管理盲区的出现，减少管理阻力的释放，提高资源的利用效率，有效提高教育管理的实效性。

该智慧化教育服务体系还根据两个区域教育的独特发展规律，建立了"双师服务"平台，执行北京市中学教师开放型在线辅导计划，通过开展双师微课和双师在线辅导，为通州区、房山区的学生合理配置优秀师资资源，以此促进优秀教师的在线流转，满足学生个性化精准学习的强烈需求。

"北京市教育资源地图"支持教育热力图、质量图的查看，以及简单的学校、教育资源等收藏功能，支持对各区域学校的搜索查看。图7-6显示了"北京市教育资源地图"的界面。教育质量地图配合后台，支持对学区、学校、公共教育资源的信息创建及编辑，同时也支持对学校关系进行定义和调整，通过管理员角色来统一调控"北京市教育资源地图"的信息及服务。通过即时的、过程性的数据的收集和分析，教育管理者可以通过实时动态掌握人口流动数据、学校分布数据、公共开支预算、城市发展规划、家长评价反馈等来及时通过政策调整来实现区域教育资源的优质均衡配置。

图7-6 "北京市教育资源地图"APP界面

通过对教育大数据进行多维度、多层次、多群体、多因素的分析来评测教育质量水平，以发现区域的共性问题，提供教育决策支持。大数据思维帮助学校的教育管理摆脱传统的经验型被动决策，发展为通过多元数据的科学分析、智能算法，依托区域教育质量地图，为教育管理者提供智慧教育决策支持①。教育管理者可全方面、全过程地了解本地区在应对教育改革上的优势和问题，发现教育管理系统的各自症结所在，然后对症下药，采取针对性的改进措施，形成适合本地

---

① 陈桂香：《大数据对我国高校教育管理的影响及对策研究》，博士学位论文，武汉大学，2017。

区的教育质量改进方案，精准部署教育资源，有效综合治理，深入实践教育改革①。

第三节　智能技术提升区域教育质量

由于智能技术的发展和大数据对教育的深度分析，区域教育质量提升将会拥有更加科学的依据和更好的方案，区域教育质量分析系统将结合本区域的教师师资力量、学生学业水平、学生作业及考试的过程数据、历年升学考试的质量评估等形成科学有效的区域教育质量提升方案。

基于多元数据融合，数据挖掘技术和空间分析方法正在为教育管理者提供全面客观的教育问题分析，并通过智能算法为区域教育政策的制定提供决策支撑模型，促进基于数据说话的教育治理方式和动态实时的教育治理模式的实现，辅助提高管理效能，促进区域教育均衡化发展，提高整体教育质量。利用教育大数据，提升区域整体教育质量是未来教育发展的必然趋势。

北京师范大学未来教育高精尖创新中心大数据助力区域教育质量提升的理念模型（图7-7），面向具体区域开展服务，服务教师课堂教学和专业提升的精准指导，呼应学生核心素养发展的个性服务，打通家长便捷了解孩子的双向渠道。从根本上推动区域教育改革从理念到实践，利用互联网＋技术助推区域整体性变革。

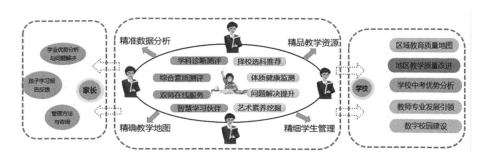

图7-7　大数据助力区域教育质量提升的理论模型

（1）提升教学师资有效配置：区域教育整体质量的提升需要区域教师质量水平的整体提高，系统可以采集该区域教师的教学能力水平及教学风格，针对学校的教学需求进行科学合理的师资配比。

（2）提升教学的有效性和针对性：智能化分析平台可以根据学生的作业及考试过程数据，实时反馈出每个章节及专题的各类学生的知识掌握水平及能力水平，系统将根据区域学生对每个章节知识的掌握程度，提出科学有效的教学方案，通过数据化的管理实现分层分类教学。

本节以百度教育大脑辅助区域教育质量提升为例，介绍人工智能技术在海量数据的基础上能够串联、匹配、共享优质教育资源。具体而言，OCR技术、AR技术，以及语音、声纹识别技术实现了教学过程中的知识呈现、能力测验等功能。同时，数据科学、机器学习、知识图谱等技术

---

①　杨现民、唐斯斯、李冀红：《发展教育大数据：内涵，价值和挑战》，载《现代远程教育研究》，2016（1）。

也助力于教育用户画像的构建，从而实现教育资源的精准匹配、流转和共享。

案例7-4 百度教育大脑辅助区域教育质量提升

百度教育大脑是百度大脑在教育行业的延展，是百度教育的智能引擎，是将人工智能技术应用于教育行业场景的系统平台。百度教育大脑以百度教育积累的海量专业内容、精准用户画像数据为基础，借助 AI 技术发展"看、听、说、想"四种能力，从而产出好内容和好体验。百度教育大脑最核心的"想"的能力体现为"百度教育知识图谱"。知识图谱可将分散、无序、海量的信息变为聚合、结构化、优质的知识，并智能推荐给用户，使用户从海量信息的人工筛选中解脱出来，高效获得系统的认知升级。通过知识图谱的技术，百度教育旗下产品百度文库挖掘构建了 K12 领域学习链路逻辑，将题目与知识点进行对应，聚合相关知识点的多态优质资源，能够支持、完成高效的人机交互，使高考产品服务的响应速度和运算效率更加稳定高效，使 AI 技术的应用场景更加多样，如图7-8 所示。

图7-8 百度教育 AR 考点解析——地理学科"地球公转"知识点

"看"的能力包括 OCR、细粒度识别及 AR（增强现实）技术等。在"智能估分"系统中能够有效缩短信息收集和传递时的中间环节，对真题卷进行快速识别及编辑处理。"AR 考点解析"则通过 AR 直观透彻的视觉呈现，将高考中所涉及的核心考点进行"现实化"，同时通过与人工智能的有机结合，将最核心的知识点直观、立体、完整地呈现，达到"一看便知"的效果，从而提升学习效率。"听"包括语音、声纹识别，能发展对话式人工智能操作系统。"说"包括语言处理、韵律处理，让机器做到有感情的语音交流。百度教育大脑最核心的"想"的能力体现为"百度教育知识图谱"。知识图谱可将分散、无序、海量的信息变为聚合、结构化、优质的知识，并智能推荐给用户，使用户从海量信息的人工筛选中解脱出来，高效获得系统的认知升级。通过知识图谱的技术，百度教育旗下产品百度文库挖掘构建了 K12 领域学习链路逻辑，将题目与知识点进行对应，聚合相关知识点的多态优质资源，能够支持、完成高效的人机交互，使高考产品服务的响应速度和运算效率更加稳定高效，使 AI 技术的应用场景更加多样。

"看、听、说、想"四种能力及相关产品服务的落地，满足了各类高考群体的不同实际需求，也为高考考生提供了更有效率、科学的备考、估分、报考的全程服务①。

基于百度 AI 技术以及百万级专业知识图谱的百度智慧课堂能够串联、匹配优质教育资源，有效提高教育资源流通效率，推动区域化教育资源共享，进而提升区域的教学能力和教学质量。基于百度教育大脑的三大核心能力：教育知识图谱、教育用户画像、教育数据智能，百度智慧课堂已率先认证成为首家全面支持新课标 AI 智慧教育平台，深度融合人工智能技术与教育学习场景，为教育者、学习者、学校提供备课、授课、作业、互动全链条信息化智能解决方案。

教学层面，百度智慧课堂能够满足教师个性化备课需求，实现备课资源与教师诉求的精准匹配，降低教师寻找、筛选资源的成本；学习层面，百度智慧课堂提供多端互通同步学习的个性化服务，PC、手机 APP 多场景协同，让随时随地学习成为可能；学校层面，通过智能大数据分析及智能基数输出，百度智慧课堂助力区域教育资源共享共建，并让教育管理者能够及时了解教情、学情。而针对当地教育资源难以互通的问题，百度智慧课堂帮助其构建网络学习空间，以个人空间、教学空间、区校空间的形式帮助教师实现云端资源管理，协助学校积累校本资源，从而实现区域教育资源优势互补。

百度教育也将继续探索教育资源与教育服务的整合路径，打造适合智慧教育发展的开放生态，更加有的放矢地推进中国校园的智能化升级②。

第四节　教育质量动态监测

对于教育质量的改进与提升需要准确的数据支撑和分析，在传统的教学及考试中，难以有效采集到学生的作业及考试过程数据，大部分数据分析仅来自区域的阶段性测评。而教与学发生的问题往往是在教学和学习的过程中产生，如何全面掌握和跟踪学生的过程数据和教师教学过程数据，已经成为全球教育质量动态监测的难点。

在现阶段，我们国家教育数据主要有三种类型：人口学方面的统计数据、学校教学的相关数据、在线学习的相关数据。这些数据分别存储在各地政府教育管理部门、学校，以及各个在线教育公司的服务器上。数据存储的目的不同，格式与标准也各有差异。教育管理部门、学校的数据多为人口学方面的统计数据，以及学生的学习成绩数据，其目的主要用于教育管理。对于教育质量监测需要的重要数据需要来自课堂教学数据和课后作业数据及历次考试和测评数据，为此，建立在线作业数据采集标准是构建区域质量动态监测过程数据的前提，利用教育数据挖掘与分析技术，将历次的考试和测评数据与作业的过程数据进行综合分析，动态监测学生的学习过程及质量，构建区域教育质量模型，形成科学有效的过程监测报告及解决方案，是实现动态教育质量监测的重要手段。

---

① 百度教育：《百度教育大脑入局高考 AI 技术加速教育产业"智"变》，http：//www. chinaz. com/news/2017/0609/724314. shtml，2018-05-12。

② 《百度教育携手江西上犹 打造首个"人工智能教育示范县"》，http：//xinwen. eastday. com/a/180110151331136-2. html，2018-05-22。

人工智能教育借助工具和技术来进行细粒度分析，使我们能够追踪每位学习者的知识和能力的发展情况，越来越多的数据收集设备如生理数据、语音识别和眼球追踪数据，对个体学习者的学习记录进行收集和解读，我们能够了解学校、学区和全国整体的进展。这些数据将使我们能够跟踪不同的教学方法下学习者的进步，为各类知识和能力匹配最佳的教学和学习方式。重要的是，我们还能够将学习者的进步与学习环境联系起来，然后在系统中构建环境模型。随着时间的推移，这些模型将使我们有能力为不同的学习环境匹配最佳的教学方法。并能够帮助我们弄明白如何调整环境因素（如技术、教师和环境的组合），以改善教学效果，这都有助于学习者习得知识以及发展 21 世纪技能①。

本节以学习仪表盘项目和学情早期预警及干预系统为例，介绍教育数据挖掘技术在学习全过程数据分析中的应用，以及语音识别技术、眼球追踪等人机交互技术在学习行为动态监测中的应用。借助人工智能技术进行全过程、多维度的学习数据收集和分析，同时通过数据可视化方式即时、直观且生动地展示分析结果，能够优化教育监测手段，及时发现并改进教育中存在的问题，提升教育质量。

案例 7-5　学习仪表盘（Learning Dashboard）

在教育领域中，在线学习过程中大量生成的多元化教育数据，如课程内容和资源、习题和测试表现、小组讨论记录、学习行为数据等，也可以作为数据可视化的对象加以处理，通过持续追踪、实时分析与直观表达，帮助学习者实现对自身学习活动的即时感知、实时监控和早期预警，以此为依据制定阶段性的学习策略、调整下一阶段的学习目标。学习仪表盘（Learning Dashboard）是大数据时代背景下典型的经由数据可视化生成的学习支持工具。学习仪表盘又称为学习分析仪表盘（Dashboard of Learning Analytics）、数字化学习仪表盘（Digital Dashboard for Learning）。进入 21世纪后，仪表盘开始作为可视化学习支持工具进入教育领域。基于信息跟踪技术和镜像（Mirroring）技术，学习仪表盘精密追踪学习者的在线学习行为数据，记录并整合大量学习信息和学习情境信息，对学习者的学习进度、学习习惯、学习态度和偏好等个体特征进行细致的数据分析，最终将分析结果以数字、图表、交互性界面等可视化形式加以呈现，帮助学习者进行学习审视与自我反思。比如，在一项针对学习仪表盘对学习表现提升效果的研究中，通过图表和文字标注的学习仪表盘向学生反馈其学习风格与模式、自身存在的阅读障碍和认知缺陷等相关信息，提升学生对自身学习状况和学习策略的元认知与管理，帮助其制订最佳的学习进度和策略，具体表现为向学习者提供层进式学习支持，即从最直观和表层的自我认知（Self-Awareness）到学习反思（Self-Reflection），再从学习反思到意义建构（Meaning Construction），最终实现对学习者及其学习过程的影响（Impact）。

南安普敦大学的仪表盘项目是在 2015 年夏天由南安普敦大学、西班牙马德里自治大学联合

---

① 芥末翻：《人工智能必将改变教育：AIEd 的未来》，https：//www. jiemodui. com/N/83216. html，2018-05-02。

开展的项目，其目标是实现一个跨机构、跨学校的 MOOC 课程的数据分析平台来为学习者的学习提供支持。每个单元都包含一组活动，活动又包含一系列的步骤，根据教学目标的不同，其中的每一个过程都会包含一系列不同学习目标并且以视频、文章、练习、讨论和测验的形式出现，在学习过程中，每一个过程都会被链接到一个相关的讨论板来供大家交流互动。仪表盘项目的平台数据来源可以分为两类：调查得到的数据和学习者的学习活动数据。其中调查得到的数据包括满意度、学习者的信息；学习者的学习活动数据包括评论日志、测验结果、活动步骤、报名活动和同伴评审活动，所有数据都以 CSV 格式存储，最终以基于 R 语言的 Shiny 环境搭建网络界面来显示分析结果。如图 7-9 为南安普敦大学关于 MOOC 的仪表盘分析①。有了仪表盘，所有的教育者都能够访问这个图表，可以看到他们讲授的课程，也可以帮助他们推测未来的学习情况。

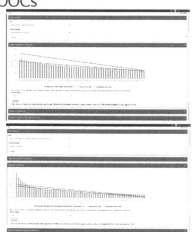

图 7-9　南安普敦大学关于 **MOOC** 的仪表盘分析

案例 7-6　学情早期预警及干预系统

2012 年，美国普渡大学的早期预警系统（The Purdue Early Warning System，PEWS）交由 Ellucian 公司进行商业化运作，并更名为 Ellucian Course Signals（图 7-10②）。课程信号灯系统对学生的评价主要依赖于四个要素：学习者的个人特征（主要包括学习者的性别、年龄等信息）、以往的学术历史（学习准备情况、高中平均成绩、标准化考试成绩）、努力度（学习者与平台的互动情况，主要基于同伴之间的相互比较来体现）、课堂表现（目前为止获得学分的百分比），这些与学习者相关的数据都被加权然后投入分析系统进行计算，最终以三种形式呈现分析结果：绿色信号

---

①　"MOOC Observatory Dashboard"，https：//slideplayer. com/slide/12904243/，2019-01-29.

②　"Purdue　signals"，https：//media. npr. org/assets/img/2014/07/03/eqm10110＿f3-596b39a35d21d704b2148a39d766e7a19082b48e-s1200. jpg，2019-01-09.

灯，表示本次学习很有可能成功；黄色信号灯，表示学生的学习有潜在的隐患；红色信号灯，表示本次学习活动很有可能失败。根据分析结果教师可以选择如下几种调控方式来促进学生的学习：在学习者的学习管理系统主页中呈现信号灯信息；给学习者发送邮件提醒；给学习者发送短信；为学习者提供相关资源；与学习者进行面对面交流。

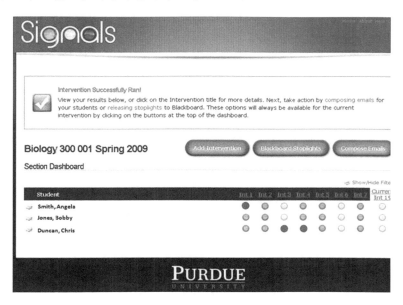

图 7-10　普渡大学学情预警系统

　　统计显示，目前已有 24 000 名以上的学生享受到课程信号灯的福利，至少有 145 个课程指导者在课上用过信号灯。通过对使用过课程信号灯的学习者数据对比分析发现，使用过信号灯的学习者，课程保有率明显高于那些没有使用课程信号灯的同期学习者。使用了两门或者更多的信号灯的学习者，他们的课程保有率比那些只使用一门或者没有使用课程信号灯的学习者要高，而学习者越早使用课程信号灯，他们的课程保有率就会越高。在课程成绩方面，通过对比也可以发现使用过课程信号灯系统后，最终获得 A 和 B 等级成绩的人数提高了 10.37%，获得 D 和 F 等级成绩的人数下降了 6.41%。对使用过课程信号灯的 1 500 名学习者进行访谈与问卷调查发现，学生对课程信号灯的反馈非常积极，甚至有 58% 的学生表示愿意每门课都使用此工具，原因是他们把接收到的邮件当成是与教师的私人交谈，有一种亲切感，通过工具的使用他们知道了如何在学习中寻求帮助，而使用过课程信号灯的教师们也反馈道：课程信号灯系统的使用让他们可以直接接收学习者的数据，通过对数据进行分析，可以为学习者提供实时的反馈来帮助学习者。另外，学生保有率的提升也为学校带来了大量的学费收益，同时节省了招收学生的费用，总节约金额是学校用于大数据分析支出的 5 倍，为学校带来了巨大的经济利益①。

　　自 2012 年开始，乔治亚州立大学基于数据分析结果，以全美大学 250 万毕业生的平均毕业率为基准，建立起针对问题学生的早期预警系统——乔治亚州学术及人力分析研究数据系统。2014

---

　　①　张燕南：《大数据的教育领域应用之研究》，博士学位论文，华东师范大学，2016。

年，系统对处于学业困难状态下的学生发出了共计 34 000 次警告。此外，乔治亚州立大学还利用预测算法，为存在"高风险因素"的大一新生提供及时的学习干预。根据校方研究显示，学生的第一专业课成绩与他们能否顺利毕业相关，从财务收益角度来看，学生就读率每提高 1%，乔治亚州立大学就可以挽回 300 万美元的学费损失，而自该大数据预测项目正式运行以来，该校的学生就读率已经提高了 5%，为学校节省的经费大幅超出了系统维护费用和聘请学业顾问的开支。

还有，美国研发的 The Early Warning System（EWS）通过追踪学生的数据，设计相关指标，判断学生是否存在辍学风险，并且对处于辍学风险中的学生进行有针对性的教学干预，为其制订学习计划，帮助他们顺利完成学业。Kickboard 数据分析平台能够全面跟踪、分析、分享学生的表现数据，同时对行为上处于"危险中"的学生进行适当干预，帮助学生回到正轨，让教师更全面地了解学生，同时将学生行为数据分享给家长和学校，在提升课堂管理水平的同时塑造积极的校园文化①。

第五节　定制化教育服务

随着社会和经济的发展，受教育者的教育需求由传统的大众化培养转向到个性化培养，大数据分析技术与人工智能技术将辅助个性化教育得以实现。大数据的重要价值在于通过大规模、多维数据分析，建立目标实现模型，探索教育与目标之间的变量关系，从而有效地实现从开始到目标过程的路径优化设计，为个性化培养提供有效的数据及决策支持。

在数据驱动下，国外的公司开始纷纷投入到基于数据分析的个性化教育研究中，美国教育科技公司 Knewton，通过数据科学、机器学习技术、知识图谱等，搭建自适应学习引擎，为学生提供"因材施教"的个性化学习体验。普渡大学的课程信号系统，根据学生在学习管理系统中的学习情况以及学生过去的学业表现，运用商业智能分析技术，判断学生可能存在的学业风险，促进学业成功。近几年，基于数据分析与挖掘的公司在国内也相继出现，例如，上海义学教育即是以自适应学习技术为背景的个性化教育应用。

本节以"智慧学伴"智能教育个性化服务平台、Clever 的应用集成平台、大数据学习分析助力个性化学习研究、智能排课助力教学管理为例，展现了大数据分析、机器学习、知识图谱、知识语义推理等人工智能技术在定制化教育服务中的应用。人工智能教育为系统性提升教育应用对个性化教育的支撑能力，依托"智能教育平台"提供的 AI 技术能力与大数据处理能力，供面向具体教育场景的应用产品集成与调用，提供"技术"与"业务"两大类服务，有研究成果称为"智能教育核心服务"（Core Services for AI in Education），如图 7-11 所示②。

案例 7-7　"智慧学伴"智能教育个性化服务平台

北京师范大学未来教育高精尖创新中心研发的智慧学伴平台，立足于北京中高考改革，通过

①　盛开、高锦：《大数据在英国高校的应用案例》，载《中国教育网络》，2017（10）。
②　吴晓如、王政：《人工智能教育应用的发展趋势与实践案例》，载《现代教育技术》，2018（2）。

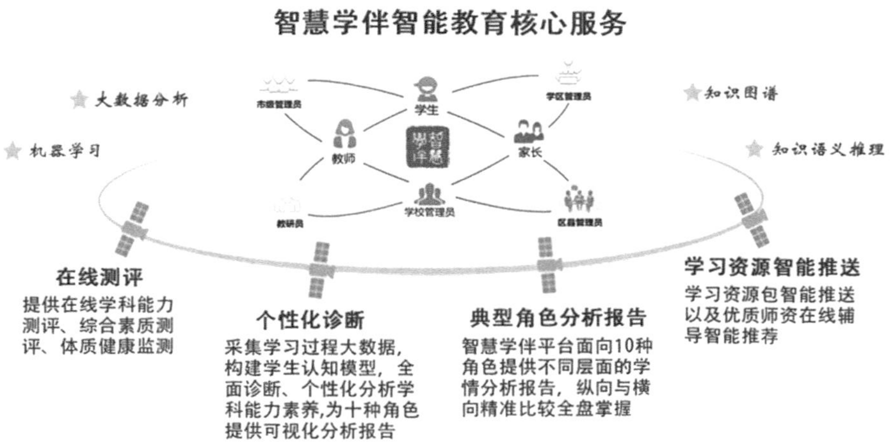

智慧学伴智能教育核心服务

图 7-11 "智能教育核心服务"模型图

大数据采集和分析平台为学校、教师、学生和家长提供个性化的智能教育服务,从模板化的培养转变成个性化的培养。

第一,平台采集学生学习全过程数据,形成学生个性的数据框架。描述学习者四个方面的数据:一是体质健康的数据;二是学科核心素养的数据;三是学科领域核心知识;四是通用心理认知能力。这样相对清晰地形成了学生个性的数据框架,之后,在学习过程中采集各种数据,把学生的信息进行数字化,通过编码分析把它变成可以分析的数据,然后形成描述学生个性特征的数据报告。

第二,采集面向群体的数据,形成北京市教育质量地图。另外一个轨道就是做现在常规意义上的教育大数据分析或者是数据挖掘,面向北京市中小学义务教育群体采集,通过这种数据分析叠加形成,使得教育决策者可以监控整体运行情况,根据整体需求采购社会上的资源,然后学习者根据自己的个性特征,精准地获得在线的资源和在线的服务。

第三,平台用预测性分析为学业选科提供智能化决策。北京市中考改革给了学生更多的选择,更多扬长的机会,九种选课的组合,54 种折分的效果,通过智慧学伴平台分析学科优势,把学生的考试成绩转化为他的学科能力,依据学科能力的模型,从学习理解,到应用实践,迁移创新,每三层级九个层面,"3×3"能力体系模型,汇总学生的历史数据并分析和挖掘,综合全面的优势和特性,形成从最好到最差的组合推荐让学生自主选择(图 7-12)。通过持续性的数据收集和挖掘,学业决策依据不再只是一次考试或者一次作业,也不只停留在横向跨学科比较的分数,而是通过跨学科的学科能力、掌握核心知识核心概念的真实水平,心理、认知层面等因素综合得出的结论。

第四,平台提供"双师服务"在家也能听名师上课。智慧学伴"双师学伴"子栏目中有"双师服务",每周一至周五的 18:00～22:00、周末及法定节假日的 8:00～22:00,会有许多一线教师在平台上进行一对一的师生答疑服务。在线的老师大部分是北京市市级以上的教师骨干,每周至少有两小时要在网上对学生提供在线辅导。以 2018 年 12 月为例,该月日均在线辅导教师数量为

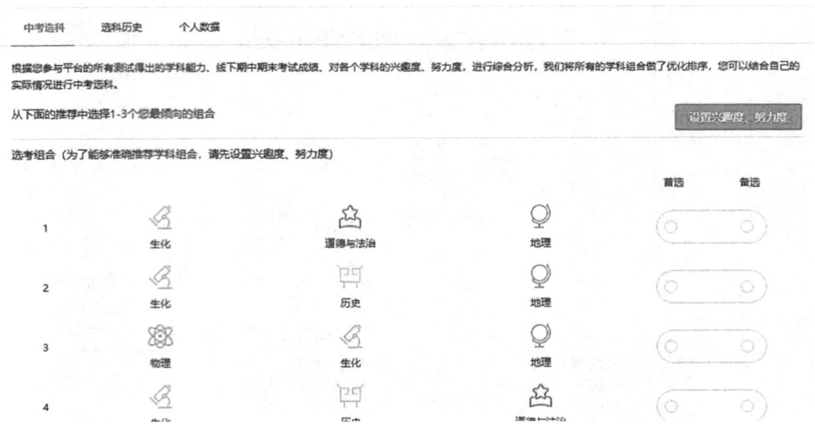

图 7-12　智慧学伴选科功能界面

320. 743 589 7 人次，日均在线接受辅导学生数量为 822. 435 897 4 人次，日均有效辅导总时长为 352. 845 128 2 小时。政府通过财政采购服务，以在线服务的方式，使优质学校的智力资源在网上流转起来，东城、西城、海淀等学区的名师能够通过互联网为学生提供在线指导的服务。

　　智慧学伴平台是基于学科素养、学科能力、大数据、人工智能技术研发的智能公共服务平台，致力于建设师生可实际获得的教育服务超市，开创移动互联时代的教育公共服务模式。智慧学伴为中小学生提供在线测评、诊断学生学科素养、学科能力，提早发现学生学科优势和学科问题，推送个性化报告与学习资源智能，为学生提供一对一在线教师辅导和学习伙伴；为教师适应教改提升精准个性化教学能力，指导教师发现学科特长生、改进学困生的问题，使教师提升课堂教学质量的同时，快速适应教改方向；为家长动态掌握孩子学习表现、学科优势与学习问题，了解孩子的个性特点，从而帮助孩子更好地成长，减轻家长压力。

案例 7-8　Clever 的应用集成平台

　　一直被称为"教育领域的 Twilio"美国教育应用分发平台 Clever 创立于 2012 年，主要通过统一的 API 将学校与教育开发产品连接到一起，帮助教师方便地登记学生的各种资料、跟踪学生学习，学生可以利用单点登录阅读来自多个供应商的网上资源，教师则可以在多个（网络）教室上记录学生的成绩。Clever 目前已经在美国 3 万多所学校使用，几乎每 5 所学校就有一所使用 Clever 提供的服务。同时，他还与超过 150 家的在线教育产品开发机构合作，让学生在 Clever 里就可以体验到不同的教育产品。2014 年 8 月的时候，Clever 推出了"Instant Login"，让老师和学生免去重复登录的烦恼，在 Clever 所提供的教育应用市场体验超过 150 款的教育产品①。Clever Co-Pilot 项目，旨在帮助师生做出是否购买产品的决策。对介入应用开放统一的 API，实现同一个账号集成管理所有的应用。"Co-Pilot"项目将帮助学校统一管理教学应用。举例来说，如果学校已经产生

---

　　①　《深度垂直＋一键登入，教育应用分发平台 Clever 获 3000 万美元 B 轮融资》，http：//36kr.com/p/217890. html，2018-05-30。

了明确需求，需要采购适合中学阶段学习的教学辅助工具，Co-Pilot 就会提供一个符合要求的 list（list 内的所有内容全部经过 Clever 同步），由学校决策使用哪个产品，然后 Clever 会根据决策给出具体的使用说明。目前 Co-Pilot 给出的产品范围已经包括编程类产品、英语语言学习、艺术、数学、科学等，也不会向这些初创公司收取加盟费，但项目仍旧需要像往常一样付给 Clever 月费。30 天的试用期过后，如图 7-13 所示，Co-Pilot 会给出一份测评报告，包括学生所有使用数据，帮助学校决策是否需要购买①。

Application 1: Student Dislikes

7-13　Clever Co-Pilot 项目 Civi 测评报告举例

案例 7-9　大数据学习分析助力个性化学习研究

"希维塔斯学习"（Civitas Learning）是一家专门聚焦于运用预测性分析、机器学习从而提高学生成绩的年轻公司。该公司在高等教育领域建立起最大的跨校学习数据库。通过这些海量数据，能够看到学生的分数、出勤率、辍学率和保留率的主要趋势②。希维塔斯各种基于云的智能手机第三方应用程序（APP）都是用户友好型的，能够根据高校的需要提供个性化服务。

"希维塔斯学习"为学生、老师和学校管理者提供数据分析平台，为学生提供个性化的课程推荐，通过数据过滤分析、可视化及预测工具帮助老师和学校管理者有效地了解学生们的学习情况，从而更好地指导学生。通过使用 100 多万名学生的相关记录和 700 万条课程记录，这家公司的软件能够让用户探测性地知道导致辍学和学习成绩表现不良的警告性信号。此外，还允许用户发现那些导致无谓消耗的特定课程，并且看出哪些资源和干预是最成功的。

王牌产品 illume，基于大量学生历史学情数据的分析和可视化，帮助老师获得提升教学效果，而旗下 Inspire 产品则为学校提供教学健康度的测评和建议。基于学生学习数据，利用自适应技术为学生提供个性化和及时的课程推荐。

---

① 《Clever 推出"Co-Pilot"项目，证明教育领域的"先试后买"也是行得通》，http：//36kr. com/p/5047742. html，2018-05-30。

② 《大数据在教育领域如何应用？》，http：//www. aieln. com/article-3425-1. html，2018-05-20。

案例 7-10　智能排课助力教学管理①

七天网络作为一家教育数据服务公司，通过人工智能、云计算、大数据等先进技术，为 K12 阶段的教育用户提供了覆盖课堂教学、辅导习题、课下作业、培训辅导等全模块化产品体系，形成了围绕教学过程的一体化解决方案。这些学校在教育各场景中常态化应用了七天网络阅卷系统、教务管理系统、题库系统以及增值服务，形成了一系列典型特色的人工智能教育应用案例。

七天网络教务管理系统在教学管理场景中进行了应用实践的探索。青岛某重点高中属于 2017 年开始实现新高考改革试点的片区。6 选 3 的选课模式给他们学校的教务工作带来了很大的挑战。七天网络教务管理系统运用先进的智能算法，解决了一班一课表、一人一课表的技术难题。整个系统分为数据管理、选课分班、智能排课、考勤管理四个模块。系统工作流程如图 7-14 所示。

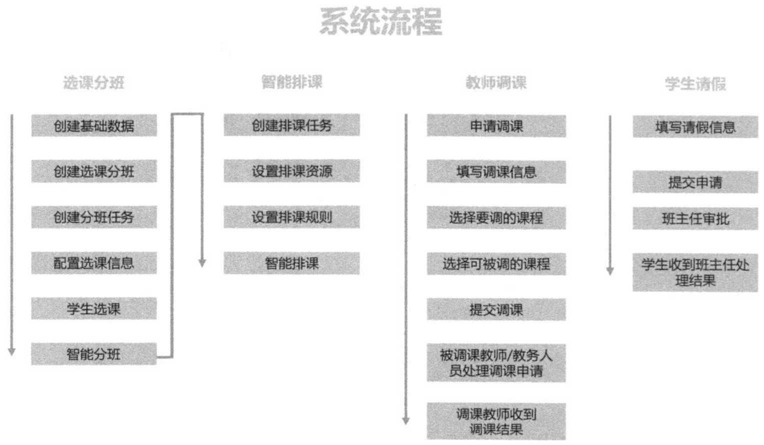

图 **7-14**　七天网络教务管理系统流程图

第六节　智能校医助手

AI 医疗自诞生之日起就备受关注，随着人工智能技术迭代升级，AI 医疗也以其无可替代的优势开始向医疗领域中的更多环节拓展。在医疗领域和教育领域有一个共同的难题是优质资源不足，人工智能技术将解决部分优质医疗资源共享问题，包括机器人可以代替医生完成检测报告分析及图像分析，机器人可以推荐最佳医疗解决方案及药物配方，通过 AI 手段提高患者自查率，更早发现、更好管理疾病。表 7-1 总结了人工智能在医疗领域的主要应用，有医疗机器人、医疗影像、远程问诊、药物挖掘等。

在医疗领域的经验判断正在形成数据和模型，将医疗的数据化和科学化推向新的高度。校医作为校园健康的守卫者，必然也要利用医疗领域的人工智能及大数据分析技术，辅助完成学校医疗事务的提前预防、监测、分析、问答等服务。这与教育的智能化决策有着异曲同工之妙。需要

---

① 七天网络，http：//www.7net.cc/，2018-07-25。

特别说明的是，在下面案例中会包括目前还没有直接应用于教育领域的案例，但因其在普及大众化的基础医疗服务方面发挥的作用可以借鉴和启发校医助手的应用，所以被纳入其中。

表 7-1　AI 医疗领域应用描述总结

应用领域	应用 AI 技术	应用场景简介	应用成熟度	未来发展预期
医疗机器人	·图像识别 ·语音识别 ·机器学习	通过机器学习、语音识别、图像识别等技术，在微创手术、康复等场景辅助医生工作	技术刚刚进步	手术机器人审批较为严格
医疗影像	·图像识别 ·深度学习	通过引入深度学习技术，实现机器对医学影像的分析判断，筛查出潜在有病症的影像片子	技术刚刚进步，数据量是最大瓶颈	未来将辅助医生完成一部分影像的筛查，拥有优质、大量影像数据源的公司将占据市场优势
远程问诊	·深度学习 ·图像识别 ·语音识别 ·语义识别 ·知识图谱	通过分析用户体征数据、文字、语音、图片、视频等数据，实现机器的远程诊疗，但目前大多有人工介入，只是在部分环节机器化	技术刚刚起步，仍是人工为主，机器为辅的状态	临床诊断辅助系统将逐渐成为主要的一个应用场景
药物挖掘	·深度学习	协助药厂，通过深度学习，对有效化合物以及药品的副作用进行筛选，提高筛选效率，优化构效关系；结合医院数据，迅速找到符合条件的病人	技术仍在发展	目前抗肿瘤药、心血管病等为主要应用领域，未来将取决于药企研发新药的热门领域

本节介绍了"智慧学伴"体质健康与心理健康监测系统、医疗机器人助手 Chatbot、移动医疗 APP 春雨医生和丁香医生等案例，展现了人工智能技术在医疗领域，尤其是在学生体质和心理健康方面的应用场景。一方面，通过智能硬件收集学生生理和心理等各项指标的数据，并借助数据科学、机器学习等技术多维度、深层次地分析这些数据，进而形成综合报告和针对性处方，反馈给学生和教育者。另一方面，涵盖自然语言处理系统的智能医疗设备，能够直接处理用户的问题并自动回答，背后的机器学习算法也能够为患者提供辅助诊疗方案。

案例 7-11　"智慧学伴"体质健康、心理健康监测系统

体质健康、心理健康已经成为衡量学校办学质量的重要指标，为了贯彻落实健康第一的指导思想，我国不仅出台了《国家学生体质健康标准》，对不同年龄段学生体质健康提出了个体评价标准，而且要把心理健康教育贯穿学校教育教学活动之中，成为校园特色文化建设的重要组成部分。由北京师范大学未来教育高精尖创新中心（以下简称"中心"）研发，为北京市中小学生提供

智能教育公共服务的大数据分析平台"智慧学伴"，目前基于教育大数据分析与人工智能技术，针对学科领域核心知识、学科核心素养、通用心理与认知能力以及体质健康四个方面，研发了9个维度共399个学生测评指标，对学生进行全面测评与描述（图7-15）。中心依托北京师范大学体育与运动学院，联手北京师范大学信息科学与技术学院郭俊奇博士团队，自主研发了智能手环实时采集学生体育课上运动和生理数据，并进行自动化、智能化数据处理和分析，生成体质评估结果并实现实时反馈。针对学生个体测试的数据包括：静态体测数据、运动加速度曲线、心率/血氧曲线、运动能耗等（图7-16）。

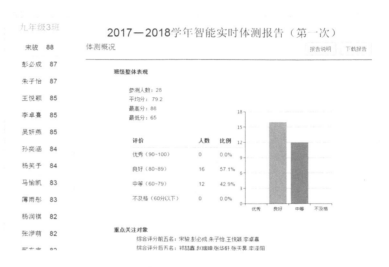

图 7-15 "智慧学伴"体质健康监测班级数据报告

图 7-16 "智慧学伴"体质健康测试现场

智慧学伴平台通过智能手环实时采集学生的运动数据和生理数据，从生长发育与体质健康、身体运动功能、运动技能水平和健康教育知识四个维度对收集到的数据进行整理和分析，综合评价学生的体质健康情况。具体而言，通过采集学生的基础生理指标、发育指标、身体成分等体质健康指标，描述其生长发育和体质健康状况。同时，对学生身体运动功能指标和运动技能水平指标进行实时监测，从而得到这两方面的数据。健康教育知识则以问卷或量表的形式，关注学生对健康教育知识的了解程度。最终，根据上述测试得到的数据和分析结果，向学生提供体质方面的整体和详细报告，并推荐体质健康学习资源、自我改进方案、预约咨询等服务。

由北京师范大学心理学部专家研发的综合心理素质测评工具(图 7-17)，从心理健康、阅读能力、青少年成长潜力、教育环境、学习品质、人格发展、认知能力 7 个模块多角度全方面对学生进行综合性和多元性评价，并实时追踪学生个体的心理发展，监控全区和全校学生的发展状态，在智慧学伴平台上开展测试并生成针对四个不同层面[个体报告、模块报告、班级报告(图 7-18)和学校报告]的多种类型报告。

图 7-17　智慧学伴心理素质测评系统

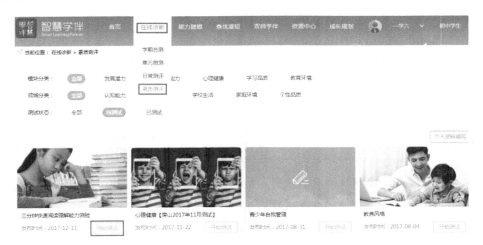

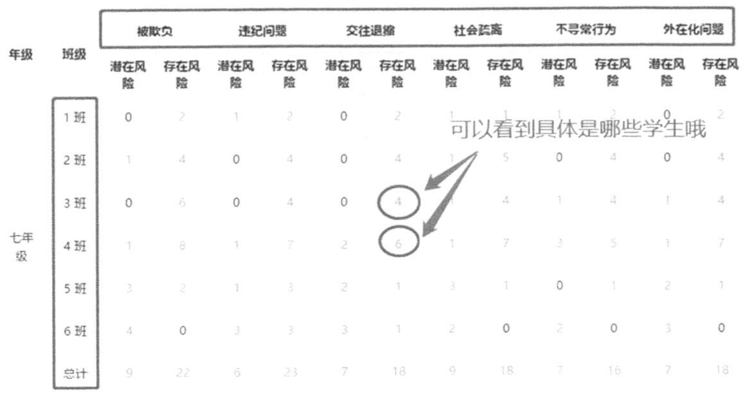

年级	班级	被欺负		违纪问题		交往退缩		社会疏离		不寻常行为		外在化问题	
		潜在风险	存在风险	潜在风险	存在风险	潜在风险	存在风险	潜在风险	存在风险	潜在风险	存在风险	潜在风险	存在风险
七年级	1 班	0	2	1	2	0	2	1	1	1	2	0	2
	2 班	1	4	0	4	0	4	1	5	0	4	0	4
	3 班	0	6	0	4	0	4	1	4	1	4	1	4
	4 班	1	8	1	7	2	6	1	7	3	5	1	7
	5 班	3	2	1	3	2	1	3	1	0	1	2	1
	6 班	4	0	3	3	3	1	2	0	2	0	3	0
	总计	9	22	6	23	7	18	9	18	7	16	7	18

图 7-18　智慧学伴心理素质测评班级报告

案例7-12　医疗机器人助手Chatbot

医疗机器人助手Chatbot又可简称为Bot，指的是聊天机器人，可以理解为AI驱动的健康聊天机器人，它不是实体的机器人，而是指以聊天界面为基础，可以是文本聊天，也可以是语音聊天，通过聊天解决用户需求的一种服务模式，类似于虚拟助理。Chatbot相当于一套涵盖语音的自然语言处理系统，在医疗领域已有少量应用，应用方向大致为预诊、导诊、迅速生成电子病历、推荐对症使用的药品、引导锻炼项目、提供锻炼建议、情绪跟踪与分析等。

2017年，科大讯飞与清华大学联合研发的"智医助理"参加了"2017年临床执业医师综合笔试"，以456分的成绩超过临床执业医师合格线96分（合格线360分），成为全国乃至全球第一个通过国家执业医师资格考试综合笔试评测的人工智能机器人。"智医助理"能够根据医生和患者的对话迅速生成电子病历并给出病情诊断，还可查询病人病史、相似病例、临床指南和对症使用的药品。除了为医生提供辅助诊疗服务，"智医助理"用医学影像辅助诊断技术高效辅助医生进行影像诊断。2018年"智医助理"正式走入基层医院，为全科医生和前来就诊的居民提供人工智能辅助诊疗服务[1]。

微软聊天机器人Chatbots包括一套涵盖语音和语言处理，实体提取以及其他认知服务的机器学习模型，为了构建能够直接处理受保护的患者健康信息的语音支持或对话服务，Chatbots基础技术匹配美国"健康保险流通和责任法案"（HIPAA）构建诸如自助式医疗分诊机器人等应用程序。其基本功能包括：通过对话确定症状，将患者指派给合适的临床医生，同时提供一份简明分诊报告，回答健康保险福利问题，并将患者连接到可能适合他们的临床试验[2]。

挪威一家人工智能公司推出的Your.MD提供用户在网页端、iOS平台、安卓平台、Facebook Messenger、Skype、Slack和Telegram上获取到"初级护理服务"，通过对话界面询问用户身体的症状，帮助用户了解自己的身体问题，搜索引擎可以根据不同的疾病给出详细的信息。图7-19为Your.MD利用人工智能技术解答用户病症疑问的医疗APP界面[3]。同时，该公司研发了医疗产品和服务提供商的市场OneStop Health platform的平台，其Push Doctor服务可以让你直接和医生视频进行疾病诊断[4]。

———————————

[1]《人工智能全科医生助手"智医助理"开始"上岗"啦!》，https：//www.sohu.com/a/224813945_336009.2018-03-04，2018-05-01。

[2]《人工智能用于医疗保健，微软的策略是什么?》，http：//stdaily.com/zhuanti01/yljqr/2017-11/29/content_601690.shtml.2017-11-29，2018-05-01。

[3]《医疗诊断机器人Your.MD获1000万美元融资》，https：//www.jqr.com/news/004207，2018-05-20。

[4]《通过聊天机器人提供医疗问诊服务，Your.MD获1000万美元融资》，http：//www.lieyunwang.com/archives/330066，2018-05-20。

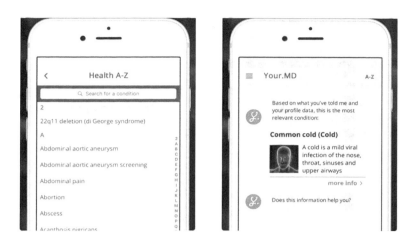

7-19 Your. MD 利用人工智能技术解答用户病症疑问的医疗 APP 界面

案例 7-13 移动医疗 APP：春雨医生、丁香医生

"互联网＋"提高行业自身经济效益，已经成为现阶段行业发展主流的趋势之一。作为与人们健康息息相关的行业，医疗行业一直由于信息不对称和医患矛盾等存在许多问题，通过引入移动互联网为医疗行业的未来发展开拓了广阔的市场前景，并提高了整个行业的医疗水平。在医疗人力资源短缺的情况下，通过使用移动网络技术来提供医疗服务和信息，为医疗卫生服务提供了一种有效方法，可解决部分的医疗问题①。下面以春雨医生和丁香医生为例。

"春雨医生"（图 7-20）原名"春雨掌上医生"，是北京春雨天下软件有限公司旗下的健康应用APP，于 2011 年 11 月上线，是一款集人工智能技术和医师专业知识为一体的医疗产品，致力于用科技手段帮助人们更清楚地了解自我需求、掌握健康信息，于寻医问药过程中获取更为便捷、专业、优质和经济的建议与服务；缓解"看病难、看病贵"的医疗状况。"春雨医生"凭借"自诊"和"问诊"两大核心功能，经过 6 年多的沉淀和积累，逐步进化为健康领域高频次使用的人工智能"健康大脑"及互联网医疗的"连接器"。前者可提供包括自我诊断、机器导诊、众包分诊、辅助追问、辅助决策等多项功能；后者除通过移动端实时连接医患关系外，还提供诸如智能健康监测设备、第三方医疗监测机构、医院信息化系统、医药电商平台和医保支付平台等功能②。

"丁香医生"由医学网站丁香园团队研发，是一款面向大众用户的药品信息查询及日常安全用药辅助工具。"丁香医生"主要由科普文章、疾病问答、就医推荐查询、健康小组等核心板块组成。"丁香医生"延续了"用药助手"的权威用药数据和便捷交互等优势，提供对症找药、服药安全警示、家庭药箱、药品/保健食品信息查询、附近药店等功能。药品查询支持手机"扫一扫"药品条码，显示药物安全警示，并自动记录药品保质期提醒；强大的搜索功能，不仅提供疾病和药

---

① 杨明刚、郭永艳：《互联网时代的移动医疗品牌提升方略——以"春雨医生"为例》，载《设计》，2015(17)。

② 春雨医生，https：//www. chunyuyisheng. com/about_ us/，2019-01-09。

图7-20　"春雨医生"咨询界面

物的查询，还有医保信息、药品价格供参考，更能鉴别虚假医疗广告；多份药物同时服用时，给出药物相关作用，生成服药清单，输入服药间隔后，自动服药提醒；不管是头疼脑热，还是感冒流涕，在家庭常备药箱和附近药店的帮助下，快速帮您减少病痛困扰；一日三篇科普文章，从根本上增长你的健康知识，更有孕妇用药和疫苗管理的功能，体贴人生不同阶段①。

移动医疗的出现可以缓解医疗资源的紧缺，在未来医疗改革方面具有很大的潜力。同时，移动互联网介入医疗行业，把更多的信息公开，消除了一定的信息不对称；同时通过数据管理，让病人随时随地能够掌握自己的健康数据，也方便用户更好地管理自己的健康，形成新的健康生活方式。

随着 AI＋医疗领域的发展，校园医疗助手的发展也将突飞猛进，其职能将不仅局限在组织师生体检、监督食品安全和校园环境卫生，而是要通过健康管理系统，线上设置测试项目，采集动态数据，提供健康指导意见，机器辅助影像诊断，一键上报主管单位数据库，真正实现一体化、智能化校园健康管理与服务。另外，医疗大数据及智能治疗服务将在学校广泛应用，校医助手机器人会参与基本医疗知识问答、学生体检报告分析与解读、学生常见病辅助诊断、药品分析等进行服务，解决医疗方面普及大众化的基础医疗服务。

我们可以预见，未来的校医助手将在如下领域率先开展应用。

（1）医疗知识问答服务，学生可以通过校医助手 APP 下载，每个学生可以通过移动端获得远程医疗知识问答服务。

（2）学生体检数据分析报告的解读与风险提示，学生历次的体检报告可以上传到云端后进行数据分析，并形成医疗数据报告，系统可以根据每个学生的身体健康状况进行实时提醒和过程体

---

① 丁香医生，https：//dxy. com/，2019-01-09。

检报告的阶段分析对比。

（3）校医助手可以实现辅助校医诊断与治疗服务，校医助手可以根据每个学生的身体状况及健康数据辅助医生进行诊断和分析，并形成基础治疗方案，为学生提供药物配方及康复建议。

（4）校医助手将通过持续和实时的智能建议来支持患者和健康人员进行健康维护。

（5）校医助手可以接入学生的体育锻炼数据及日常生活数据，可以利用其他机制来"知道"通过运动检测，物联网传感器输入等发生的事情，收集有价值的、个性化的数据，为学生提供科学有效的健康运动和科学饮食。

（6）校医助手可以根据学生的个人生理、心理特点，制定以球类、体操类、武术类、民间传统体育项目等为主要内容的针对性运动处方方案，给予科学的、定量化的运动建议，使学生全面发展身体素质。

第八章

"人工智能＋教育"研究前沿

　　"人工智能＋教育"是当前人工智能学术界最活跃的研究领域之一，引起了国内外研究者的广泛关注。近年来，许多国家都成立了智能教育相关的研究机构，致力于开展智能技术与教育的结合研究。在中国，以北京师范大学未来教育高精尖创新中心、华中师范大学国家数字化学习工程技术研究中心、教育信息化协同创新中心等为代表的诸多研究机构，均投身于智能教育领域的学术研究和工程研发，为实现我国中长期教育改革和发展规划纲要的战略目标而做出贡献。在国外，诸如加利福尼亚大学洛杉矶分校的国家评价、标准和学生考试研究中心（CRESST）、美国国家自然科学基金学习科学中心（LIFE）以及 WestEd 等在内的机构，也在从事学习分析等相关"人工智能＋教育"领域的研究，通过实践提升教育质量。

　　而从学术文章的发表上看，无论是计算机领域的 International Joint Conferences on Artificial Intelligence（IJCAI）、Conference on Information and Knowledge Management（CIKM）等会议，还是教育技术领域的 *Computers & Education*、*International Journal of Computer-Supported Collaborative Learning*、*British Journal of Educational Technology* 等期刊，近几年均逐渐出现了人工智能与教育结合的相关主题的文章。此外，以 AIED（Artificial Intelligence in Education）为代表的"人工智能＋教育"领域国际会议，也吸引了世界各地的研究者和学者，共同探讨人工智能将如何与教育进行有机结合。

　　本章主要介绍该研究领域的研究现状与可能的发展趋势，重点介绍知识表示与教育知识图谱、认知诊断、学习者建模、教育试题资源表征、机器阅读理解与批阅、智能教育系统、脑科学与教育的结合七个领域研究热点。

第一节　知识表示与教育知识图谱

　　知识表示通常指将现实世界中的各类知识表达成计算机可存储和可计算的结构。从人工智能的研究初期，就已经有了知识表示方向的研究并持续至今。知识图谱是知识表示的一种有效方式，通常指利用多关系图结构描述真实世界或特定领域的各类实体以及这些实体间的关联的知识库（图 8-1）。知识图谱以结构化的形式描述客观世界中概念、实体及其关系，将信息表达成更接近人类认知世界的形式，提供了一种更好地组织、管理和理解海量信息的能力[①]。知识图谱可以支持大量人工智能领域的实际应用，如智能语义检索、个人智能助理、智能深度问答等。

---

　　①　李涓子、赵军、陈华钧等：《知识图谱发展报告（2018）》，2018。

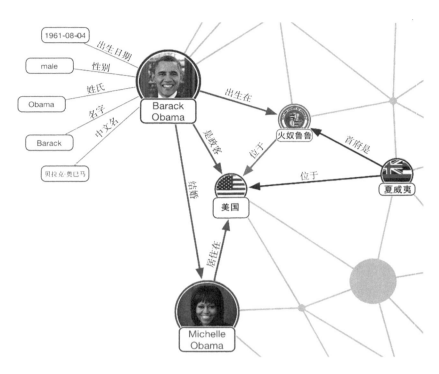

图 **8-1** 通用知识图谱示例

知识图谱一般分为通用知识图谱和垂直领域知识图谱两类。通用知识图谱通常包含了大量现实世界中的常识性知识，覆盖面广，典型的通用知识图谱有 DBPedia、Freebase、WordNet 等。垂直领域知识图谱又可以称为行业知识图谱，通常面向某一特定领域，可看成是一个基于语义技术的行业知识库。由于基于特定领域与行业的数据而构建，因此对所构建的知识与信息的深度、准确性有着较高的要求和特殊的应用。

教育知识图谱是针对教育领域构建的知识图谱，旨在表示教学过程中涉及的不同元素及这些元素之间存在的具有教育意义的各类认知关系。通常情况下，教育知识图谱中的点表示与教育紧密相关的各类元素，如知识点、教学目标、习题测试、学科教材等，图谱中的边表示不同元素间的教育关系，如知识点间的前驱后继关系、习题测试与学习目标的考查对应关系等。教育知识图谱是智能教育系统的核心，在其基础上可以实现建构海量学习资源的结构化组织、知识关联、群体协同学习、学科知识问答、自适应学习与推荐等智能教育应用。

在教育领域，依据针对目标的不同，可以把当前对知识图谱的研究工作概括为两类：以知识点及课程为中心的图谱和以教学及资源为中心的图谱。以知识点及课程为中心的图谱研究侧重对知识点（或学科概念）之间以及专业课程之间的关系分析。针对知识点分析，当前研究尝试了通过教材内容数据分析不同概念的相互提及频率，从而推断知识点间前驱后继关系的方法①，综合利

---

① Wang S., Liang C., Wu Z., et al., "Concept hierarchy extraction from textbooks", Proceedings of the 2015 ACM Symposium on Document Engineering. ACM，2015，pp. 147-156.

用教育资源和学习行为数据分析知识点间前驱后继关系的方法①，以及利用不同课程间的相互依赖关系分析课程中涉及知识点的前驱后继关系的方法②。同时，也有研究以知识点之前的前驱后继关系为媒介，构建课程概念图③和分析在线课程间的相互依赖关系④。以教学及资源为中心的图谱侧重于对教学过程中涉及的元素进行梳理。例如，利用图谱构建的一个关于教学技术领域专有术语的知识库⑤，通过构建专业学科图谱分析不同专业间的相互关系⑥，以及通过构建关于高校的专业知识图谱对学校的教师资源进行分析⑦。此外，从关联数据的视角，组织学习内容知识、创建学习环境、构建语义社会网络、整合并共享学习资源，同时构建学习知识库，也是一种更好地为学习者提供学习支持服务的方案⑧。

虽然当前教育知识图谱的构建已经有了相当的进展⑨，但当前教育知识图谱的研究仍侧重对单一实体类型的分析，如知识点、课程、资源，而缺乏对教学过程中多种因素的系统综合分析，如知识点、学习资源与学习目标等的整体关联影响分析。同时，因为分析的内容单一，其使用的数据种类也相对较少，从而容易造成教育知识图谱缺乏整体性与系统性。这也是当前教育知识图谱领域构建与研究领域亟须解决的重要问题和发展方向。

第二节　认知诊断

在传统教学过程中，教师精力有限，无法对每个学生的学习状态做到精细掌握，对学生的检测分析方法通常是简单汇总学生的答题记录得到学生的得分情况，并据此判断学生的学习状态，因此无法准确获取每个学生对各个知识点的掌握情况。随着各类信息化技术与产品的应用和普及，大量的学生学业数据被记录下来，利用认知诊断模型（Cognitive Diagnosis Model，CDM）综合这

---

① Chaplot D. S., Yang Y., Carbonell J. G., et al., "Data-driven Automated Induction of Prerequisite Structure Graphs", EDM, 2016, pp. 318-323.

② Liang C., Ye J., Wu Z., et al., "Recovering Concept Prerequisite Relations from University Course Dependencies", AAAI, 2017, pp. 4786-4791.

③ Liu H., Ma W., Yang Y., et al., "Learning concept graphs from online educational data", *Journal of Artificial Intelligence Research*, 2016（55）, pp. 1059-1090; Yang Y., Liu H., Carbonell J., et al., "Concept graph learning from educational data", Proceedings of the Eighth ACM International Conference on Web Search and Data Mining. ACM, 2015, pp. 159-168.

④ Pan L., Li C., Li J., et al., "Prerequisite relation learning for concepts in moocs", Proceedings of the 55th Annual Meeting of the Association for Computational Linguistics（Volume 1：Long Papers）, 2017（1）, pp. 1447-1456.

⑤ 魏顺平：《基于术语部件的领域本体自动构建方法研究——以教育技术学领域本体构建为例》，载《电化教育研究》，2013（5）。

⑥ 郑艺、应时：《基于交叉融合学科知识本体的研究与预测》，载《情报杂志》，2016（3）。

⑦ 袁小艳、唐青松、贺建英：《高校知识本体的构建及应用研究》，载《现代电子技术》，2014（16）。

⑧ 吴鹏飞、余胜泉：《语义网教育应用研究新进展：关联数据视角》，载《电化教育研究》，2015（7）。

⑨ 李思良、许斌、杨玉基：《DRTE：面向基础教育的术语抽取方法》，载《中文信息学报》，2018（3）；Chen P., Lu Y., Zheng V. W., et al., "KnowEdu：A System to Construct Knowledge Graph for Education", *IEEE Access*, 2018。

些答题记录数据与习题知识点等信息，能够评估学生的学习状态和知识能力水平，对于提高教师的教学效率具有重要作月，这个过程称为认知诊断分析（Cognitive Diagnosis Analysis，CDA）。

认知诊断分析起源于 20 世纪 50 年代，其目标是帮助教师更好地了解学生当前的学习状态，为每个学生定制个性化的学习策略[1]。常见的认知诊断模型主要包括项目反应理论（Item Response Theory，IRT）[2]模型和确定型技能诊断（Deterministic Input，Noisy And gate，DINA）[3]模型等。IRT 模型是单维连续型模型，将学生的知识状态建模为一维连续的能力值，并结合习题自身的因素（难度、区分度、猜测度等）对学生进行诊断评估。实际应用中，IRT 模型无法诊断学生对多个不同能力值的掌握情况，因此学者提出多维离散模型，其中的典型代表为 DINA 模型。DINA 模型使用 Q 矩阵表示习题与知识点的关系，同时考虑了"失误"和"猜测"等因素，对学生能力进行建模，从而推测学生在多个具体知识点上的掌握或未掌握情况。

在传统教学场景中，由于数据记录手段的限制，通常只能以班级或者以学校为单位记录学业数据，数据量小且数据间关联性弱。而如今随着信息技术和大数据技术等的应用，数据的数量和质量不断提高，收集的学生数据呈现出样本量大、数据间非孤立以及稀疏的特点，传统的 IRT 与 DINA 等模型不再适用此种情形。因此许多大数据分析技术也被用于认知诊断当中，其中最为常见的是矩阵分解[4]方法，将学生和习题投影到低维的知识隐空间中，并关联不同学生的学业数据，使得学生之间的诊断结果具有可比性。在 IRT 模型、DINA 模型和矩阵分解的基础上，一些学者针对它们的不足之处提出许多改进的模型，例如，针对传统认知诊断模型的小样本、只关注于单一技能反应模式或者只能得到客观题的掌握或没掌握的离散诊断的缺点，提出了模糊认知诊断框架（fuzzy cognitive diagnosis framework，FuzzyCDF），实现大样本量的、稀疏的答题数据的协同建模[5]。如图 8-2 所示，该模型框架结合项目反应理论与模糊理论，同时考虑了试题难度、区分度、粗心、猜测等因素。FuzzyCDF 对客观题采用技能连续型理论（掌握所有习题所需技能方能答对），对主观题采用了技能补偿性理论（掌握习题所需技能其一即可得分），并且概率化技能掌握程度（而不仅是掌握或没掌握），使得诊断结果更加精细和准确。对于矩阵分解中低维隐空间解释性不强的问题，将习题—知识点关联矩阵融入模型中，使得诊断结果解释性更强，并以此对症下

① DiBello L. V., Roussos L. A., Stout W., Review of cognitively diagnostic assessment and a summary of psychometric models. CR Rεo, & S. Sinharay（Eds.），Handbook of statistics，Vol. 26：Psychometrics（pp. 970-1030）. 2007.

② Fan X.，"Item response theory and classical test theory：An empirical comparison of their item/person statistics"，*Educational and psychological measurement*，1998，58（3），pp. 357-381.

③ De La Torre J.，"DINA model and parameter estimation：A didactic"，*Journal of educational and behavioral statistics*，2009，34（1），pp. 115-130.

④ Koren Y.，Bell R.，Volinsky C.，"Matrix factorization techniques for recommender systems"，*Computer*，2009（8），pp. 30-37.

⑤ Liu Q.，Wu R.，Chen E.，et al.，"Fuzzy cognitive diagnosis for modelling examinee performance"，*ACM Transactions on Intelligent Systems and Technology（TIST）*，2018，9（4），p. 48.

药，实现个性化的试题推荐①。

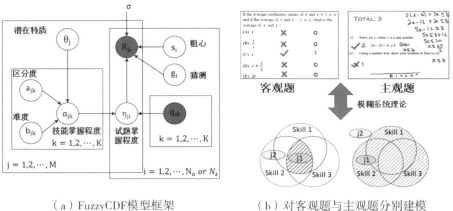

（a）FuzzyCDF模型框架　　　（b）对客观题与主观题分别建模

图8-2　FuzzyCDF 模型

第三节　学习者建模

近年来，教育学与计算机科学领域提出了学习分析（learning analytics）的概念②，主要目的是基于学习者与学习环境中的客观数据，利用数据驱动的研究方法对学习过程进行分析，最终帮助优化学习过程与学习环境。针对学习主体对象的学习者进行建模是目前学习分析中重要的研究领域。总体而言，学习者建模可以被认为是对学习者在知识状态、认知状态与情感体验等方面进行量化和抽象表征③。学习者模型一方面，可以对个体学习者进行定量和微观描述，从而满足个性化与自适应学习的基本需求；另一方面，学习者模型可以对大规模学习者进行定性和宏观刻画，为教师和教研人员提供重要的理论支持和决策参考。

对学习者知识状态的识别和诊断（学生模型），是传统学习者建模中最重要的研究领域之一。学生模型主要关注学习者在学习的过程中知识状态的变化与跟踪。目前学生模型的研究集中在贝叶斯知识跟踪模型（Bayesian Knowledge Tracing，BKT）④和深度知识跟踪模型（Deep Knowledge Tracing，DKT）⑤。BKT 模型本质上是利用隐形马尔可夫模型解决教学中的知识跟踪问题，并针对性地引入了对滑误（slipping）和猜测（guessing）的概率定义。在此模型中，BKT 假设学习者对知

① 朱天宇、黄振亚、陈恩红等：《基于认知诊断的个性化试题推荐方法》，载《计算机学报》，2017（1）。

② Johnson L.，Smith R.，Willis H.，et al.，"NMC Horizon Report：2011 Edition"，The New Media Consortium，2012.

③ Chrysafiadi K.，Virvou M.，"Student modeling approaches：A literature review for the last decade"，*Expert Systems with Applications*，2013，40（11），pp. 4715-4729.

④ Corbett A. T.，Anderson J. R.，"Knowledge tracing：Modeling the acquisition of procedural knowledge"，*User modeling and user-adapted interaction*，1994，4（4），pp. 253-278.

⑤ Piech C.，Bassen J.，Huang J.，et al.，"Deep knowledge tracing"，Advances in Neural Information Processing Systems，2015，pp. 505-513.

识的掌握是二元变量，0 表示没掌握，1 表示掌握。将学习者的测评数据作为序列训练数据，可以对模型中的参数进行学习，从而得到学习者的知识状态①。在此基础上，后续的研究又加入了关于学习者先验知识的考虑②，以及题目难度等级的因素③，对 BKT 进行扩展。然而，BKT 的二元假设导致其不能对知识掌握情况进行细化的量化表示，而且隐形马尔可夫模型本身性质又造成了 BKT 的局限性，即只能对单个知识点进行评估，而不能同时分析多个知识点。因此，相关研究者提出了基于深度学习的 DKT 模型，以 RNN 结构为基础，利用神经网络追踪学习者测评数据中的时间序列信息，从而对其知识状态随时间的变化情况进行建模和预测。针对 BKT 模型的局限性，DKT 模型的隐含变量表示学习者对不同知识点的掌握情况，并用 0 ~ 1 的连续数值表示学习者对每个知识点的熟练度。基于学习者的时序测评数据，DKT 模型可以更全面、准确地识别学习者的知识状态。在此基础上，后续的研究工作加入了习题的分布式学习④，以及考虑知识点之间的前驱关系的深度知识追踪模型⑤（图 8-3）。

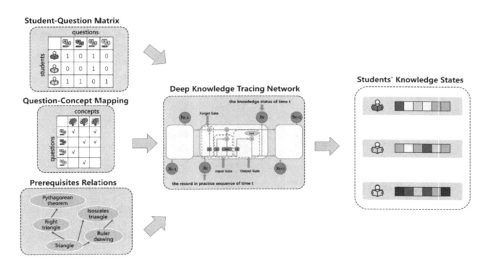

图 8-3　一种基于前驱关系的深度知识追踪模型框架

① d Baker R. S. J., Corbett A. T., Aleven V., "More accurate student modeling through contextual estimation of slip and guess probabilities in bayesian knowledge tracing", Intelligent Tutoring Systems. Springer, Berlin, Heidelberg, 2008, pp. 406-415.

② Yudelson M. V., Koedinger K. R., Gordon G. J., "Individualized bayesian knowledge tracing models", International Conference on Artificial Intelligence in Education. Springer, Berlin, Heidelberg, 2013, pp. 171-180.

③ 王卓、张铭：《基于贝叶斯知识跟踪模型的慕课学生评价》，载《中国科技论文》，2015（2）；Pardos Z. A., Heffernan N. T., "KT-IDEM: introducing item difficulty to the knowledge tracing model", International Conference on User Modeling, Adaptation, and Personalization. Springer, Berlin, Heidelberg, 2011, pp. 243-254.

④ Su Y., Liu Q., Liu Q., et al., "Exercise-Enhanced Sequential Modeling for Student Performance Prediction", AAAI, 2018.

⑤ Chen P., Lu Y., Zheng V. W., et al., "Prerequisite-Driven Deep Knowledge Tracing", IEEE Conference on Data Mining（ICDM）, Singapore, 2018.

此外，研究发现学习动机、专注度与情感变化在学习过程中通常也会直接影响学习效果与质量。例如，建构主义理论认为学习者的情感状态可能会系统性地影响他们处理新资料的方式①，而不同级别的学习专注度也可以通过学习过程中的外显行为（overt behavior）进行有效推断②。相关研究者利用脸部表情识别技术来研究学习者在学习过程中的情感状态③，而智能可穿戴设备、压力鼠标和皮肤电传导传感器等多种设备也被应用于学习者建模中。例如，将智能手表用来进行课堂学生行为的监测（举手、记笔记等行为），从而对学生的学习专注度进行有效推断④和干预。同时，研究者利用大规模学习者群体的学习过程交互性数据与阶段性学习成绩数据，通过机器学习中的分类、回归等算法对学习者进行群体性建模。例如，建立在 MOOC 平台上的退学预测模型⑤与学习者分组⑥等。

学习者建模是智能教育环境与系统中最重要的环节之一，如何能够对学习者复杂的认知状态和知识结构进行准确描述与量化，仍然是当前研究的热点与难题之一。随着人工智能技术的发展，学习者模型的数据基础与构建方式也在逐渐变化。大规模在线学习环境与智能传感器技术的发展可以帮助有效采集海量学习行为与学习过程性数据。同时，自然语言处理、情感计算与深度学习等技术的发展也可以帮助对所采集信息进行自动提取和理解。最终，在准确的学习者模型基础上，可以让智能教学系统对学习者有深刻而全面的理解与帮助。

第四节　教育试题资源表征

教育试题资源表征是机器阅读理解、试题关联网络构建、学生得分能力预测以及个性化资源推荐的前提与基础，大规模教育资源的深度表征、关联与应用研究面临的首要课题就是如何对异构多模态试题进行合理、有效的语义表征。近年来，国内外在线学习系统收集积累了大量试题数据，这些数据存在多源异构（图8-4）、稀疏高噪的特点，拥有丰富的语义特征。例如，试题是由文本、图片以及知识点构成的，因此如何利用多模态学习方式整合多源异构数据，进而理解试题考查目的和进行相应的试题语义表征成了研究与产业界亟待解决的痛点问题。传统方法不考虑试题中的任何信息，仅对试题固有的标签信息进行统计分析（如知识点、难度、区分度等），并以此

① Craig S. , Graesser A. , Sullins J. , et al. , "Affect and learning: an exploratory look into the role of affect in learning with AutoTutor", *Journal of educational media*, 2004, 29(3), pp. 241-250.

② Chi M. T. H. , Wylie R. , "The ICAP framework: Linking cognitive engagement to active learning outcomes", *Educational Psychologist*, 2014, 49(4), pp. 219-243.

③ Ez-Zaouia M. , Lavoué E. , "EMODA: a tutor oriented multimodal and contextual emotional dashboard", Proceedings of the Seventh International Learning Analytics & Knowledge Conference. ACM, 2017, pp. 429-438.

④ Lu Y. , Zhang S. , Zhang Z. , et al. , "framework for learning analytics using commodity wearable devices", *Sensors*, 2017, 17(6), p. 1382.

⑤ Nagrecha S. , Dillon J. Z. , Chawla N. V. , "MOOC dropout prediction: lessons learned from making pipelines interpretable", Proceedings of the 26th International Conference on World Wide Web Companion. International World Wide Web Conferences Steering Committee, 2017, pp. 351-359.

⑥ Anderson A. , Huttenlocher D. , Kleinberg J. , et al. , "Engaging with massive online courses", Proceedings of the 23rd international conference on World wide web. ACM, 2014, pp. 687-698.

作为试题的表征形式。这样的方法并没有考虑试题本身的文本信息，更重要的是，试题的标签信息往往是通过教育专家人工标注的方式进行，不可避免地具有低效率、不准确的弊端。

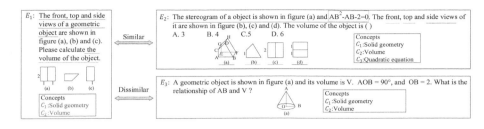

图 8-4　多源异构教育数据

为此，相关研究团队尝试使用传统的机器学习方法对试题进行表征，从而进一步对试题标签信息进行预测与自动标注。有学者提出使用反向传播的人工神经网络，利用五维的特征向量，包括试题文本的相关性、平均词频、试题长度、答案长度以及词频分布的方差，但是缺点在于缺少试题的语义分析[1]。学术界进一步分析比较了最近邻算法、朴素贝叶斯以及支持向量机在试题表征上的表现[2]，并通过从试题中提取的词条、语义、关键词和句法等特征来增强试题的表征[3]。在此基础上，进一步提出可以使用极限学习机模型代替支持向量机模型，从而对试题进行更好的表征[4]。

传统的试题难度预测方法可以基于专家经验对试题难度进行人工评估或使用教育心理学中的简单回归模型，然而前者存在专家主观性强、费时费力的问题，后者存在难以使用海量样本且对试题文本特征等利用问题，因此相关学者提出了如 TACNN 框架[5]等深度学习模型，对多源异构教育资源进行深度表征。TACNN 模型使用了试题文本信息以及学生在试题上的历史答题记录，从而预测新的考试中所出现的英语阅读理解试题的难度。该模型设计了统一的方式对试题各个部分进行了语义理解和表示，并且针对每一道试题，量化了各个部分文本的特征表示，以试题表征的结果来均衡因参加考试的学生不同而导致的试题难度无法直接比较的问题（消除来自不同考试范围的误差），从而对每一道试题进行精准的难度预测，对于英语阅读理解的一些任务标注准确

① Fei T., Heng W. J., Toh K. C., et al., "Question classification for e-learning by artificial neural network", Information, Communications and Signal Processing, 2003 and Fourth Pacific Rim Conference on Multimedia. Proceedings of the 2003 Joint Conference of the Fourth International Conference on. IEEE, 2003（3）, pp. 1757-1761.

② Yahya A. A., Osman A., Taleb A., et al., "Analyzing the cognitive level of classroom questions using machine learning techniques", *Procedia-Social and Behavioral Sciences*, 2013（97）, pp. 587-595.

③ Sangodiah A., Ahmad R., Ahmad W. F. W., "A review in feature extraction approach in question classification using Support Vector Machine", Control System, Computing and Engineering（ICCSCE）, 2014 IEEE International Conference on. IEEE, 2014, pp. 536-541.

④ Supraja S., Hartman K., Tatinati S., et al., "Toward the Automatic Labeling of Course Questions for Ensuring their Alignment with Learning Outcomes", EDM, 2017.

⑤ Huang Z., Liu Q., Chen E., et al., "Question Difficulty Prediction for READING Problems in Standard Tests", AAAI, 2017, pp. 1352-1359.

率可以超过 80%。另外，在国内的高考测试、研究生考试以及国外的各项标准化考试（SAT、GRE 等）中，出题者无法完全避免考试试题被猜中、压中，猜题押题现象便时有发生。针对这一问题，从试题相似性方面切入，有学者提出了适用于大规模教育资源数据的 MANN 模型①。如图 8-5 所示，该模型充分地利用了试题资源的多模态特征（文本、图片、知识点），学习了每道试题的统一语义表征，并提出了注意力模型来捕捉每道试题中的文本—知识点以及文本—图片之间的关联，此外还设计了相似性注意力模型来测量获取试题之间的相似部分及其语义表示。

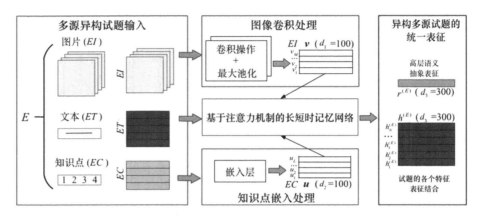

图 8-5　MANN 模型

总体而言，使用人工智能最前沿技术的成熟技术，包括词嵌入、CNN、RNN 和 Attention 等，可以对大多数形式的教育试题资源进行自动标注与深度表征，同时在使用中不断修正结果反馈给模型，通过自我修正和学习进一步提升人工智能标注的准确率，目前已经接近高级教师标注的水准。

第五节　机器阅读理解与批阅

让机器完成对学科问题的自动理解与应答是人工智能领域另一个重要的研究方向，无论对于学术界还是一线教学都有重要的意义和研究价值。总体而言，其目标是让机器根据已知的问题和相关文档信息自动推理或抽取出相应的答案。

---

① Liu Q., Huang Z., Huang Z., et al., "Finding Similar Exercises in Online Education Systems", Proceedings of the 24th ACM SIGKDD International Conference on Knowledge Discovery & Data Mining. ACM, 2018, pp. 1821-1830.

机器阅读理解的研究可以被分为多类不同的任务，包括针对代数①与几何问题②，对科学问题③以及对中文文本的阅读理解研究④等。传统的阅读理解与自动答题研究主要基于特征工程的方法，结合非隐变量⑤或隐变量模型⑥，通过计算特征向量与文档各部分的语义相似度，寻找与问题相关的答案。

近年来，基于深度学习的机器阅读理解研究也被提出并得到逐步的深入研究，并在大规模语料的数据集测试中取得了不错的效果。深度学习模型通常不需要通过人工进行复杂的特征工程，它能够在训练过程中自动完成特征提取步骤。目前常见的两种深度学习模型是卷积神经网络（CNN 网络）与循环神经网络（RNN 网络）。RNN 模型的神经元目前常用长短记忆单元（LSTM 单元）。LSTM 单元可以很好地解决 RNN 训练中的梯度消失等问题。RNN 网络的训练算法可以基于误差反向传播算法，如 BPTT 算法（Back Propagation Through Time）⑦等。在此基础上，研究者进一步引入了注意力机制（Attention Mechanism）来提高深度神经网络对于阅读理解和自动答题的能力⑧，如图 8-6 所示。注意力机制通常可以更好地学习到文档中针对特定问题的相关信息的位置分布，也可以帮助形成更有效的语义特征表示⑨。

① Kushman N., Artzi Y., Zettlemoyer L., et al., "Learning to automatically solve algebra word problems", Proceedings of the 52nd Annual Meeting of the Association for Computational Linguistics (Volume 1: Long Papers), 2014(1), pp. 271-281.

② Ferguson R. W., Forbus K. D., "GeoRep: A flexible tool for spatial representation of line drawings", AAAI/IAAI, 2000, pp. 510-516.

③ Clark P., Etzioni O., "My Computer Is an Honor Student—but How Intelligent Is It? Standardized Tests as a Measure of AI", *AI Magazine*, 2016, 37(1), pp. 5-12.

④ He W., Liu K., Lyu Y., et al., "DuReader: a Chinese Machine Reading Comprehension Dataset from Real-world Applications", *arXiv preprint arXiv*: 1711.05073, 2017.

⑤ Smith E., Greco N., Bosnjak M., et al., "A strong lexical matching method for the machine comprehension test", Proceedings of the 2015 Conference on Empirical Methods in Natural Language Processing. Association for Computational Linguistics, 2015, pp. 1693-1698.

⑥ Narasimhan K., Barzilay R., "Machine comprehension with discourse relations", Proceedings of the 53rd Annual Meeting of the Association for Computational Linguistics and the 7th International Joint Conference on Natural Language Processing (Volume 1: Long Papers), 2015(1), pp. 1253-1262; Sachan M., Dubey K., Xing E., et al., "Learning answer-entailing structures for machine comprehension", Proceedings of the 53rd Annual Meeting of the Association for Computational Linguistics and the 7th International Joint Conference on Natural Language Processing (Volume 1: Long Papers), 2015(1), pp. 239-249.

⑦ Werbos P. J., "Backpropagation through time: what it does and how to do it", *Proceedings of the IEEE*, 1990, 78(10), pp. 1550-1560.

⑧ Lin Z., Feng M., Santos C. N., et al., "A structured self-attentive sentence embedding", *arXiv preprint arXiv*: 1703.03130, 2017; Parikh A. P., Täckström O., Das D., et al., "A decomposable attention model for natural language inference", *arXiv preprint arXiv*: 1606.01933, 2016.

⑨ Antol S., Agrawal A., Lu J., et al., "Vqa: Visual question answering", Proceedings of the IEEE international conference on computer vision, 2015, pp. 2425-2433; Wang W., Yan M., Wu C., "Multi-granularity hierarchical attention fusion networks for reading comprehension and question answering", Proceedings of the 56th Annual Meeting of the Association for Computational Linguistics (Volume 1: Long Papers), 2018(1), pp. 1705-1714.

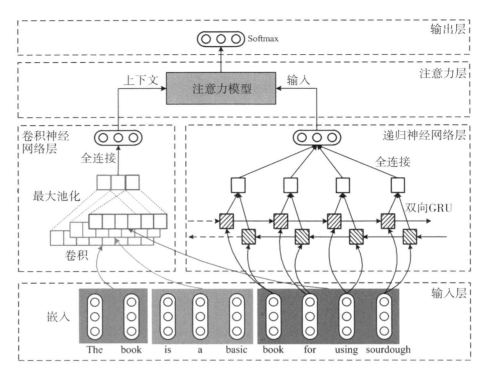

图 8-6　基于注意力机制的深度神经网络模型

针对阅读理解和自动答题任务的模型测评，目前已经建立了多个大型数据集。其中 SQuAD①是基于 Wikipedia 的多领域数据集（图 8-7）。针对该数据集的问题是没有给出固定候选答案的，而答案为原文中连续的片段，包括数字、实体、短语和句子等。国内外的研究者设计出许多针对 SQuAD 数据集的机器阅读理解模型，许多都取得了较高的分数，其中以微软亚洲研究院自然语言计算组于 2018 年 1 月 3 日提交的 R-NET 模型最为突出，其 EM 值（Exact Match，表示预测答案和真实答案完全匹配）以 82.650 的最高分领先，并率先超越人类分数 82.304。其余较为常用的数据集还包括 TtriviaQA② 和 MCTest③ 等。

另外，为完成从机器自动阅读理解到自动批阅，需要对相关文档进行去噪等预处理工作④，同时对自动批阅问题中的题目答案进行了更为细致的划分，针对不同细分领域的答案采用不同的

①　Rajpurkar P., Zhang J., Lopyrev K., et al., "Squad：100, 000 + questions for machine comprehension of text", *arXiv preprint arXiv*：1606.05250, 2016.

②　Joshi M., Choi E., Weld D. S., et al., "Triviaqa：A large scale distantly supervised challenge dataset for reading comprehension", *arXiv preprint arXiv*：1705.03551, 2017.

③　Richardson M., Burges C. J. C., Renshaw E., "Mctest：A challenge dataset for the open-domain machine comprehension of text", Proceedings of the 2013 Conference on Empirical Methods in Natural Language Processing, 2013, pp. 193-203.

④　Lin Y., Ji H., Liu Z., et al., "Denoising distantly supervised open-domain question answering", Proceedings of the 56th Annual Meeting of the Association for Computational Linguistics（Volume 1：Long Papers）, 2018（1）, pp. 1736-1745.

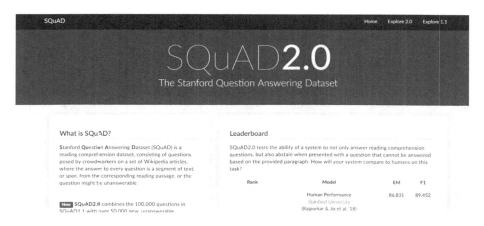

图 8-7 SQuAD 阅读理解数据集

方法进行评价①。对答案的向量表示可以进一步进行聚类等分析，对高于某个阈值的聚类中比较集中的答案直接给分，而对低于阈值的存疑批阅结果则转入人工环节进行批阅。

第六节　智能教育系统

在 20 世纪 80 年代，伴随着人工智能的第二次高潮，计算机和认知科学研究领域涌现了大批认知科学与计算机科学交叉的研究②。研究者们通过建立智能系统，来理解验证认知科学实验的研究成果。随着第二次人工智能浪潮的退去，人工智能科学家与认知科学家的合作逐渐变少，并形成了各自的领域。但这种早期的合作，仍旧为智能教育的相关研究奠定了一定的基础，培养了一批跨学科人才，所产出的智能教学系统既能够采用计算机技术又考虑到学生的认知规律，从而面向解决实际教育问题。传统的智能教学系统的基本组成如图 8-8 所示。

自 20 世纪 90 年代至今，很多成功的智能教学系统得以推广，并在各类学科教学中显示了其有效性。比如，教授学生物理解题的 Andes③，教授学生代数的 Algebra tutor④，以对话形式教授

---

① Basu S., Jacobs C., Vanderwende L., "Powergrading: a clustering approach to amplify human effort for short answer grading", *Transactions of the Association for Computational Linguistics*, 2013(1), pp. 391-402; Hahn M., Meurers D., "Evaluating the meaning of answers to reading comprehension questions a semantics-based approach", Proceedings of the Seventh Workshop on Building Educational Applications Using NLP. Association for Computational Linguistics, 2012, pp. 326-336.

② Anderson J. R., *The architecture of cognition*, London, Psychology Press, 2013; Chase W. G., Simon H. A., "Perception in chess", *Cognitive psychology*, 1973, 4(1), pp. 55-81.

③ Vanlehn K., Lynch C., Schulze K., et al., "The Andes physics tutoring system: Lessons learned", *International Journal of Artificial Intelligence in Education*, 2005, 15(3), pp. 147-204.

④ Koedinger K. R., Anderson J. R., Hadley W. H., et al., "Intelligent tutoring goes to school in the big city", *International Journal of Artificial Intelligence in Education (IJAIED)*, 1997(8), pp. 30-43.

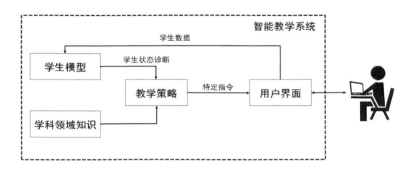

图8-8　传统智能教学系统基本构成

学生信息技术、物理、生物等学科的 AutorTutor[1]，以虚拟 3D 环境辅助学生探究学习的 Crystal Island[2] 等。从表现形式上，智能教学系统也从单一的让学生通过练习、解题来学习，衍生出各种不同的学习方式，包括但不限于以下几种。

◆ 设计可被教学的智能代理，让学生通过教授智能代理知识而进行学习[3]。随着机器人技术的发展，亦有研究者让学生教授实体机器人来进行自身知识的学习与巩固[4]。

◆ 许多研究者提出的游戏化学习理论，通过设计教育游戏，让学生能够愉悦地进行学习[5]。

◆ 让学生通过自然语言的对话形式来进行学习，在对话中融入知识讲授，以及学生情感关注[6]。

◆ 让学生通过建立动态模型，深度理解实际场景中各种不同变量间的动态关系[7]。

每个智能教学系统大都融入了教育学和认知科学的理论，用以指导系统中智能代理选择问题，给出适应反馈等，并通过建立相应的学生模型追踪学生的状态变化。一般而言，有限状态自

① Nye B. D., Graesser A. C., Hu X., "AutoTutor and family: A review of 17 years of natural language tutoring", *International Journal of Artificial Intelligence in Education*, 2014, 24(4), pp. 427-469.

② Rowe J., Mott B., McQuiggan S., et al., "Crystal island: A narrative-centered learning environment for eighth grade microbiology", workshop on intelligent educational games at the 14th international conference on artificial intelligence in education, Brighton, UK, 2009, pp. 11-20.

③ Biswas G., Segedy J. R., Bunchongchit K., "From design to implementation to practice a learning by teaching system: Betty's brain", *International Journal of Artificial Intelligence in Education*, 2016, 26(1), pp. 350-364.

④ Werfel J., "Embodied teachable agents: Learning by teaching robots", Intelligent Autonomous Systems, The 13th International Conference on, 2013; Lu Y., Chen C., Chen P., et al., "Smart Learning Partner: An Interactive Robot for Education", International Conference on Artificial Intelligence in Education. Springer, Cham, 2018, pp. 447-451.

⑤ All A., Castellar E. P. N., Van Looy J., "Assessing the effectiveness of digital game-based learning: Best practices", *Computers & Education*, 2016(92), pp. 90-103.

⑥ Graesser A. C., Lu S., Jackson G. T., et al., "AutoTutor: A tutor with dialogue in natural language", *Behavior Research Methods, Instruments, & Computers*, 2004, 36(2), pp. 180-192.

⑦ VanLehn K., Wetzel J., Grover S., et al., "Learning how to construct models of dynamic systems: an initial evaluation of the dragoon intelligent tutoring system", *IEEE Transactions on Learning Technologies*, 2016 (1382), p. 1.

动机可用于学生行为的编码，作为学生特定策略的检测器，如贝叶斯等统计模型，可用来跟踪学生知识点的改变情况。

随着人工智能领域的进一步发展，智能教学系统的输入在发展中也变得更加多模态化，最初的智能教学系统只能识别规定的文本内容。随着自然语言处理技术的提升，越来越多的智能教学系统能够理解学生较为复杂的文本答案，并给予更加精确的反馈①。成熟的语音识别技术能够比较精确地将学生的语音转化为文字，进而使得机器能够理解学生的语音信息，并以实际对话的形式进行教学②。学生与智能教学系统的交互行为，也被广泛用于评价学生的知识水平、问题解决能力以及元认知情况③。各种流行的数据挖掘方法，则被用于发现不同类别的行为交互模式，寻找行为模式与学习表现之间的联系，以及触发对特定行为的反馈动作。智能硬件的发展使得近年来各种不同类型的传感器（包括皮电、人脸情绪识别、鼠标压力等）也被应用在教学场景中，用于捕捉学生的情绪状态，并根据不同的情绪状态给出适宜的教学指导④。

总体而言，智能教学系统需要对教育心理学、认知科学理论进行深入融合，并在此基础上，通过引入人工智能领域的新技术以及更多形态的师生交互数据，做出更加适宜的教学决策与知识传授。目前的智能教育系统和产品主要解决教育环节中的一些相对独立的问题和环节，如自动批阅与监控课堂情况等。这些实际系统和产品可以帮助我们更好地理解学生是如何学习的，如何使得学生更有效和更有深度地学习。智能教学系统的未来需要建立在对上述理论和系统的整合基础上，向更实用化和普及化的方向发展与创新。

第七节　脑科学与教育的结合

近年来，脑科学与教育的结合被国内外高度关注。从国家政策层面来说，美国、欧盟、日本等相继出台脑科学发展计划或战略，投入大量资金支持脑科学的相关研究。我国也将"中国脑计划"作为重大科技项目列入"十三五"规划。"中国脑计划"（图8-9）的总体格局将以理解脑认知功能的神经基础为研究主体，以脑机智能技术和脑疾病诊治手段研发为两翼，从而促进脑科学相关产业发展，提高人口健康水平⑤。从研究层面来说，尤其是随着教育神经科学的诞生和发展，研

---

① Tansomboon C., Gerard L. F., Vitale J. M., et al., "Designing automated guidance to promote productive revision of science explanations", *International Journal of Artificial Intelligence in Education*, 2017, 27(4), pp. 729-757.

② Janning R., Schatten C., Schmidt-Thieme L., "Recognising perceived task difficulty from speech and pause histograms", International Workshop on Affect, Meta-Affect, Data and Learning (AMADL 2015), 2015, p. 14.

③ Zhang L., VanLehn K., Girard S., et al., "Evaluation of a meta-tutor for constructing models of dynamic systems", *Computers & Education*, 2014(75), pp. 196-217.

④ VanLehn K., Zhang L., Burleson W., et al., "Can a non-cognitive learning companion increase the effectiveness of a meta-cognitive learning strategy?", *IEEE Transactions on Learning Technologies*, 2017, 10(3), pp. 277-289.

⑤ 蒲慕明、徐波、谭铁牛：《脑科学与类脑研究概述》，载《中国科学院院刊》，2016，31(7)。

究者们已逐渐开展了结合认识神经科学与教育学的跨学科研究。而且有研究者提出整合国际年轻研究者致力于脑科学与教育的交叉研究是发展教育神经科学的有效路径①。目前，很多国际研究中心开始关注超学科研究内容，如读写能力、计算能力、情绪与学习等，使得脑科学研究与教育实践联系更加密切。也有研究开始运用脑科学研究手段探究神经信号对学习效果的预测作用②、师生互动的脑机制等③。从教育实践层面来说，已经有很多研究开始深入课堂，结合各个学科特征，探究基于脑的教学方式或策略是否有更好的教学效果④。

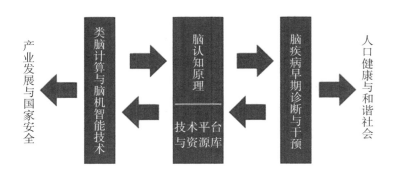

图 8-9　"中国脑计划"总体格局

尽管不少学者认为脑科学对教育产生影响还为时尚早⑤，或者不可能对课堂教学有直接促进作用⑥。但越来越多的研究者认为，相比于传统的行为测量研究，大脑的相关研究能够更有效或者有明显优势去预测什么教学方式对儿童个体学习效果更好⑦。在一项元分析研究中，通过对1999 年到 2011 年的 31 项来自不同国家的基于脑的学习的教育实践研究进行回顾检验，发现83.34％的实践研究效果量为正，证明基于脑的学习方法有利于学习成绩提高，且教育水平、教

①　Pincham H. L., Matejko A. A., Obersteiner A., et al., "Forging a new path for educational neuroscience: an international young-researcher perspective on combining neuroscience and educational practices", *Trends in Neuroscience and Education*, 2014, 3(1), pp. 28-31.

②　Zheng L., Chen C., Liu W., et al., "Enhancement of teaching outcome through neural prediction of the students´knowledge state", *Human brain mapping*, 2018.

③　Dikker S., Wan L., Davidesco I., et al., "Brain-to-brain synchrony tracks real-world dynamic group interactions in the classroom", *Current Biology*, 2017, 27(9), pp. 1375-1380; Bevilacqua D., Davidesco I., Wan L., et al., "Brain-to-Brain Synchrony and Learning Outcomes Vary by Student-Teacher Dynamics: Evidence from a Real-world Classroom Electroencephalography Study", *Journal of cognitive neuroscience*, 2018, pp. 1-11.

④　Saleh S., Subramaniam L., "Effects of Brain-Based Teaching Method on Physics achievement among ordinary school students", *Kasetsart Journal of Social Sciences*, 2018; Uzezi J. G., Jonah K. J., "Effectiveness of brain-based learning strategy on students' academic achievement, attitude, motivation and knowledge retention in electrochemistry", *Journal of Education*, *Society and Behavioural Science*, 2017, 21(3), pp. 1-13.

⑤　Bruer J. T., "Education and the brain: A bridge too far", *Educational researcher*, 1997, 26(8), pp. 4-16.

⑥　Bowers J. S., Psychology, not educational neuroscience, is the way forward for improving educational outcomes for all children: Reply to Gabrieli (2016) and Howard-Jones et al. (2016). 2016.

⑦　Gabrieli J. D. E., "The promise of educational neuroscience: Comment on Bowers (2016)", *Psychological Review*, 2016, 123(5), pp. 613-619.

学内容和样本大小均不影响其效果①。

除了关注脑科学与教育学结合的交叉学科研究，一小部分研究者开始关注教师对"神经神话"的认知②、对脑科学的信念③以及教师自身的脑科学素养④。一线教师作为学生的直接引导者，其自身对脑科学的知识（knowledge）、信念（belief）和基于脑科学的教学实践（practice）是推动脑科学应用于教育的最有利助手。目前有些大学和研究机构开始设置教育神经科学的学位课程，启动了推广脑科学的相关项目，然而，目前国内外关注教师脑科学素养的研究者还非常少。

总之，脑科学结合教育的过程中目前仍存在诸多问题和挑战，但研究已经表明认知神经科学与教育学能够相互作用：一方面，结合教育的神经科学研究能够为脑科学应用于课堂教学提供直接证据；另一方面，应用于教育教学的研究发现能够被给予更多价值⑤。目前脑科学与教育领域备受政策决策者、研究者、教育工作者等各方面的关注，呈现国际化合作趋势明显、跨学科交叉融合发展、理论研究与实证研究并行等特点。脑科学可以为教育实践研究带来不同的研究视角，也将为人工智能的基础研究方法和模型提供指导。无论是脑科学还是人工智能，被融合应用于教育的最终目的是帮助理解学习过程，基于实证研究和大数据挖掘，进而促使个体更好地学习。随着脑科学与人工智能技术的发展和各方面的大力投入，其与教育必将迎来不断的深度融合。

第八节　人机融合

当前以机器计算为基础的人工智能技术在众多单一领域有所突破，但仍然很难直接构建具有通用属性的强人工智能，实现诸如因果关系自动推理等关键智能与自主决策能力。因此，基于人机融合的基本思想，设计人类智能与机器智能的深度融合与协同工作机制，是目前国内外学者研究的一个重要领域。学术界一方面期望借助以脑机接口为代表的神经技术以实现脑机融合一体

① Gozuyesil E. , Dikici A. , "The Effect of Brain Based Learning on Academic Achievement：A Meta-Analytical Study", *Educational Sciences：Theory and Practice*, 2014, 14(2), pp. 642-648.

② Gleichgerrcht E. , Lira Luttges B. , Salvarezza F. , et al. , "Educational neuromyths among teachers in Latin America", *Mind*, *Brain*, *and Education*, 2015, 9(3), pp. 170-178.

③ Zambo D. , Zambo R. , "Teachers´ Beliefs about Neuroscience and Education", *Teaching Educational Psychology*, 2011, 7(2), pp. 25-41.

④ Kapadia R. H. , "Level of awareness about knowledge, belief and practice of brain based learning of school teachers in Greater Mumbai region", *Procedia-Social and Behavioral Sciences*, 2014, 123, pp. 97-105.

⑤ Dundar S. , Ayvaz U. , "From Cognitive to Educational Neuroscience", *International Education Studies*, 2016, 9(9), p. 50. Serruya M. D. , Hatsopoulos N. G. , Paninski L. , Fellows M. R. , Donoghue J. P. , "Brain-machine interface：Instant neural control of a movement signal", *Nature*, 2002, 416(6877), p. 141. Andreu-Perez J. , Cao F. , Hagras H. , Yang G. Z, "A Self-Adaptive Online Brain—Machine Interface of a Humanoid Robot Through a General Type-2 Fuzzy Inference System", *IEEE Transactions on Fuzzy Systems*, 2018, 26(1), pp. 101-116.

化①；另一方面提出了人本计算（Human-based Computation，HBC）等研究领域探索机器与人类的智能融合途径。

总体而言，人类与机器的智能有很大的不同。人可以对客观连续的物理世界利用自己的感性认知进行理性抽样，总结出感性认知基础上的理性规则和逻辑。然而目前的机器智能从根本上仍然是建立在一系列的数学逻辑和符号上的完全理性表达。因此，当前的人工智能并没有实现真正意义上的认知，因为完备的物理解释和认知应当绝对地高于数学形式体系，是深刻洞察和理解事物的能力。简而言之，机器在搜索、计算、存储等方面具有人类无法超越的优势，然而人类在感知、推理以及学习等方面具有超过机器的能力。因此需要结合机器与人类各自的智能与优势，将人类优势的认知能力和机器优势的计算存储能力进行深度结合，设计由人、机、环境系统共同作用的新型智能系统。

从研究角度而言，人机融合研究的对象是物理和生物混合的复杂系统。首先，需要建立人与机器之间的双向交互关系。根据整体信息论等相关理论②，一个有意识的系统必须是信息高速整合的。因此需要在人和机器之间建立高速有效的双向信息交互通道。其次，需要利用群体行为特征、结构特征及交互特征等在特征和决策层面与机器智能进行融合③，实现智能增强。最后，需要研究如何通过适当的融合范式，达到人机智能的协作。例如，如何使人按照要求，有意识地参与并将其识别、联想、推理等能力融入到特定计算任务中，或者将人群无意识表现出的行为规律作为智能用于完成特定计算任务。因此，如何适当对计算任务进行分割分配，给人与机器各自擅长的子任务，并确定执行子任务的顺序等也都是极具挑战性的研究课题。

总体而言，人机融合智能研究仍然处于起步阶段，是智能技术发展到一定程度的产物。随着教育和脑科学领域对人的认知机制的进一步研究和理解，将人的认知模型引入到人工智能中，并使两者结合与协调发展，让机器智能水平能够在推理与决策等方面得到本质提升，将会是教育领域与人工智能领域的共同研究目标之一。

---

① Serruya M. D., Hatsopoulos N. G., Paninski L., Fellows M. R., Donoghue J. P., "Brain-machine interface: Instant neural control of a movement signal", *Nature*, 2002, 416（6877），p. 141；Andreu-Perez J., Cao F., Hagras H., Yang G. Z, "A Self-Adaptive Online Brain-Machine Interface of a Humanoid Robot Through a General Type-2 Fuzzy Inference System", *IEEE Transactions on Fuzzy Systems*, 2018, 26（1），pp. 101-116.

② Tononi G., Boly M., Massimini M., Koch, C., "Integrated information theory: from consciousness to its physical substrate", *Nature Reviews Neuroscience*, 2016, 17（7），p. 450；Guo B., Wang Z., Yu Z., et al., "Mobile Crowd Sensing and Computing: The Review of an Emerging Human Powered Sensing Paradigm", *ACM Computing Surveys*, 2015, 48（1），p. 7.

③ 於志文、郭斌：《人机共融智能》，载《中国计算机协会通讯》，2017（12）。

第九章

人工智能人才培养

国务院《新一代人工智能发展规划》从国家层面对我国人工智能的发展道路进行了战略部署，规划中明确指出要"抢抓人工智能发展的重大战略机遇，构筑我国人工智能发展的先发优势"。加快培养聚集人工智能高端人才是规划中给出的一项立足国家发展全局的重点任务，特别指出"要把高端人才队伍建设作为人工智能发展的重中之重，培育高水平人工智能创新人才和团队，加大高端人工智能人才引进力度，建设人工智能学科"。

为响应国务院号召，为我国人工智能领域发展培养大批量高水平人工智能创新人才和团队，形成我国人工智能人才高地，我国应该完善人工智能教育体系和学科布局，丰富人工智能教育的内涵，开展广泛而深入的实践，办好社会急需的新一代人工智能教育，肩负起教育对社会发展应有的责任和担当，从根本上提升我国的人工智能领域的竞争力。

第一节 基础教育引入技术体验

一个人工智能的社会要求全体公民都应该具备良好的阅读数据、使用数据、理解数据和表达数据的基本能力，而这种能力应该从基础教育阶段开始培养①。基础教育为"人工智能 + 教育"提供科普环境，中小学生是国家发展的未来，人工智能教育应该走进中小学校园，从基础教育阶段让学生体验前沿的技术，感受科技的进步，以应对人工智能时代的机遇和挑战。

《新一代人工智能发展规划》指出人工智能已经成为国际竞争的新焦点，明确规定要实施全民智能教育项目，并在中小学设置人工智能相关课程，逐步推广编程教育。在中小学阶段开展人工智能相关课程和活动是非常有必要的，以往人工智能的基本内容会在中学信息技术课程中有所提及，可是教材中用一两页篇幅做简单介绍的方式并不足以反映人工智能学科的全貌，也不足以代表其核心思想和前沿成果。把人工智能课程引入我国现行的中小学课程，可以促进学生多种思维方式的培养和信息素养的综合锻炼。可以让学生在认识人工智能知识和技术的过程中获得对非机构化、半结构化问题解决过程的了解，在体验中感受技术进步对社会发展的重要意义，激发其对信息技术的兴趣和对未来科技的追求。

人工智能教育可以定位于科学类教育，讲授人工智能科学知识，也可以定位于技术类教育，训练人工智能技术技能。而人工智能科学涉及的知识范围过广，例如，脑科学、神经科学认知心理学等理论内容对于中小学生来说要求过高，所以中小学人工智能教育的方向要定位于人工智能

---

① 闫志明、唐夏夏、秦旋等：《教育人工智能（EAI）的内涵、关键技术与应用趋势——美国〈为人工智能的未来做好准备〉和〈国家人工智能研发战略规划〉报告解析》，载《远程教育杂志》，2017（1）。

技术比较合适，教学目标是培养学生相关领域的技术技能，小学主要是体验人工智能技术产品，初中生可进行简单编程和对智能设备实现控制，高中生则要求在人工智能技术上进行较高层次的设计①。教师在进行活动和课程设计时，要充分考虑中小学阶段学生的认知特点，选择与学生生活、学习关系密切的案例展开教学。

案例 9-1　南京师范大学附属中学"人工智能"课程②

2018 年 3 月，在南京师范大学附属中学（以下简称"南师附中"）树人学校的课堂上，30 多名七年级学生正在学习"人工智能进课堂"的第一课。"人工智能进课堂"系列课程是在南京市鼓楼区教育局、南京市鼓楼区教师发展中心、中国科学院智能信息处理重点实验室的联合指导下，由中科视拓和南师附中树人学校合作推出的中小学选修课。

"人工智能进课堂"课程每周一次，每个课时 70 分钟，总共 10 个课时，课程主要包含两个部分：一部分是对学生的人工智能启蒙教育；另一部分是包含目标检测和人脸识别这两个 AI 热门技术的实践环节。图 9-1 显示了老师正在课堂中向学生讲解 AI 引擎的使用。"人工智能进课堂"课程监制、中科视拓 CEO 刘昕博士称："这学期，将教会学生运用图像编程，训练出检测水果、识别人脸的 AI 引擎，可以运用到无人超市和门禁系统。""初中年龄段的学生求知欲旺盛，但理解能力有限，对理论学习欲望低，对动手实践兴趣高。如何既激发孩子对 AI 的兴趣，又不给孩子带来太多学业负担？"经过细致考虑，中科视拓专门开发了 SeeTaaS 云平台（K12 版）。SeeTaaS 云平台（K12 版）是面向中小学生的深度学习训练平台，封装了难懂的框架和算法，同时展现了 AI 模型的训练流程，学生不用掌握任何编程语言，在图形化的界面中，用点击拖拽的便捷操作方式，便可基于深度学习技术，进行 AI 模型的设计生产。"人工智能进课堂"课程监制刘昕表示，学生不用掌握任何编程语言，在图形化的界面中，用点击拖拽的便捷操作方式，便可基于深度学习技术，进行 AI 模型的设计生产。在各种实践项目中，学生自然而然地受到了启蒙教育，激发了自己对 AI 的兴趣。

树人学校接将携手中科视拓，继续打磨这套教学方案，使它成为一套成熟的、对学生有较大价值的人工智能启蒙教育一体化方案，包括教学体系、教学工具及教师培训服务，为新时代的 STEM 教育贡献一份力量。

案例 9-2　商汤科技助力人工智能基础课程③

2018 年 4 月底，由商汤科技、华东师范大学慕课中心及知名高中优秀教师共同编著的人工智

①　艾伦：《中小学人工智能课程定位分析》，载《中国现代教育装备》，2017（20）。

②　砍柴网：《人工智能进中学课堂，学生都学些什么？》，http：//tech. ifeng. com/a/20180313/44905055_0. shtml，2018-05-20。

③　机器人之家：《商汤与政府共同出版 AI 教材，全国 40 所高中为试点》，https：//www. jqr. com/article/000202，2018-06-28；华尔街见闻：《商汤科技助人工智能率先走进高中课堂，AI 基础教育有了里程碑》，https：//wallstreetcn. com/articles/3319591，2018-06-28。

图 9-1　让学生训练 AI 引擎

能教材《人工智能基础》（高中版）正式出版发行。该课程为选修课，清华大学附属中学、华东师范大学第二附属中学、上海交通大学附属中学、中央民族大学附属中学等 40 所学校成为首批"人工智能教育实验基地学校"。试点地包括上海、北京、江苏、辽宁、云南、江西、山西、山东、新疆等，覆盖了全国大部分地区。

这本教材的主要内容是人工智能发展历史以及一些主要应用方向的科普，全书共 9 章，以人工智能相关应用为主题，让学生体验应用并了解背后的科学原理，这些应用方向包括面部识别、公共安全系统、自动驾驶等，课程的目录把这些内容改成了更简单易懂、适合高中生阅读的名称，如认图识物、察异辨花、创作图画等。这不是简单地增设一门课或者编写一本教材，不仅仅是人工智能教学本身，企业和学校的共同努力是为了让孩子们零距离地感受和掌握人工智能的神奇，让孩子们在以后的学习和工作中，能够灵活运用人工智能的科技思维，去发现问题、定义问题和解决问题，提升孩子们的知识结构和科技素质。人工智能学习离不开动手实践，按照这本教材的设定，想要学好这门课，必须"手脑结合"：学习者在获得必要的基础知识之后，需要自己动手做一些实验，灵活运用相关知识，将自己的创意转化为独具特色的作品。也就是说，人工智能课程不仅仅是教授书本上的知识，同时还是一门"劳动课"。在课程中，学生发挥了独特的想象力和创造力，将知识积累和实践相结合，在实践中升华对知识的理解，不断提升其原创精神和原创能力。

同时，商汤科技还建立了一套人工智能实验室平台，该实验平台配置 GPU 及商汤自主研发的人工智能深度学习算法 Parrots 平台，预装商汤深度学习教学实验平台软件，支持深度学习模型训练和算法的定制扩展。该平台可以配合教材完成各种课堂实验、作业、竞赛及自主创新项目，以培养学生的现代信息技术能力和综合素养。据商汤科技介绍，这些实验室配置了 GPU 和他们的深度学习开放平台，学生上课时可以根据课本内容结合实验室的模型（如人脸识别互动机、姿态识别互动机、手机增强现实应用等）进行体验。同时，商汤科技分别在上海市市西中学、华东师范大学设立了集人脸识别系统、人群分析系统、学生行为监测系统、教学实验平台、机器人、无人车等于一体的人工智能实验室。多维度、多层面创造沉浸式 AI 教学体验，为国内人工智能教育模式的塑造带来全新启迪。

案例9-3　百度人工智能教育实验室①

百度教育本着紧跟国家政策的理念，在自身强大的人工智能技术基础上，基于物联网、人工智能、大数据方面的服务，为学校打造包含线上 AI 教学资源平台和线下的软硬件实战操作的教学环境，致力于营造趣味化、科技感十足的"AI＋智慧教育"实验室，从中小学阶段开始慢慢积累人工智能等前沿科技理论知识，支持学校新技术教学，满足学校关于人工智能日常教学以及特长实验小组学习环境的建设需求，从而更好地推动教育的普及，为实践技能培养、综合知识学习、新技术方向等进行未来人才建设和储备。

百度人工智能教育紧贴《高中信息技术课程标准》为中小学设计整体解决方案，提供包括语音识别、人脸识别、图像识别等技术在内的最前沿、最易懂的 AI 技术教育平台，以任务导向的协作化教学模式，从 AI 技术场景体验入手，使学生由浅入深地进入课堂，激发其学习兴趣。同时，对于教师而言，百度人工智能教育也提供线上线下混合模式的培训方案，全方面提升教师人工智能相关素质和能力，使其最终具备相关课程的讲授能力。具体而言，百度人工智能教育解决方案提供课程体系、AI 教学平台、配套硬件教具、师资培训、环境装修五个方面的服务，覆盖 K12 全学段，提供共 26 个课时的授课内容，学校可根据自身情况灵活选择课时数量。图9-2 展示了百度人工智能教育实验室的空间概况。

图9-2　百度人工智能教育实验室

AI 实验室共分为四大区域：体验区、实战区、文化区、讨论区。在体验区内，学生可完成脑力监测和 AI 技术的体验，一方面，通过佩戴脑电波设备完成脑力测试，平台将会给出学生的综合脑力分数以及在注意力、思维力、记忆力、空间感知、反应力和情绪六个维度上的具体分数，并提供改进建议(图9-3)；另一方面，AI 技术体验专区包括语音合成、语音识别、文字识别、人脸识别、图像识别技术以及 AR 技术(包括动植物触发图各70个，教学知识点触发图 4 个、中国

---

① 百度人工智能教育实验室案例由百度教育提供。

传统文化触发图 3 个），学生通过电脑、小度音响、手机、平板等设备进行具体的交互体验，了解 AI 前沿研究领域的技术和应用形式，具体的体验内容详见表 9-1。实战区采用游戏化教学方式实现对学生的人工智能启蒙教育，并结合 AI 硬件和百度 AI 教育平台打造实战课程，为每个学段的学生提供 20 多个课程主题（图 9-4）和相应的编程环节（编程环节所用到的讲解视频和编程资料包均可以登录百度 AI 平台进行观看和下载），例如，学生通过自己动手对趣味机器人进行 AI 编程，学习 AI 技术基本原理，感受与设备互动和调控设备的乐趣。除此两个区域之外，文化区主要呈现 AI 技术的发展历程（如设置 AI 历史文化墙），而讨论区则是不同学习小组之间进行作品沟通和相互学习的空间。四大区域相辅相成，共同为学生提供了充实丰富的 AI 知识普及和生动具象的 AI 技术体验，并激发其深入学习 AI 技术的兴趣。

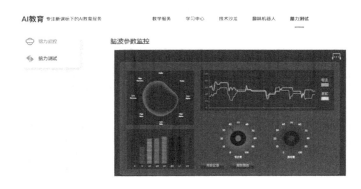

图 9-3 脑力监控的数据分析

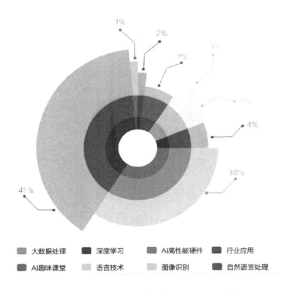

图 9-4 百度 AI 教育实验室课程设置情况

表 9-1　百度教育 AI 技术体验

体验顺序	技术名称	技术诠释	学习内容	体验设备
体验 1	语音合成	利用电子计算机和一些专门装置模拟人，制造语音的技术	学生可以输入一段文字，选择不同的角色声音并点击朗读，即可体验不同角色声音的朗读	电脑
体验 2	语音识别	让机器通过识别和理解过程把语音信号转换成相应的文本或命令	学生说一段话，通过百度语音识别技术，自动将语音转换成文字输出，准确率在 98% 以上	电脑 小度音响
体验 3	文字识别	文字识别指文字信息的采集、信息的分析与处理	学生可以上传带有文字的图片，结合文字识别技术，识别出图片中的文字	电脑
体验 4	人脸识别	人脸识别是基于人的脸部特征信息进行身份识别的一种生物识别技术	学生上传带有人像的照片，结合人脸识别技术，识别出图片中物的多种信息，包括年龄、颜值、脸型、表情、头部姿势等	电脑
体验 5	图像识别	图像识别，指利用计算机对图像进行处理、分析和理解，以识别各种不同模式的目标和对象的技术	学生可以上传图片，结合图像识别技术，识别出图片中主体的位置	电脑
体验 6	AR 体验	虚拟场景与现实场景实时融合，人和场景实时交互	为学生提供 AR 示例图样，学生可以用提供的 iPad 和手机，登录手机百度，进行体验	电脑 iPad 手机

　　人工智能已经成为我国面向未来的重要发展方向，其对于各领域全新变革推动作用愈发凸显。只有从中小学阶段开始慢慢积累人工智能等前沿科技理论知识，才能更好地推动人工智能教育的普及。百度构建了国内领先的教育知识图谱和海量的教育资源内容平台，并已成为智慧教育解决方案的服务平台，必将推进中国人工智能教育进入到一个崭新的阶段。

第二节 高等教育培养专业人才

统计显示，人工智能人才目前处于明显缺乏状态，这种状况还存在扩大的趋势①。企业和机构之间的人才争夺已经拉开帷幕，产业的转型升级与新产业形态的产生，产业发展模式的改变，对人才的知识结构提出了新的挑战。当前社会技术环境下，需要兼顾扎实的专业技术和复合型知识背景的人才。

21 世纪，人工智能研究和应用进入新阶段。其"新"既体现在人工智能研究相关理论和知识体系日渐成熟，也体现在人工智能的技术应用逐渐走出实验室，与各类传统产业发生深度联系，深刻影响甚至改造着各类产业发展。当前环境下应加强产学研合作，鼓励高校、科研院所与企业等机构合作开展人工智能学科建设。应该加强和人工智能企业的交流合作，建立密切的伙伴关系，为学生提供研究和实践的环境，同时让研究成果得以产出和落地，不断推进人工智能教育实践。

2017 年，国务院印发《新一代人工智能发展规划》，特别强调"把高端人才队伍建设作为人工智能发展的重中之重""完善人工智能领域学科布局""尽快在试点院校建立人工智能学院"等②。此后，我国高校的人工智能学院呈现"井喷"式发展。据互联网教育国家工程实验室统计，目前我国已设立人工智能学院的高校有 24 所（表 9-2），设立高校人工智能研究院的有 10 所（表 9-3）。各高校开设的人工智能学院已经基本覆盖了本科、硕士和博士等培养层次。绝大部分高校在设定人工智能学院之初，就采用了校地企三方合作的机制。据了解，在 2018 年认定的首批 612 个"新工科"研究与实践项目中，布局建设了 57 个人工智能类项目，截至 2017 年 12 月，全国共有 71 所高校围绕人工智能领域设置了 86 个二级学科或交叉学科③。

表 9-2 全国高校人工智能学院名单④

序号	高校人工智能学院	成立时间
1	重庆两江人工智能学院	2018 年 6 月 9 日
2	杭州电子科技大学人工智能学院和人工智能研究院	2018 年 5 月 27 日
3	吉林大学人工智能学院	2018 年 5 月 26 日
4	辽宁工程技术大学腾讯云人工智能学院	2018 年 5 月 17 日
5	天津大学人工智能学院	2018 年 5 月 16 日
6	南开大学人工智能学院	2018 年 5 月 16 日

① National Science and Technology Council, "The national artificial intelligence research and development strategic plan", http：//www. 360doc. com/content/16/1015/20/37334461_ 598685262. shtml, 2016-11-24.

② 中华人民共和国中央人民政府：《国务院关于印发新一代人工智能发展规划的通知》，http：// www. gov. cn/zhengce/content/2017-07/20/content_ 5211996. htm，2018-06-28。

③ 中国教育网：《35 所高校首设人工智能本科专业》，https：//gaokao. eol. cn/bei_ jing/dongtai/ 201904/t20190419_ 1655221. shtml，2019-09-12。

④ 中国教育网：《35 所高校首设人工智能本科专业》，https：//gaokao. eol. cn/bei_ jing/dongtai/ 201904/t20190419_ 1655221. shtml，2019-09-12。

续表

序号	高校人工智能学院	成立时间
7	江西应用科技学院人工智能学院	2018 年 5 月 9 日
8	科大讯飞人工智能学院	2018 年 4 月 26 日
9	天津师范大学人工智能学院	2018 年 4 月 25 日
10	河北工业大学人工智能与数据科学学院	2018 年 4 月 23 日
11	山东科技大学腾讯云人工智能学院	2018 年 4 月 21 日
12	长春理工大学人工智能学院和人工智能研究院	2018 年 4 月 16 日
13	南昌工学院人工智能学院	2018 年 3 月 12 日
14	南京大学人工智能学院	2018 年 3 月 6 日
15	重庆邮电大学人工智能学院	2018 年 2 月 7 日
16	湖南工业大学人工智能学院	2018 年 1 月 13 日
17	南宁学院科大讯飞人工智能学院	2017 年 12 月 20 日
18	西南政法大学人工智能法学院	2017 年 12 月 6 日
19	西安电子科技大学人工智能学院	2017 年 11 月 2 日
20	国防科技大学智能科学学院	2017 年 10 月
21	中国科学院大学人工智能技术学院	2017 年 9 月 10 日
22	中山大学智能工程学院	2017 年 5 月 23 日
23	湖南大学机器人学院	2016 年 4 月 26 日
24	江西工程学院人工智能学院	成立时间不详

表 9-3　高校人工智能研究院名单①

序号	高校人工智能研究院	成立时间
1	西南交通大学人工智能研究院	2018 年 6 月 6 日
2	哈尔滨工业大学人工智能研究院	2018 年 5 月 5 日
3	北京交通大学人工智能学院（拟成立）	2018 年 4 月 21 日（发文）
4	南京图灵人工智能研究院	2018 年 4 月 20 日
5	上海交通大学人工智能研究院	2018 年 1 月 18 日
6	齐鲁工业大学人工智能研究院	2017 年 12 月 14 日
7	上海对外经贸大学人工智能与变革管理研究院	2017 年 12 月 9 日
8	苏州大学人工智能研究院	2017 年 11 月 19 日
9	同济大学人工智能研究院	2017 年 5 月 7 日
10	清华大学人工智能研究院	2018 年 6 月 28 日

① 中国教育网：《35 所高校首设人工智能本科专业》，https：//gaokao. eol. cn/bei ＿ jing/dongtai/201904/t20190419＿ 1655221. shtml，2019-09-12。

据 2018 年 4 月印发的《高等学校人工智能创新行动计划》①要求，到 2030 年，高校要成为建设世界主要人工智能创新中心的核心力量和引领新一代人工智能发展的人才高地，为我国跻身创新型国家前列提供科技支撑和人才保障。高校是创新人才培养的基地，高校应该立足于学校和专业实际情况，完善人工智能学科布局，推动人工智能领域一级学科建设。在原有基础上系统建设人工智能的相关学科课程，开设人工智能相关专业，拓宽人工智能专业教育内容，形成"人工智能＋X"复合专业培养新模式，推动人工智能与数学、计算机科学、物理学、生物学、心理学、社会学、法学等学科专业教育的交叉融合，逐步健全人工智能人才培养机制，突破传统单一专业的思维，打破学科壁垒，促进多学科交叉和深度融合。

案例 9-4 南京大学成立人工智能学院②

2018 年 3 月，经研究决定，南京大学正式成立人工智能学院。该学院的成立旨在顺应国家的科技发展战略，切合产业的发展需要，充分发挥南京大学在人工智能方向上学科发展和人才培养优势，形成高端人才积聚效应，探索智能产业产学研合作的新模式，为促进我国在新一轮国际竞争中处于优势地位做出了重要贡献。

南京大学计算机科学与技术学科是国家一级重点学科，计算机软件新技术国家重点实验室已连续三次在评估中获得优秀，长期发展形成了软件与智能两大优势，是国内公认的学术与人才培养高地，在国际上具有良好的学术声誉。在人工智能发展进入新阶段的时代背景下，南京大学组建人工智能学院，将致力于建设一流的人工智能基础研究基地和人才培养基地，打造人工智能学科高峰，以自身实践探索人工智能内涵式发展新道路，形成"基础研究""人才培养""产业创新"协同发展态势，为智能产业开花结果注入原动力，建成国际一流的学术重镇和人才高地。这是南京大学顺应国际科技发展趋势、打造学科发展生态体系、更好地服务国家与地方建设的又一重大举措。

"成立人工智能学院，主要是由于目前计算机专业人才培养的模式，已经不能满足人工智能人才培养的迫切需要。"南京大学计算机科学与技术系主任周志华表示，按照目前高校计算机专业的宽口径人才培养模式，150 个学分中大约有 60 个学分是通识课，15 个是毕业双创课，人工智能方面的学习很有限，以至于高度浓缩到了只是给学生做高级科普的程度，难以充分培养学生全面深入地掌握人工智能知识、解决企业关键问题的能力，不能适应智能产业的要求。学院将采用全新的课程设置和培养模式。

关于学院的课程设置和培养模式，周志华院长表示："人工智能技术所面对的问题千变万化，涉及的数学知识可能种类很多，这不是一天两天的课程就能学的，需要一个长期的打基础的过程。"人工智能学院的课程设置可能会和一般的计算机专业有很大的差别，除了为学生安排有比较

① 中华人民共和国教育部：《教育部关于印发〈高等学校人工智能创新行动计划〉的通知》，http：//www. moe. gov. cn/srcsite/A16/s7062/201804/t20180410_ 332722. html，2019-09-12。

② 南京大学新闻网：《南大成立人工智能学院 初定招生规模为 60—100 人》，http：//news. nju. edu. cn/show_ article_ 2_ 48828，2018-05-20。

强的数学基础的课程，帮助他们打牢基础，还将把人工智能这个专业所涉及的各方面的知识，建立一个全面的教育课程体系。人工智能方面的人才需要掌握庞大的知识体系，包括坚实的数学基础、计算和程序基础，人工智能的专业知识，分析建模能力，这已经超出目前计算机专业的培养内容，课程设置必须考虑到核心类课程(如机器学习、知识表示与处理)，技术支撑类(如模式识别与计算机视觉、自然语言处理、自动规划、多智能体系统、计算智能等)，平台类(如机器学习系统平台、机器人、智能系统等)。

案例9-5 北京联合大学智能机器人产学研合作①

北京联合大学机器人学院以面向未来先进机器人、智能汽车、无人系统等智能制造应用领域，培养有高度社会责任感和创新能力的高素质应用型人才为办学使命。其前身是2015年9月成立的以特聘教授、著名人工智能专家李德毅院士命名的"德毅"机器人校级实验班。在此基础上，北京联合大学率先在中国高校成立机器人学院，研究智能机器人产业人才的培养体系、学科设置、试验平台、成果转化的策略和方法，致力于培养面向先进机器人、智能汽车及无人系统等领域的高素质、应用型专门人才。

学院实行"系、所合一"，以保证"产学研"紧密结合和"科学任务带动人才培养"理念的贯彻落实。目前学院设有轮式机器人系、特种机器人系和无人机系三个系(所)，并与清华大学、武汉大学、中国矿业大学(北京)等多所知名高校院所紧密合作，与北汽集团、哈工大机器人集团(北京事业部)、保千里视像科技集团等知名企业签署战略合作协议，为学生提供了广阔的实践和就业平台。学院积极探索科研成果转化的机制，激活教师们的科研要素，促成科研成果的转化与教师的绩效融为一体。

李德毅院士提出"用科研任务带动学科的教育改革"理念。机器人学院将垂直分隔的学科划分转变为交叉、融合的科学研究，采取科学任务带动创新的人才培养模式，在人才培养过程中，注重能力导向和科研问题解决导向，实施科研训练、应用创新的递进式教学过程，注重多学科专业交叉融合、产学研深度结合、全程项目驱动的教学模式，注重国际视野下的创新创业教育培养。

北京联合大学机器人学院秉持校企共同探索、实现融合创新的理念，加强多学科多领域交流，在融合碰撞中激发创新火花，在合力攻关中实现技术突破，努力在国内乃至国际上形成科研成果转化优势，打造国内首批机器人产业应用型人才培养基地。

案例9-6 卡耐基·梅隆大学设置人工智能本科专业

随着机器学习，尤其是深度学习在解决现实中诸多复杂问题时取得了突破性进展，许多企业开始大量招聘人工智能方面的专业人才。为了顺应这一市场需求，教育领域也开始逐步发生改变，不少高校将人工智能作为新的培养方向，开始设立专门的本科专业。

卡耐基·梅隆大学(Carnegie Mellon University，CMU)是全美第一个设置人工智能本科专业的

---

① 北京联合大学成立机器人学院，http：//edu. qq. com/a/20160520/060037. htm，2018-05-20。

高校，该专业于 2018 年 9 月开始招生。据介绍，该专业的课程囊括了数学和统计、计算机、AI 核心、AI 方向、道德、人类学和艺术、科学和工程在内的若干领域。具体而言，CMU 人工智能专业的基础课程设置与传统计算机和数理统计专业相一致，旨在培养学生在数学、统计学、计算机科学方面形成扎实的专业基础，并在专业核心课程方面增加了人工智能、机器学习、自然语言处理、计算机视觉等方面的简介和导论课，以针对整个人工智能领域所研究的热门问题进行普及介绍。专业方向分为感知和语言、机器学习、人类与人工智能交互、决策和机器人，学生需要从每个方向至少选择 1 门课程，以详细了解人工智能不同研究方向所开展的具体工作。此外，道德和社会责任也将会是这个专业强调的内容，因此该专业学生还需选修 7 门人类学和艺术选修课以及 1 门道德选修课，从而了解人工智能在各个领域应用的过程中应当注意的问题和遵循的规范，包括如何用 AI 为整个社会带来福利的独立研究等。

人工智能专业的课程设置，一方面，符合了 CMU 的计算机和艺术强项；另一方面，作为本科生的课程设置，广阔的知识面、多学科交叉内容的安排也对本科阶段的思维锻炼和未来的继续深造大有裨益。

根据 CMU 计算机学院的公告，现阶段人工智能专业计划每年招收 30 ~ 50 名学生。另外，专业成立后，一部分已经学习了足够数量相关课程的大二、大三学生就可以申请转向人工智能专业了①。

案例 9-7 国外知名大学开设人工智能相关 MOOC 课程

"互联网 + 教育"的产物 —— MOOC，是一种大规模开放型网络课程，可以把世界上优质的教育资源，传送到地球最偏远的角落，让人们能够更好地获得优质的教育资源，做到提升智能、扩展人脉。下面以斯坦福大学的机器学习课程和麻省理工学院的深度学习课程为例。

斯坦福大学的机器学习 MOOC 课程②是由斯坦福大学 Andrew Ng 教授主讲的视频，Andrew Ng 教授是斯坦福人工智能机器人项目的负责人，他的研究领域主要是机器学习和人工智能，目前机器学习课程受到人工智能爱好者的欢迎。

该视频课程分为 20 集，每集大约 70 分钟。内容涉及机器学习和统计模式识别方法，包括四个部分，分别是监督学习、无监督学习、强化学习、学习理论。监督学习和无监督学习，基本上是机器学习的二分法。监督学习，介绍了回归、朴素贝叶斯、神经网络；无监督学习讲了聚类、K-means、混合高斯模型、EM 算法、独立成分分析等。强化学习位于两者之间，主要讲了连续决策学习（马尔科夫决策过程，MDP）中的值迭代和策略迭代，以及如何定义回报函数，如何找到最佳策略等问题。而学习理论则从总体上介绍了如何选择、使用机器学习来解决实际问题以及调试、调优的各种方法和注意事项。

---

① School of Computer Science (CMU)，" Bachelor of Science in Artificial Intelligence：Curriculum"，https：//www. cs. cmu. edu/bs-in-artificial-intelligence/curriculum，2019-09-12。

② "CS229：Machine Learning"，http：//cs229. stanford. edu/，2019-01-09.

麻省理工学院关于深度学习方法的 MOOC 课程，主要讲述了一系列有关神经网络及其在序列建模、计算机视觉、生成模型和强化学习等方面的基本应用知识（图9-5）。在此课程中，学生将获得深度学习算法的基础知识，并获得在 TensorFlow 中构建神经网络的实践经验（一个是通过循环神经网络聚焦于音乐生成，另一个则专注于医疗图像的气胸检测）。教学中所涉及的实验都是授课者为课程进行的专门设计，是麻省理工学院 6.S191① 系列课程所独有的。麻省理工学院 6.S191 的课程设计原则是尽可能地易于上手，不仅针对于不同背景不同水平的人，也针对麻省理工学院社区内外的人。

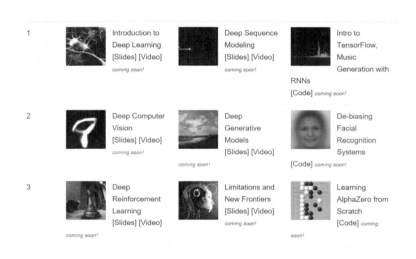

图 9-5　麻省理工学院 6.S191 课程计划部分内容

斯坦福大学的机器学习课程和麻省理工学院的深度学习方法课程都全面且系统地讲述了人工智能相关的理论和技术，都是大型的、免费的、公开的网络课程，是典型的、优质的 MOOC 课程。

第三节　职业教育提升就业竞争力

人工智能已经渗透到社会各个领域和环节之中，目前人才市场对人工智能相关人才需求火爆，社会上也出现了相应的培训班，宣扬通过几节课的培训便可进入人工智能领域，但这样的培养方式并不能培养出社会真正需要的具有源头创新能力、扎实基础和技术素养，能够解决企业智能应用关键问题的人才。

人工智能正带来新一轮的产业变革，急需一批能够适应新的就业结构、就业方式的新型劳动力，他们掌握一定的人工智能相关技能，胜任新型职业，满足新型工作岗位的技能需求②。在目前形势之下，人工智能方向的职业培训十分必要。职业培训机构可以为受训人员提供必要的技能

①　"Introduction to Deep Learning"，http：//introtodeeplearning. com/#overview，2019-01-09.
②　吴永和、刘博文、马晓玲：《构筑"人工智能＋教育"的生态系统》，载《远程教育杂志》，2017(5)。

培训，为那些有意扩展个人职业技能的在职人员、进修人员及失业人员提供自我提升和再就业的学习机会。今后，这些劳动力培训机构应该继续发挥自身的优势，增加"人工智能应用"等实用课程培训，使受训人员更好地适应人工智能带来的新变化①，在实现自我价值提升的同时为企业和社会创造价值。企业要不断加强职工再就业培训和指导，为从事简单重复性工作的劳动力和因人工智能失业的人员提供转岗机会。大范围的劳动力质量提升能够带动企业和社会的发展，从而增强人工智能领域的综合实力和核心竞争力。

案例9-8　线上IT培训"小象学院"②

2017年7月，人工智能、大数据领域IT培训机构小象学院宣布完成数千万元Pre-A轮融资。在人工智能受到社会各层广泛热议的今天，专注相关人才培训的小象学院受到资本的青睐。

小象学院是一家纯线上IT培训机构，从最初一个开源技术分享交流的微博社区逐渐开始设计课程，办起线上培训。线上社区成为此后机构学员和师资的蓄水池。在教师资源构成上，小象学院的授课教师全部由相关领域互联网公司在职人员或高校教师兼职担任。由于小象学院针对的是新兴的技术方向，兼职教师更能够与目前的产品形态相匹配。相比较于全职教师而言，这些具有一线实践经验的工程师们本身能够直接接触到最新的技术发展方向，也更能够保证课程内容的更新，更具有权威性和知识储备优势。行业权威性、教学能力和投入情况都是选择平台教师资源的主要标准，保证教师的参与。平台首先会根据学员的教学需求和自己的教学规划，规划课程体系和框架，包括课程节奏、需要涵盖的知识点等，在确立宏观架构之后，再由授课的教师结合自身经验进行细化，具体课程内容全部由讲师自己决定。

小象学院的课程分为团课和训练营两类。小象学院有一类课程是训练营的方式，给学员真实的项目环境，解决真实的项目需求。有云端服务系统和练习使用的数据。训练营的周期是三四个月，而普通的网课通常是一个半月的学习时长。训练营设置一定的门槛，学员需要有技术基础。职业教育的最终落脚点在于能够将技能运用到实际操作当中，因此，除了教学课程外，小象学院也提供了"云端实验室"来提供测评和练习服务。涵盖在"训练营"服务当中。在教学模式方面，小象学院最开始采用录播的形式，但随着直播技术的兴起，录播的比重逐渐降低，转用直播的形式。

目前，小象学院的课程内容聚焦在人工智能、大数据和数据分析三个领域，分为系统课和公开课两种形式，还有算法、程序设计方面的基础课程（图9-6）③。小象学院课程品类从2013年的大数据，逐步扩展到人工智能里的机器学习、数据分析。课程丰富的背景下，是新技术带来的人才需求的迅速转变。

---

① 闫志明、唐夏夏、秦旋等：《教育人工智能（EAI）的内涵、关键技术与应用趋势——美国〈为人工智能的未来做好准备〉和〈国家人工智能研发战略规划〉报告解析》，载《远程教育杂志》，2017（1）。

② 36kr：《从社区切入在线教育，专注人工智能，"小象学院"获数千万元Pre-A轮融资》，http：//36kr.com/p/5084426.html，2018-06-01。

③ 小象学院官网，http：//www.chinahadoop.cn/basic/all/list，2018-06-06。

图 9-6　"小象学院"人工智能课程体系

　　小象学院更像是互联网从业人员的一个继续教育的平台，所面向的用户群体主要是毕业于985/211 高校的技术型人才，具备一定的学习能力和基础，对于人工智能领域具有足够的兴趣以及知识空白，因此，用 CEO 谢磊的话说，"我们更像一个人工智能大数据人才汇聚点"。据谢磊介绍，目前小象学院已经积累了 30 多万粉丝用户，3 万多的付费用户，用户每月增长 20％ 至30％。学员构成上，互联网一线在职人员占到了 70％，其中工作 5 年以上的超过 40％，高校学生占到了 30％。

第十章

展望与反思

未来不仅仅是我们行之将至的地方，更是我们要去创造的地方。人工智能技术的发展，将使得教学环境、学习环境、学校的基本组织部分发生改变，学校的运行模式、运行法则、运行规则也将发生变革，结构和形态将会重组。未来教育是对变革的超越性诉求，它的具体形态可能会是千差万别的，但是它的发展方向、发展理念又是确定性的①。基于此，我们对"人工智能＋教育"的未来提出如下展望与反思。

第一节 "人工智能＋教育"的展望

随着"人工智能＋教育"的发展，未来的教育将进入教师与人工智能协作共存的时代，教师与人工智能将发挥各自的优势，协同实现个性化的教育、包容的教育、公平的教育与终身的教育，促进人的全面发展。

一方面，人工智能在教育中的运用，使得学生在学业学习、身心发展、社会成长等各方面的情况以及隐性的学习发展过程，都能够得到更为精确、明确地呈现②。利用各类学习数据，人工智能将协助教师，共同为学生提供权威的学习支撑、精准的学习内容和活动以及多元的教育服务，从而实现学生的全面和个性化发展。另一方面，人工智能在教育中的应用将使得正式学习和非正式学习环境相互连接，进而逐渐促使泛在学习成为一种基本形态。学习者可以在日常生活中利用各类智能设备获取知识，实现人人、时时、处处可学的终身学习③。

人工智能支持下的未来教师角色也会发生极大的变化，教师知识性的教学角色，会越来越多地被人工智能替代，教师的育人角色，将越来越重要。我们将迈向教师与人工智能协作的未来教育时代。

一、 未来教育要关注个性化、 适应性和选择性的学习

未来教育有三个核心的关键词，即个性化、适应性和选择性。基于大数据、人工智能建立促进个性发展的教育体系，是未来学校发展的基本趋势。未来在对学生进行完备的学习数据记录和

---

① 余胜泉：《人工智能时代的未来教育》，载《新京报》，2018-11-05，http：//www. bjnews. com. cn/edu/2018/11/05/517747. html，2019-01-19。

② Self J. ，"The defining characteristics of intelligent tutoring systems research：ITSs care，precisely"，*International Journal of Artificial Intelligence in Education （IJAIED）*，1998（10），pp. 350-364.

③ 余胜泉：《人工智能教师的未来角色》，载《开放教育研究》，2018（1）。

分析的基础上、在精确了解每个学生个性特征的基础上，可以建立线上线下融合的、个性化、选择性的精准的教学空间，可以精准推荐权威的知识、学习数据、学习内容和学习活动以及领域专家，开展面向学习过程的评价，增加学习的适应性与可供选择性。同时学校会把网络教育融入其中，为学习者提供更多选择，支持学生选择适合自己个性的、柔性的教育。

通过分析学生学习的全过程数据，教师不仅能够制定规模化的教学策略，还可以精确了解到每位学生的学习情况，实现适应每个个体发展的个性化教学。

教师要关注到每一个个体之间相互竞争、相互依赖的关系，要关注生态圈里每个组成个体的需求，使每一个儿童在其原有的基础上获得适合他自己的教育服务。

二、 未来教育要关注学生的核心素养和全面发展

从工业化大生产时代进入人工智能时代，需要改变从前工具型、流水线模式的人才培养模式，转向创意型、个性化模式的人才培养模式。人工智能时代，人的知识性记忆已经比不过机器，关键是能力的发展。我们培养的人不能只具备简单的思维和计算能力等去与机器竞争，我们培养的人应当具备智慧、综合素质、综合能力，我们要培养人的人格、善良、同情心，使其富有智慧、学识、能够解决实际问题、有深刻的洞察力，能够为自己的生活和社会承担责任。因此应注重发现和培养学生兴趣，促进学生多元智能的发展，培养学生 21 世纪技能、核心素养。此外，应引导学习者在学习和工作中，不仅学会人人协作，还要学会人机协作，才能更好地适应未来时代的发展。

人工智能在教育中的应用将会使学生获取知识的方式发生相应的转变。教师将从烦琐、机械、重复的事务性工作中解脱出来，讲授知识性的功能会被人工智能所取代，教师的工作重心会转移到育人方面，将更多的时间和精力用于和学生的情感交流、设计具有创造性的教学活动、引导学生探究学习。在这一过程中，教育要从面向知识体系的传授，转向面向核心素养的培养，学生的创造能力、审美能力、协作能力、知识的情境化/社会化运用能力将是教师所应关注的核心和重点。

三、 未来教育要关注学生的灵魂和幸福

未来的教育应该是幸福的、更加人本的教育。教育本身是灵魂的成长，是使我们能感受到更美好的事物的阶梯，教育绝对不仅仅是一种谋生手段，而是使我们灵魂获得启迪的。教育要尊重生命、发展生命，教育是心灵与心灵的碰撞、是灵魂与灵魂的启迪。面向未来的教育应该更加尊重学生、更加关爱学生，以学生为本，为学生一生的幸福和成长奠基。我们大约1/4的时间都要在学校度过，这1/4的时间不仅是在为未来学校做准备，而且也是非常美好的生活形态。

在人工智能时代，随着智力劳动的解放，教师有更多的时间和精力关心学生心灵、精神和幸福，跟学生平等互动，实施更加人本的教学，使得学生更具有创造性。由于机器不具备心理属性和社会属性，没有人类的社会交往和情感变化能力，也无法主动发现教学中的问题，所以教师应当更加看重自身作为人的独特价值，在工作中着重培养学生创造未来的社会责任。教师的责任一

定不是灌输知识，而是帮助每个学生成长，成为人生导师或者心理咨询师，帮助每个学生发现自己的优点，实现人生的价值①。

四、 未来教育要关注人机协同的制度体系与思维体系

人工智能变革教育，首先体现在智能化教育装备，智慧化教育环境，其次是嵌入人工智能服务的教育业务流程与制度，最后是人机结合的思维模式的转型。要善于运用人机结合的思维方式，使教育既实现大规模覆盖，又实现与个人能力相匹配的个性化发展。

人工智能在快速地迭代、发展，技术问题相对来说比较简单，但是教育制度、教师的知识结构、教师习惯、教师观念的转变是漫长的、痛苦的。新教育体系的构建，必须经历艰辛的过程。充分发挥人工智能的作用就要突破原来的制度，将人工智能服务嵌入到业务流程中，创造出新的范式、流程、结构、业务形态。

我们要利用外部工具或者智能设备来发展自己的智慧，认知外包现象将成为常态。一个人的智力是有限的，有了手机、电脑、人工智能后，我们处理信息和数据的总量，应对突发事件的能力将会大幅度地提高。人与电脑的结合可以突破人类个体认知的极限，使得我们能够驾驭超越个体认知极限的复杂性，能够处理超越个人认知能力的海量信息，能够应对超越个体认知能力极限快速的变化。

对于教育管理者而言，教育管理、教育监测、教育决策等活动将更多地依靠教育数据挖掘、数据分析进行。教育管理者的经验性智慧和机器的精准判断相结合，以实现更高效率和更科学的决策。发挥人工智能精确化、数据化的优势，结合人的智慧的经验性和灵活性，实现人机协同的智慧决策。

随着人工智能技术与教育的逐渐融合，教师的工作重心将发生重大变化。一方面，烦琐、机械、重复的脑力工作将由机器代替教师完成，例如，智能批改技术能够将教师从繁重的作业批阅工作中解放出来；另一方面，人工智能技术将作为未来教师工作的有机组成部分，通过人机协作，辅助其完成日常工作，实现高效教学。跨越多个领域的综合性课程，期望由教师独自完成不切实际，需要教师间协同、教师与人工智能协同来完成。今后，一门课可能由多位教师负责，各自有各自的角色。互联网的万物互联改变了社会组织机构以及大规模的社会化系统，未来课程要基于跨越学校边界的社会化协同分工完成教育服务。

新时代个性化教育强调促进学生全面发展，这对教师就有了更高的要求。基于此，未来教师会向两个方向分化：一是人工智能支持下的全能型教师，即教师既要对个人提供个性化的支持，又要对各具特色个体组成的、带有生态系统性质的群体提供全方位支持，这就要求他们要掌握学科知识，教学法知识，技术知识，认知、脑科学发展、儿童身心健康相关知识，还要具有领导力和社会协作能力，一般教师很难企及。但在人工智能支持下，教师能够全能地负责儿童的身心健康和全面发展。二是专业型教师。教师以后会有精细的、个性化的分工。不太可能让每一位教师

---

① 赵勇：《未来，我们如何做教师》，载《师资建设》，2018(1)。

成为全能大师，但部分教师可以在某一方面做到极致①。未来的教育将进入教师与人工智能协作共存的时代，教师与人工智能将发挥各自的优势协同实现个性化的教育、包容的教育、公平的教育与终身的教育，促进人的全面发展。

五、 未来教育是开放的、 融入生活的终身教育

未来教育是开放的、融入生活的。学习不仅仅是获得某一种技能，更是一种生活形态。教育是终身的、全面的。

未来的教育在时空方式上是多样性的。传统教学的组织方式将会改变，学习行为已经不限于学校，突破了时空界限和教育群体的限制，人人、时时、处处可学。学校的围墙正在被打破，学校开放是大势所趋，将涌现越来越多的来自专业性的社会机构，所供给优质教育服务源学习将无处不在，"泛在学习"的时代即将到来，任何人（Anyone）、任何地点（Anywhere）、任何时间（Anytime）使用任何设备（Any Device）可以获得所需的任何信息和知识（Any Things）。泛在学习是基于学习者自身的需求的，使人们能获得很多能立即应用到实践当中去的知识和技能，它是因时、因地、随需而发生的，是一种自我导向的过程，是一个适量学习的过程，在学习者最需要的时候为他们提供知识信息，而不论他们处在什么样的场所。学习将是我需要什么，就能获得什么，而且是以最合适的组织方式、表现方式、服务方式来获得，是一种按需学习。

未来社会学校的围墙会慢慢被打破，学校会越来越开放，我们的学习也越来越不局限于学校。教育的供给是社会化的，优质的教育资源、教育服务不一定只来自你所在的学校，完全可以跨越学校的边界，由外部的机构、外部的个体来提供，未来教育的形态一定是虚拟空间与现实空间相结合的，它是可以穿越组织边界的。整个教育体系的核心要素将重组与重构，学习的消费者、内容的提供者、教学服务者、资金提供者、考试的提供者和证书的提供者等都有可能来自社会机构，专业化的公益组织、专门的科研院所、互联网教育企业等社会机构将成为优质教育供给的重要来源。

第二节 **"人工智能＋教育"的反思**

一、 "人工智能＋教育"目前存在的问题

（1）从技术层面讲，现阶段人工智能教育技术还未成熟，处于弱人工智能阶段。人工智能技术当前已在语音识别、视觉识别等特定领域实现初步的技术突破，但在类脑认知与计算、自适应机器学习、综合推理、混合智能等方面和群体智能等方面还存在较大瓶颈。目前的人工智能自适应学习产品存在数据维度少、颗粒粗、学习模型以偏概全、动态化调整不够智能等问题②。另外，亟待解决的是如何将不同层次、不同角度描述智能特点的多个领域或学派进行融合，利用迈向融

---

① 余胜泉：《"互联网＋"时代，教育走向何方?》，载《中国德育》，2017（14）。
② 艾瑞咨询：《中国人工智能自适应教育行业研究报告》，2018。

合的智能技术解决教育发展中的问题和难题。

（2）从应用领域来看，目前人工智能教育应用较多关注学生学习过程，对学生成长、综合能力发展、身心健康等方面关注较少。人工智能技术与教育的结合还不够紧密，灵活、全面的实践应用和深入、扎实的科学研究都还比较欠缺。在脑科学和智能技术结合以及关注特殊教育群体方面的应用和研究还有待加强。

（3）在数据利用方面，不同教育系统、平台之间有大量数据没有开放和共享，未形成统一的数据标准，以致形成众多数据孤岛。数据分析模型的科学性和准确性仍是短板，制约了大数据等技术在一线教学中的推广应用。且对于线下学习活动数据，尤其是过程性学习数据及学习情绪数据等，由于诸多因素的限制，难以实现有效全面的采集，进而影响完整学习过程诊断的准确性及综合素质评价的科学性[①]。

二、"人工智能 + 教育"伦理道德反思

目前，大多数"人工智能 + 教育"的研究、开发和应用都处在"道德真空"之中，不受法律和政策的约束，"人工智能 + 教育"在实际研究和应用时，面临着诸多伦理道德问题亟待解决。

第一，人工智能算法不是万能的，其准确度无法达到百分之百，它向用户提供的信息有可能存在偏差甚至错误。如果一个孩子在学习的过程中使用了人工智能算法所提供的非正确信息，导致对其学习进度产生了负面的影响，那么，应当由谁来对此负责，这是一个值得探讨的问题。同时，数据本身的特性可能会在人工智能算法应用于不同群体时产生不同结果。来自美国伊利诺伊大学的 Nigel Bosch 指出，有关学生学习行为、学习情绪和学习产出的机器学习模型并不总能很好地推广到不同群体中。缺乏模型泛化所导致的系统偏差会造成模型在某些特定学生群体上表现出的准确性低于其他群体[②]。例如，对于 STEM 中的女性学生群体，由于该部分数据本身不够充分，不易于通过建模提取其中的特征，因此在对 STEM 全体学生进行建模时，会由于模型对女性学生表征的不足而造成较低准确率，进而使得女性学生在使用该模型提供的信息进行学习时，所获得帮助的程度远低于男性学生。

第二，智能技术存在缺陷，不能"唯数据至上"。在进行重大决策时，需要多个智能系统联合决策，如果有分歧，需要加强人工干预。充分发挥人的经验性智慧和机器精准判断的优势，实现更为科学的决策。由此可知，在教育领域进行人工智能算法应用时，需要有相应的规范来明确使用时的潜在不良后果，以及产生不良后果之后责任应当如何划分，研究者也应尝试解决"人工智能 + 教育"的应用所引发的不公平问题。

第三，在人机交互过程中，机器的语言、行为对人有多方面的影响，特别是在基础教育领域，面向的主要人群是未成年人，易受不良信息的误导。Mike Sharples 在研究人工智能和非正式

---

① 杨现民、田雪松：《中国基础教育大数据 2016—2017：走向数据驱动的精准教学》，220 页，北京，科学出版社，2018。

② "Ethics in AIED：Who cares?"，https：//aiedethics. wordpress. com/presentations/，2018-09-19.

学习的伦理相关内容时认为，人类在一定程度上通过为自己创造合理的叙述来解释自己的信仰和行为。人工智能有可能调整和改变这些叙述，从而创造不同的故事，甚至约束我们的生活①。因此，在进行"人工智能＋教育"的研究和应用时，如何甄别信息的良莠，并将交互过程中的糟粕信息过滤，是尤为关键的问题。

第四，人工智能研究和应用过程中均会产生和分析大量的数据，涉及学习者的隐私，因此数据的监管需要得到重视。以智能辅导系统为例，学习者注册登录系统时，个人身份信息、地理位置等私人信息会被系统获取，同时，学习者在使用系统的过程中也会产生大量的行为数据，这些数据内部蕴含着学习者的个人特性，因此也属于私人信息。如果没有信息安全协定，用户隐私方面会存在极大安全隐患，一旦数据泄露，将会造成巨大的安全问题。再就是关于数据权属的问题，学习者学习过程中的数据，归属权属于个人、平台还是学校，目前尚未有明确的规定。

总体来说，人工智能教育应用的相关标准、法规还有待完善。研究和实践领域普遍缺乏较为完整的方针和标准来处理在教育中使用人工智能所引起的具体伦理道德问题。研究者需要明确，伦理和道德方面的成本必须与"人工智能＋教育"的创新和潜力相平衡，以便为学习者和受教育者带来真正的利益。

三、 理性看待人工智能对教育的影响

我们应秉承理性的态度看待人工智能的教育影响。既不要高估——短期它不会对教育产生实质性影响，又不要低看——人工智能叠加其他技术，如叠加大数据，叠加互联网，叠加增强现实后的影响，经过长时间的进化后，可能会实质性地改变教育体系。人工智能变革教育，首先体现的是各种智能化的教育装备，各种智慧化的教育环境，其次是嵌入人工智能服务的教育业务流程与制度，最后是人机结合的思维模式的转型②。因此，应引导教育相关群体正视人工智能对教育影响的发展性，并给予客观的价值引导。

教师作为教育行业的重要组成部分之一，其角色功能也会随着人工智能对教育产生的影响而相应发生转变。一方面，人工智能的优势在于精准、速度和标准，教师的优势在于情感、温度和创新③，因此教师对学生的道德示范、情感沟通和交流变得更为重要。人工智能时代教师职业并不会被取代，但教师的角色发生转变，教师从知识的传授者转变为学生学习的引导者和促进者、学生成长发展的精神导师。另一方面，未来的人工智能技术能够将教师从烦琐的事务性工作中解放出来，代替老师完成基本的知识传授，有利于提高教师的工作效率，这同时也对教师智能技术学习和使用能力以及创造性设计教学的能力提出了更高的要求。因此，人们应当正视人工智能时代教师角色的变化。顾明远教授指出：教师的教育观念、教学方式方法需要改变，但教师培养人才的职责没有变。教育活动蕴含着人的情感、人文精神、师生情感交流是一种不可或缺的教育力

---

① "Ethics in AIED: Who cares?"，https：//aiedethics. wordpress. com/presentations/，2018-09-19.
② 余胜泉：《人工智能教师的未来角色》，载《开放教育研究》，2018（1）。
③ 艾瑞咨询：《中国人工智能自适应教育行业研究报告》，2018。

量。教师在未来教育中发挥作用，就要具备较强的学习意识、开放意识和创新意识，不断学习，充分认识教育的本质和科学技术进步给教育带来的变化，不断提高自身的专业水平。这样才能适应时代的要求，培养未来社会的公民①。

第三节　促进"人工智能 + 教育"发展的建议

一、　加强数据汇聚联结

促进不同教育系统、平台之间数据的共享和联结，实现全维度、多模态的数据采集和分析，进行客观、全面、精准的学习分析服务。建立数据共通平台，形成统一数据标准，开发适用于"人工智能 + 教育"的公共共享数据集和环境，实现不同区域之间数据的共享和连接。扩展数据汇聚的新方式，收集学生学习过程中产生的可供相关人员分析、共享和应用的数据。

注重加强学生的过程性数据汇聚及情绪性数据汇聚，进一步完善数据分析模型在学习过程诊断中的科学性以及学生综合素质评价体系的科学性。促进各种信息化技术与各系统、平台的互联互通，实现数据在各平台各系统的贯通融合、互联和协作，使数据能在不同平台系统中无缝流转②。

二、　保障信息隐私安全

建立健全智能教育数据相关法律法规制度体系，使人工智能教育产品相关生产者、使用者和研究者有可依赖的道德准则。要加快完善人工智能治理体系，制定和嵌入道德标准，打造更加强大、安全和值得信赖的教育人工智能应用系统。建立长效的人机信任机制，实现教育隐私数据采集标准化③，进行合理的数据清洗和脱敏。完善区块链技术应用于教育评价的过程，促进教育数据的开放和公信。增强教育人工智能信任感，推动人工智能与教育融合的良性发展④。

在实践应用和科学研究中严守伦理道德，加强对人工智能技术和应用的有效监管，包括政府监督、技术监督和公众监督。提高公众对于人工智能技术的认知水平，提高其理性判断能力，推动人工智能技术的健康发展和在教育中的合理使用⑤。

三、　提供开放平台与服务

企业要提供切实的基础技术支撑，包括平台、数据与服务等方面。在关键智能软硬件设备方

---

① 顾明远：《未来教育的变与不变》，载《基础教育论坛》，2016(33)。
② 杨现民、田雪松：《中国基础教育大数据2016—2017：走向数据驱动的精准教学》，220页，北京，科学出版社，2018。
③ 周孟、段智宸、上超望：《大数据时代教育隐私保护三重维度研究》，载《广西广播电视大学学报》，2016(3)。
④ 杨现民、张昊、郭利明等：《教育人工智能的发展难题与突破路径》，载《现代远程教育研究》，2018(3)。
⑤ 郭海源：《人工智能技术发展的伦理问题探析》，载《改革与开放》，2018(4)。

面，要进一步突破关键传感器、高性能中央处理器、轻量级操作系统、应用程序软件、快速组网等关键技术，促进智能硬件产品的创新发展①。跨越语言、视觉、听觉等不同类型的媒体数据，致力研发跨媒体智能引擎，为跨媒体公共技术和服务平台的建设提供技术支撑②。

开发公共支撑平台，完善软硬件设备，搭建基础知识存储数据库。加大行业内骨干企业联合攻关力度，开发开源平台、开源数据框架，破除数据壁垒。大型企业主动开放 API 接口，构建生态系统，降低中小企业的准入门槛，为中小企业的发展提供支撑。搭建公共基础服务平台，促进技术间的协同和产品间的互联互通，完善人工智能训练资源库和标准测试数据，提高智能分析技术，有效提高技术的集中度和资源的集聚度，形成发展合力。

四、 拓展教育应用广度和深度

人工智能由感知智能向认知智能发展，其教育应用领域不仅局限于考、练、评、测，应更广阔地关注教育中的需求，丰富人工智能在教育中的应用场景，向更广、更深的教育领域推进。如本书第三章至第七章中展现的丰富的应用场景，人工智能应更加关注在学生认知过程、学习陪伴、学生身心健康和成长发展中的作用。加强人工智能在特殊教育领域方面的应用，利用智能技术帮助残疾人群在知觉能力、语言理解能力、社交能力等方面的提高③。人工智能应致力于解决教育发展中的问题，融入本领域的关键业务流程中去，在多个环节提高整体效率。同时也要广纳其他领域的优势与经验，进一步加强与人工智能企业、人工智能研究机构的紧密合作与交流，扩展技术应用范围。

在技术应用过程中，除了关注方向与范围，还需要注重应用的深度。目前有许多"人工智能＋教育"的应用思路很好，但由于对复杂场景的适用性或深入应用程度不够，导致与教育者需求不符，使用效果受到局限。因此应从当前优秀的应用思路出发，设计更加深入和具体的解决方案：一方面，深入思考教育场景中的诸多细节及其可运用的技术，使技术触及每一个具体而细微的需求，而不是仅仅停留在场景中基本功能的实现上。另一方面，站在产品设计的角度，通过技术手段优化产品和应用的整体设计和功能，从而提升"人工智能＋教育"应用的智能化程度和用户体验，同时促进正式学习和非正式学习环境的连接程度，使得教育通过技术手段变得更加开放，推动泛在学习的实现。

五、 促进跨学科交叉研究及产学研结合

学科交叉研究是人工智能创新的重要源泉。"人工智能＋教育"要推进与信息科学、人体工程学、教育学、脑科学、心理学等学科的交叉融合与研究。打破学科壁垒，通过跨学科、跨领域的

---

① 温晓君：《中国发展人工智能产业的建议》，https：//www. sohu. com/a/129135387＿ 485176，2018-07-05。

② 高文：《跨媒体分析与推理》，http：//www. sohu. com/a/154461404＿ 297710，2018-07-04。

③ 张坤颖、张家年：《人工智能教育应用与研究中的新区、误区、盲区与禁区》，载《远程教育杂志》，2017(5)。

交叉合作，吸引不同学科、不同领域的顶尖人才，构建交叉基础理论基地，探索人、机、物融合社会协调发展。通过设立跨学科交叉科研机构，研发学科交互性的智能技术与认知工具，促进多领域、多学科的交流与创新研究。加大跨领域人才培养力度，促进跨学科人才的培养，探索人才培养的新模式。以深入推动跨学科交叉研究为抓手，积极响应国家创新发展战略的实施，深化科研体制机制改革，实现引领科技进步和发展的目标。

人工智能要攻克教育领域的问题难题，致力于从根本上解决优质资源短缺、教育资源分配不均的问题，也要成为实现教育个性化的有效方案。高等院校和研究机构应联合企业，通过重大攻关项目，实现问题解决的突破。帮助学校挖掘教育数据中深层次信息，解决教育实践中的实际问题，破解传统教育领域的难题。帮助企业和学校联合开展实践和研究，实现学校学习、专业学习与产业实践的深度对接。

六、 注重产品导向 + 服务购买

"人工智能 + 教育"要以产品为导向，围绕教育关键业务和关键场景，在核心环节和辅助环节研发人工智能产品，创作符合教育规律的有效产品，做实产品的教育价值，解决教育教学中的实际问题。要注重均衡产品类型，例如，针对目前国内英语语音测评、智能批改 + 习题推荐、教育机器人类产品的公司和研究机构较多的现状，加大对智能情绪识别类产品、智能学情分析类产品等的开发[1]。进一步推广人工智能产品在公立学校中的使用，提供自适应学习产品，推荐个性化的学习内容，将技术与教育的应用场景真正结合。

人工智能支持数字化转型，商业模式从产品转向服务，硬件的价值体现在软件，网络连接的价值转到云[2]。学校的教育服务更多由其他社会机构提供，专业化的公益组织、专门的科研院所、互联网教育企业等社会机构将成为优质教育服务供给的重要来源。面向具体的教育应用场景，完善智能教育技术类核心服务、智能教育业务类核心服务，实现人工智能服务人人可购买，打造优质教育服务生态。学校可把部分教育经费用以购买人工智能在线服务，企业等围绕教育主场景推出人工智能核心技术服务，学校与企业开展紧密合作，在实践过程中检验应用效果并迭代改进，这将有利于打通企业进学校的道路。

教育人工智能产品的研发和技术服务品质的提升需要多方面的努力。一是要加强教育领域专家、人工智能专家以及企业人员的合作，了解当前教育的现实需求，寻找人工智能与教育的契合点，推动教育智能产品的研发与应用。比如，借助人工智能技术探索教育情感类机器人的研发，将人类的情感赋予智能机器，使其能够与学生进行情感上的互动，实现人机共情，让机器变得更有"温度"。二是不断拓展教育人工智能产品的功能模块，切实满足不同阶段学生的个性化学习需求和教师的教学要求。服务的提升还需要制度保障，建立完备的教育人工智能产品安全监管和评

---

① 亿欧智库：《2018 人工智能赋能教育产业研究报告》，https：//www. iyiou. com/intelligence/report547，2018-07-04。

② 邬贺铨：《工业互联网智能制造平台》，http：//tj. people. com. cn/n2/2018/0517/c386614-31591998. html，2018-07-04。

估体系，规范行业标准，加大市场督导与监察力度，保障企业为教育人工智能的发展提供安全、优质的产品与服务。

七、 推广试验示范

探索泛在、灵活、创新的智慧教育应用模式，支持"人工智能＋教育"的深入科学研究，开展区域性创新行动，先行先试，积累经验，构建模式，探索机制。目前国家层面已有所行动，如2018年8月教育部办公厅发布《关于开展人工智能助推教师队伍建设行动试点工作的通知》，在试点区开展教师智能助手应用、未来教师培养创新、智能帮扶贫困地区教师等行动①。

通过开展智慧教育应用示范，带动实践创新，搭建教育信息化发展的桥梁。有效推进"人工智能＋教育"的应用示范。推动人工智能在教育领域的规模化应用，构建跨媒体应用示范系统，提升教育的智能化水平。拓展创新应用的广度和深度，促进产业良性发展，促进教育问题的解决。利用智能技术支撑人才培养模式的创新、教学方法的改革、教育治理能力的提升，构建智能化、网络化、个性化、终身化的教育体系。鼓励教师、教育管理者在日常教学和工作中主动学习、探索智能技术的使用，加强对教师信息化工具和技术的培训，鼓励教师申报智能技术应用与研究课题，进行行动研究。重视"人工智能＋教育"的认知度与普及度问题，使广大教师、管理者、决策者正确认识并接纳"人工智能＋教育"，并培养一批智能技术应用意识强、应用效果好的教师，引领带动广大教师在教育教学中积极应用人工智能技术。

八、 构建未来学校

通过建立未来学校，深化教育制度创新。未来学校要将人工智能融入常态教学活动中，建立"人工智能＋教育"的教学新形态。在未来学校中，推动人工智能在教学、管理、资源建设方面的应用。实现学习全过程的数字化与互联化，实现教育教学信息的实时生成与采集，智能推送给学生相关的学习资源，满足学生学习需求。借助人工智能技术，未来学校对学生的评价模式更重视过程化、全面化、个性化。

在高等教育中应注重培养高水平人工智能创新人才和团队，形成我国人工智能人才高地②。在有条件的师范院校中推进人工智能技术与教育实践和研究的深度融合，提升师范生教育实习成效。学生开展跨媒体学习，加大人才培养力度，探索人工智能专业人才培养的新模式，构建智能化的终身教育体系，进一步推进人工智能的全面普及。

九、 发展人机协同

人类的智力是有限的，我们需要借助外部工具或者智能设备发展自己的智慧，认知外包将成

---

① 《教育部办公厅关于开展人工智能助推教师队伍建设行动试点工作的通知》，http://www. moe. gov. cn/srcsite/A10/s7034/201808/t20180815_ 345323. html，2019-01-18。

② 中华人民共和国教育部：《教育部关于印发〈高等学校人工智能创新行动计划〉的通知》，http://www. moe. gov. cn/srcsite/A16/s7062/201804/t20180410_ 332722. html，2019-09-12。

为常态①。认知外包利弊皆存，要求我们需提高智能应用和人机协同智能水平。既需要培养学习者基本技能与素养，又需要发展其技术应用和人机协同思维的能力。通过个性化设定课程内容、课程计划让学生在学习知识的基础上培养问题解决意识、创新思维、创造能力。

人机结合的思维体系是我们未来思维方式的重要转变方向。人与电脑的结合可以突破人类个体认知的极限，使得我们能够驾驭超越个体认知极限的复杂情境，处理超越个人认知能力的海量信息，能够应对超越个体认知能力极限的快速变化②。对于教师而言，面对跨领域的综合性课程，期望教师独立完成是不切合实际的，必须辅以教师间协同、教师与人工智能协同环境的支持。教育管理和决策者在应用人工智能的过程中，对于高利害的教育评测和管理决策领域，应采用多家产品，考察其一致性，提前应对机器决策失误的负面影响。

习近平总书记在党的十九大报告中指出，"优先发展教育事业。建设教育强国是中华民族伟大复兴的基础工程，必须把教育事业放在优先位置，加快教育现代化，办好人民满意的教育。"人工智能变革教育是一个过程。尽管人工智能可以快速迭代，但教育制度以及教师的知识结构、教学习惯、教育观念的转变是较为漫长的过程。若想充分发挥人工智能在教育中的作用，就要将人工智能服务嵌入业务流程中，创造新的范式、新的流程、新的结构、新的业务形态，来服务于我们的教育。

著名教育学家约翰·杜威曾说，今天的教育和老师不生活在未来，未来的学生将活在过去。从教育的角度来理解，未来教育是一份美好的期望，是对教育变革的一种诉求，也是对教育现代化的一种向往。未来教育应该是技术支持下更加人本的教育，应为学生一生的幸福和成长奠基。

---

① 余胜泉：《人机协作：人工智能时代教师角色与思维的转变》，载《中小学数字化教学》，2018（3）。
② 余胜泉：《"互联网+"时代，教育走向何方？》，载《中国德育》，2017（14）。